BILL GATES
et la saga de Microsoft®

Daniel ICHBIAH

BILL GATES
et la saga de Microsoft®

POCKET

Cet ouvrage est précédemment paru
aux Éditions Marabout
sous le titre
La grande aventure de Microsoft®.

La présente édition, entièrement revue par l'auteur,
comporte neuf chapitres inédits.

ISBN : 2-266-06995-0

REMERCIEMENTS

L'auteur tient à remercier les personnes suivantes pour leur assistance à divers niveaux dans la réalisation de cette saga :
Paul ALLEN, Patricia AZZARO, Jabe BLUMENTHAL, Emmanuelle BUREAU du COLOMBIER, Jean-Philippe COURTOIS, Betsy DAVIS, Kathy EHRLICH, Florence GILLIER, Doug KLUNDER, Neil KONZEN, Dominique KULIG, Michel LACOMBE, Myriam LUBOW, Jean-François MAILLARD SALUN, Pam MILLER, Lisa PRATHER, Jeff RAIKES, Bob O'REAR, Jean-Pascal ROZET, Christine SALABERI, Christine SANTUCCI, Charles SIMONYI, Michel SUIGNARD, Steve WOOD,
et plus particulièrement :
Bill GATES, Christine KECHICHIAN, Françoise MARTIN et Bernard VERGNES.

Introduction

Comment décrire une personnalité aussi insolite que celle de Bill Gates ? D'où sort cette fusion invraisemblable de Henry Ford, de Thomas Edison et de... Bugs Bunny ? Ne cherchons pas à comprendre. Les génies ont le don d'échapper à toute tentative de classification. Toujours est-il qu'il est rarissime de rencontrer chez un même individu les atouts dont Dame Nature, par une journée d'inspiration radieuse, dota cet enfant de Seattle.

À première vue, le personnage ressemble à un Pierrot lunaire, n'ayant pas tout à fait repéré la piste d'atterrissage qui sépare le monde de l'enfance de celui des adultes. Certains pourraient être tentés de prendre à la légère cet éternel adolescent, qui affiche un look d'étudiant attardé et d'intellectuel binoclard sur le campus verdoyant de Seattle, évocateur d'une culture plus proche du rock et de l'écologie que de Wall Street. Ils auraient tort. Ceux qui se sont permis de regarder de haut ce jeune homme l'ont regretté amèrement.

Que dire d'un individu devenu milliardaire en dollars à trente et un ans, et dont la fortune — s'élevant, neuf ans plus tard, à 12,9 milliards de dollars — en fait l'homme le plus riche du monde ? Que penser du président d'une compagnie dont la croissance a le plus souvent été de 50 % et dont la capitalisation boursière dépasse celle de General Motors, de Ford, de 3M, de Boeing ou d'Eastman Kodak ?

Pas de doute, Bill possède un don. Une espèce de magie personnelle. Une accumulation de qualités rares. Le mélange est étonnant car il combine des vertus humaines élevées avec une aptitude à gérer ses affaires qui tient à la fois de la prescience, de la ruse et d'une maîtrise prodigieuse des éléments de l'équation financière.

Ce qui m'a souvent frappé chez ce « Géo Trouvetout » du logiciel, c'est l'ampleur de sa réflexion et son intelligence hors du commun. Confiez-lui un problème quelconque et aussitôt la mécanique intellectuelle se met en marche, comme excitée par un défi. Il n'est pas rare qu'il ressorte avec un point de vue original et avisé sur le sujet. La surprise vient de ce qu'il aura englobé dans son analyse des éléments qu'un esprit moyen négligerait de prendre en compte. La quantité d'informations qu'il emmagasine de manière courante est déjà stupéfiante. Mais plus encore l'est sa capacité à broyer, concasser, malaxer et mettre en perspective ces mêmes données afin d'aboutir à des conclusions surprenantes par leur clairvoyance. Il tire même une satisfaction intense à pouvoir discerner un modèle au milieu de ce qui semble chaotique ou désorganisé. Déjà, à l'école primaire, ce surdoué des mathématiques désarçonnait ses professeurs par la vivacité de son raisonnement. Il a conservé un goût prononcé pour les joutes intellectuelles et ne vous respectera réellement que si vous vous montrez à la hauteur.

Mais ce président aux allures de Tintin est également doté d'une vision audacieuse, capable de percevoir plusieurs années à l'avance ce que sera le monde de demain. Dès 1975, il avait perçu que les petites puces qui animaient les micro-ordinateurs allaient déclencher une révolution sans précédent. Il s'est alors lancé à corps perdu dans son aventure, la société Microsoft. Ajoutons à cela une puissance de conviction imparable. Lorsque IBM viendra frapper à la porte de la minuscule entreprise de Seattle en 1980 afin d'en savoir plus sur la micro-informatique naissante, les visiteurs seront d'abord déconcertés par l'apparence juvénile de leur hôte. Mais, comme le racontera plus tard Bill Lowe d'IBM : « Dès que Bill se mettait à parler, toutes les considérations sur son âge disparaissaient. Nous buvions ce qu'il disait. »

J'ai interviewé Bill Gates une quinzaine de fois et eu l'occasion de l'approcher à maintes reprises au cours de salons, de colloques et de réceptions. Au fil des années, j'ai été agréablement surpris de voir qu'il avait conservé sa désarmante simplicité, une absence quasi totale de préjugés. L'homme est détendu, simple, naturellement convivial. Myriam Lubow, l'une de ses premières employées, résume cette qualité d'une jolie phrase : « *Le plus difficile n'est pas de monter mais, en montant, de rester soi-même.* » S'il peut parler à des analystes financiers sur le ton le plus sérieux qui soit, Bill se déride à la première occasion. Lors d'un voyage à Las Vegas, je me souviens d'avoir été interpellé par un drôle de fêtard affublé d'un chapeau noir et gentiment éméché qui m'a attrapé par l'épaule pour me demander : « *Hey ! Quand est-ce que le livre va sortir ?* » Je me suis retourné pour découvrir que le joyeux luron n'était autre que Bill. L'homme redouté par IBM et par Apple s'amusait comme un adolescent au cours de l'une de ces soirées survoltées que s'accordent les surmenés de la technologie.

Mais, à l'instar de nombreuses figures hors du commun, Gates est doté d'une personnalité contradictoire. Il peut sembler fort détaché, amical et jovial, alliant une véritable gentillesse à une disponibilité permanente. Une heure plus tard, le même homme se révèle acerbe et venimeux tandis qu'il concocte une stratégie d'encerclement d'une société concurrente. Pendant le déjeuner qui suit, le stratège implacable peut se transformer en aimable énergumène, blagueur et primesautier. Plus tard, en fin de soirée, il peut faire preuve d'une sentimentalité presque timide tandis qu'il évoque au passage un souvenir nostalgique. Autant de facettes qui contribuent à le rendre globalement attachant.

Si l'on veut gêner Bill, il suffit de l'interroger sur sa fortune. Il contournera alors la question de mille manières, souvent sur le mode ironique, non sans un certain agacement. « *L'argent ne me rapporte rien, si ce n'est des questions indiscrètes* », aime à dire Gates. Il rappelle que sa richesse n'est que virtuelle : elle est fondée sur le nombre d'actions qu'il détient de sa société. Et insiste sur le fait qu'il ne s'en soucie pas le moins du monde. Les faits corroborent cette attitude. En dépit de son immense richesse, le premier milliardaire américain continue de travailler à la façon d'un forcené, davantage préoccupé par la réalisation des logiciels du futur que par la gestion de son portefeuille boursier. Mieux encore, il se montre économe, voyage souvent en classe économique et se nourrit volontiers de pizzas à emporter. S'accorde-t-il quelques moments de réelle détente ? Heureusement, oui. Notamment pour jouer au golf. Mais les vacances ont toujours été un luxe pour celui qui se sent investi d'une mission : « *préparer l'ère de la communication* ». Elles se transforment inévitablement en journées de réflexion sur l'annihilation des concurrents. Une idée qui tourne à l'obsession.

Ses frivolités sont modérées, si l'on considère l'étendue de sa fortune. Elles se manifestent essentiellement dans son penchant pour les voitures de sport — dont une Porsche de 600 000 dollars qu'il conduirait volontiers à une vitesse supersonique s'il n'avait peur de se voir retirer son permis. Le nouveau Gatsby se fait également construire une maison techno-futuriste qui devrait coûter la bagatelle de

50 millions de dollars. De manière discrète, le milliardaire du logiciel effectue maintes donations à des œuvres caritatives ou à des universités (celle de Washington a reçu 12 millions de dollars en 1992). Il a même investi 5 millions de dollars en mai 1994 dans une compagnie qui a pour objectif de trouver un remède au sida. Vers la cinquantaine, lorsqu'il se retirera des affaires, il envisage même de distribuer 90 % de sa fortune à des œuvres. Il précise toutefois avec un sourire malicieux qu'il attendra d'avoir atteint cet âge respectable pour ouvrir les vannes, et que, par conséquent, ce n'est pas la peine de lui écrire maintenant !

Comment expliquer la persistance de la réussite de Gates depuis vingt ans ? À mon sens, sa grande force réside, d'une part, dans une compréhension supérieure de ce qu'est le logiciel, et dans le fait d'avoir su, d'autre part, s'entourer de grands créatifs et leur donner un environnement propice à leur épanouissement. Qui connaît un peu la population des programmeurs sait qu'un grand nombre d'entre eux sont des individus atypiques et insoumis.

Sur le campus de Microsoft, à Redmond, près de Seattle, cette faune se sent chez elle. D'immenses sapins environnent les bâtiments séparés par de grands parcs dans lesquels ont été aménagées fontaines et aires de loisirs. À midi, on voit se développer spontanément l'atmosphère d'un campus comme celui de Berkeley : certains jonglent, d'autres, en short, s'exercent au boomerang, une Asiatique joue de la harpe sur la pelouse au milieu des canards tandis qu'un peu plus loin un joyeux trio de dames vêtues de manière criarde répète une pièce pour violoncelle... L'ambiance évoque celle d'un village d'étudiants malicieux, en marge de l'establishment. Une visite dans les locaux conforte cette impression. Chacun s'habille à son aise et décore son bureau comme bon lui semble : poupées gonflables, aquariums, jeux de fléchettes cohabitent avec les guitares électriques... J'ai demandé un jour à Bill si le campus avait concrétisé un rêve d'enfance et, aussitôt, l'être jovial s'est refermé comme une huître, endossant la carapace du businessman.

Pourtant, le talent suprême de Gates pourrait être résumé ainsi : avoir créé un contexte de rêve pour ces bohèmes de génie et avoir réussi à canaliser leur talent de manière à leur faire réaliser des produits qui peuvent être vendus aux cadres des grandes entreprises. On n'imagine pas à quel point le logiciel s'apparente à une œuvre d'art avec ses aléas et vicissitudes. Lors de mon enquête, j'ai été surpris d'apprendre qu'Excel — l'un des logiciels vedettes de Microsoft — a failli ne jamais voir le jour. Le programmeur qui en était responsable, personnage fantasque d'allure hippie, s'était fâché avec Bill, avait pris son sac à dos et s'en était allé sur les routes... Les cadres financiers qui s'en remettent à Excel pour les prévisions budgétaires de leur conglomérat au haut d'une tour de Manhattan auraient hésité à prendre en stop cet émule de Kerouac s'ils l'avaient croisé sur une route de Californie.

Einstein a dit un jour que le trait le plus noble de l'être humain résidait dans « *la capacité à s'élever au-dessus de la simple existence en se sacrifiant soi-même à un but* ». Cette définition pourrait s'appliquer à Citizen Gates dont l'essentiel de l'existence est consacré à la conduite des affaires de Microsoft. Le succès sans précédent de la compagnie — elle pourrait se permettre d'acheter la production annuelle de ses 99 concurrents les plus proches — n'est aucunement prétexte à un relâchement. « *Le capitalisme a cette capacité à maintenir perpétuellement les plus grandes compagnies sur le fil du rasoir* », commente Bill. Persuadé que Microsoft ne pourra se maintenir au sommet qu'en cultivant une vigilance permanente, il continue de faire peser une énorme pression sur ses employés.

« *J'aimerais être perçu comme un leader qui dit : Allons-y ! Faisons-le ! Quelqu'un qui montre un exemple d'énergie et d'enthousiasme* », explique le fondateur de la multinationale du logiciel. Mais travailler sous la tutelle d'un tel surdoué n'est pas tous les jours agréable, car l'homme fait preuve d'une exigence démesurée. L'un de ses adjoints, Charles Simonyi, a eu cette formule : « *La plupart des individus sont bons dans un domaine particulier. Gates est spécial en ce sens qu'il est bon dans une dizaine de domaines au moins.* » Le problème pour ses proches, c'est qu'il attend d'eux une acuité intellectuelle et un dévouement à la hauteur. Ceux qui choisissent de rejoindre le navire Microsoft peuvent s'attendre à des semaines de quatre-vingts heures et à un rythme effréné, d'autant que Captain Bill peut manifester une rudesse extrême vis-à-vis de ses collègues, s'il perçoit la moindre défaillance. Certains employés racontent comment, au cours d'une réunion, il s'est permis de réduire à néant leurs idées d'un lapidaire « *C'est la chose la plus stupide que j'aie jamais entendue* ». Si on l'interroge sur cette repartie, Bill la relativise en expliquant qu'il emploie cette expression plusieurs fois par jour. Il est également vrai que les employés de Microsoft sont récompensés grassement de leur zèle : plus de trois mille d'entre eux seraient aujourd'hui millionnaires en actions. Qui n'endurerait pas quelques brimades lorsque la carotte est aussi volumineuse ?

La légende voulait que le capitaine se calmerait le jour où il prendrait épouse. Il n'en a rien été. C'est tout juste si, désormais, il rentre plus souvent à la maison à vingt-trois heures qu'à une heure du matin. Pas de problème pour la charmante Melinda, une employée de Microsoft, accoutumée à une telle activité frénétique. Au moins le mariage aura-t-il calmé ses ardeurs séductrices. « *Désormais, je ne me pose plus la question de savoir avec qui je vais passer mon temps libre* », ironise le mâle pragmatique qui, pour le reste, érige un mur infranchissable autour de sa vie privée.

Bill est plus que jamais un optimiste convaincu et militant. À l'entendre, le monde futur sera meilleur grâce au multimédia. Lors d'une présentation effectuée à Las Vegas en novembre 1994 devant le gratin de la micro-informatique, le devin a exposé en long et en large sa perception d'une civilisation dans laquelle les nouvelles technologies vont « *améliorer la qualité de la vie* ». Pour Gates, la révolution numérique est un credo, une vision qui englobe la société tout entière. Si l'on veut faire décoller l'ange blond vers des sphères ensoleillées, il suffit d'aborder le thème des Autoroutes de l'Information. Aussitôt, les yeux pétillent, le regard se pare d'une jovialité presque enfantine et le corps entame un balancement lancinant d'avant en arrière... Fasciné par le potentiel des réseaux télématiques multimédia tels qu'Internet, Bill brosse un tableau idyllique de la société future, tout en recourant à des exemples clairs, compréhensibles par tous. Tout va devenir plus facile : apprendre, travailler, faire ses emplettes, recevoir des conseils médicaux... L'un des projets qui lui tient le plus à cœur est un ordinateur de la taille d'un portefeuille qui servira à la fois d'argent électronique et de clé pour l'automobile et la maison.

Cette civilisation multimédia qui est en train de se mettre en place avec le rapprochement des géants de l'audiovisuel, des télécommunications et de l'informatique, est une aubaine pour le président de Microsoft. Dans quels domaines entend-il apporter sa contribution ? Tous. Tous, sans exception. La télévision interactive est sur toutes les lèvres ? Bill se rapproche de TCI (premier câblo-opérateur américain) afin d'offrir son propre système de distribution de films à la demande. Le sans-fil est l'avenir du téléphone ? Gates juge opportun de s'allier avec le leader du domaine (McCaw) afin de développer un réseau planétaire qui nécessitera la mise en orbite de 840 satellites. Au passage, il investit cinq millions de ses propres dollars — une paille au regard de sa fortune. Il se rapproche également de NTT — le géant japonais des télécoms — afin d'offrir des services multimédia sur le réseau téléphonique du Japon. Lorsqu'il prend conscience que la télématique multimédia a le vent en poupe, il crée sa propre mouture, le Microsoft Network — avec accès à Internet —, et s'allie avec Visa pour développer des services de banque à domicile.

Si nécessaire, Gates n'hésite pas à racheter les compagnies qui possèdent le savoir-faire qui manquerait à Microsoft. Des millions de spectateurs s'extasient sur les dinosaures en images de synthèse de *Jurassic Park* ? Message reçu. Gates absorbe l'éditeur Softimage, dont les logiciels ont servi à dessiner lesdits reptiles, puis s'associe avec le nouveau trio infernal de Hollywood, Spielberg-Geffen-Katzenberg, en vue de réaliser les films interactifs censés captiver une génération accoutumée aux jeux vidéo. Les logiciels capables de repérer le meilleur itinéraire intéressent un nombre croissant d'automobilistes ? Qu'à cela ne tienne, il acquiert l'éditeur NextBase, spécialiste du domaine. Les compagnies absorbées semblent honorées d'une telle attention. « Mangez-moi, mangez-moi ! », ont-elles l'air de chanter à Billy the Kid. Si ce n'est que les autorités américaines s'inquiètent : le touche-à-tout du multimédia serait-il en train de développer un monopole à nul autre pareil, qui l'amènerait à prendre le contrôle effectif de la civilisation de l'information ? Car il existe une face cachée de la lune. Les concurrents de Microsoft — de même que certains employés déçus — se plaisent à le dépeindre comme tyrannique et machiavélique. Dans la mesure où il voue une admiration ouverte aux grandes personnalités de l'Histoire — Léonard de Vinci, Roosevelt, Edison, mais aussi Napoléon — la presse ne se prive pas de lui prêter des intentions hégémoniques. Étant donné les moyens financiers dont elle dispose pour ses opérations de prestige, l'armada de Redmond déploie un spectacle colossal et cette impression de gigantisme rejaillit sur l'amiral. En outre, au sein d'un personnel de plus de seize mille individus, se retrouvent fatalement quelques recrues altières, arrivées après l'essentiel de la bataille et trop heureuses d'endosser l'armure du soldat à peu de frais. Leur attitude inepte contribue à ternir l'image du chef de file.

Bill lui-même ne peut s'empêcher de laisser transparaître quelques signes de ce qui rend le capitalisme étranger à tout idéalisme : une froideur calculatrice exclusivement orientée vers la recherche de profits sans la moindre place pour les considérations à caractère humaniste. Lors de sa visite à Pékin en mars 1994, il aura ce mot regrettable : « *Il me paraît étrange de vouloir lier le libre-échange et les droits de l'homme. Cela revient à s'ingérer dans les affaires intérieures d'un pays.* » Heureusement, il se rattrape par des déclarations plus humanistes concernant la nécessité d'aider les écoles publiques et la recherche scientifique, des prises de position souvent suivies de contributions sonnantes et trébuchantes.

Bien qu'il s'en défende, Tyrannosaurus Gates a souvent agi — consciemment ou non — de manière à éliminer impitoyablement ses concurrents. Une loi de la jungle inhérente au monde des affaires ? Peut-être, si ce n'est qu'en la matière les dés sont pipés, car les compétiteurs sont obligés de s'en remettre à Microsoft pour obtenir les informations nécessaires à l'écriture de leurs propres logiciels — une situation qui remonte à 1981 lorsque IBM a décidé d'équiper ses PC du système d'exploitation[1] MS-DOS de Microsoft.

Du fait qu'elle définit le logiciel de base des PC, MS-DOS et Windows, Microsoft est en mesure de changer les règles du jeu, et de compliquer la partie pour ses concurrents. Ceux-ci doivent parfois travailler beaucoup plus durement qu'il n'est nécessaire pour demeurer dans la compétition. Depuis le début des années 90, le géant du logiciel est dans le collimateur du gouvernement américain qui cherche à déterminer si la montée en puissance de la compagnie ne s'est pas effectuée de manière illégale. Gates se défend d'entretenir de telles pratiques partiales et récuse toute intention monopolistique, arguant que la bataille n'a jamais été facile et que le succès est venu du public : « *Nous n'avons jamais forcé qui que ce soit à acheter nos logiciels !* » Il en veut pour preuve que les produits de Microsoft sont régulièrement jugés parmi les meilleurs dans les revues spécialisées.

Face aux critiques, aux remarques acerbes de ses concurrents, du ministère de la Justice américain ou de la Commission européenne, Gates le débonnaire affiche une attitude stoïque, estimant que de telles attaques sont la rançon du succès. Le diable d'homme a réponse à tout, au risque d'apparaître spécieux dans son argumentation. Lui reproche-t-on d'avoir bénéficié largement de la « vache à lait » que représentait le MS-DOS (le logiciel de base présent sur des dizaines de millions de micro-ordinateurs de la norme PC) ? Il répond que la très large diffusion de ce MS-DOS a permis de constituer un marché en or pour tous les éditeurs quels qu'ils soient. Lorsqu'on l'accuse de vouloir établir un monopole du logiciel, il proteste que la compétition est partout, qu'elle est

1. Le système d'exploitation est le logiciel responsable du fonctionnement de base de l'ordinateur.

rude pour tout le monde et que Microsoft est loin d'être dominante sur tous les fronts.

Chez IBM, il est courant d'entendre l'analyse suivante : « *Nous avons permis à Gates de devenir une grande société. Au lieu de nous en savoir gré, il s'est retourné contre nous.* » Mais il apparaît également qu'à maintes reprises IBM a tenté de se séparer de Bill et que Microsoft n'a dû sa survie qu'à la ténacité et à la subtilité de son patron. Enfin, Gates fait souvent remarquer qu'il a pris des risques énormes, choisissant la route de l'innovation là où de nombreuses sociétés concurrentes préféraient une voie plus conservatrice. Hélas, il n'a pas totalement tort.

D'ailleurs, on ne peut pas lui reprocher de cacher son jeu. Gates annonce souvent longtemps à l'avance dans quelles directions il entend mener ses assauts futurs. En 1986, lors d'une interview, il s'était plu à décrire par le menu comment fonctionneraient les CD-ROM. « *Dans une encyclopédie, vous pointerez sur une symphonie de Beethoven et aussitôt l'ordinateur jouera ce morceau. Si vous regardez une carte des États-Unis, vous pourrez opérer un zoom sur une ville et demander : quels sont les hôtels à cet endroit ?* » De tels titres interactifs ont commencé à apparaître en masse aux alentours de 1993, notamment la superbe encyclopédie Encarta de Microsoft. Il est de bon ton de s'émerveiller aujourd'hui du potentiel du CD-ROM, remarquable véhicule de transmission des connaissances, de par sa capacité à offrir une richesse d'informations extraordinaire — images, vidéos, musiques, sons, texte... — tout en permettant une consultation libre et ludique. Mais alors, se demande-t-on, pourquoi ceux qui étaient concurrents de Microsoft en 1986 (Lotus, Novell, WordPerfect...) n'ont-ils pas cherché à créer de tels CD-ROM multimédia avant d'y être contraints par l'ampleur du phénomène de mode ? Se pourrait-il que les compétiteurs d'hier aient péché par manque d'humilité ? Dommage. Car il faut savoir écouter les conseils d'un surdoué, surtout lorsqu'il se révèle aussi prolixe. Gates lui-même demeure interloqué par une telle attitude, lui qui ne cesse de se référer à d'autres capitaines d'industrie. « *Prenez l'exemple de la chaîne de magasins Wal Mart. Le fait qu'une formule ait pu atteindre une telle ampleur me sidère ! Le gars avait investi le Sud-Est et cela marchait à merveille. Pour quelle raison n'y a-t-il pas eu un type dans le Nord-Ouest qui s'est dit : mon Dieu, ce type détient une formule, je vais l'appliquer telle quelle, embaucher trois ou quatre de ses employés, leur offrir un pont d'or et appliquer sa satanée formule ?... Lorsque Wal Mart aurait finalement débarqué, il aurait découvert qu'il ne pouvait rien y faire, parce que quelqu'un était déjà passé par là ! Pourquoi est-ce que personne ne l'a fait ? C'est stupéfiant !* »

Si Bill a un défaut, c'est une obsession à vouloir être constamment le meilleur en tout. Il semble détester se retrouver en position d'infériorité, ne serait-ce que pendant quelques secondes. Lors d'un dîner informel à Paris, je m'étais permis de lui dire, sur le ton de la plaisanterie : « *Quoi ! tu ne parles pas le français ? Mais moi, à trois ans, je savais déjà parler français !* » Gates m'a alors répondu sèchement : « *Oui, mais à vingt ans, tu n'avais pas créé ta propre compagnie !* » Il n'y avait aucune trace d'humour dans sa réponse. Il n'appréciait tout simplement pas d'être déstabilisé. Mais personne n'est parfait et l'adage vaut pour le surdoué du logiciel. Toujours est-il qu'il est tellement persuadé d'avoir la vision correcte qu'il en vient inévitablement à vouloir imposer ses propres solutions. Si l'on envisage une telle attitude à l'échelle de la civilisation de l'information, on peut prendre la mesure de son appétit de pouvoir. Les débats sur Internet ne manquent pas de soulever la crainte d'un futur digne d'Orwell où l'on trouverait du Microsoft dans tous les objets de la vie courante : la télévision, l'ascenseur, l'automobile, son portefeuille électronique... Seuls les Martiens y échapperont. Mais pour combien de temps ?

Par bonheur, la vision entretenue par Gates est humaniste et pacifique, même si elle prend la forme d'une guerre impitoyable sur le plan commercial. Big Brother ne semble pas faire partie du grand plan.

Au final, puisqu'il faut nécessairement un leader à toute entreprise humaine, force est de constater que Bill est préférable à bien d'autres acteurs du microcosme « cyber ». Il possède des qualités de vision et de catalyse qui font parfois défaut à ceux qui aimeraient monter sur le podium, sans toutefois partager la même largeur de vues et le même détachement vis-à-vis de la réussite.

Le dernier point tient dans un mot que Bill répète souvent au hasard de ses conversations : « *fun* », que l'on pourrait traduire par « plaisir ludique ». Il ne travaille pas, il ne conquiert pas des marchés, il s'amuse, et les journées sont trop courtes pour ce personnage en perpétuelle ébullition. Ne le perdez pas de vue : il est déjà loin, très loin... Il est vrai que Bill s'amuse à changer le monde. Et c'est peut-être la clé essentielle de son approche. Comme il le dit lui-même : « *Pour quelle raison créerait-on une compagnie et chercherait-on à avoir un grand impact sinon pour s'amuser ?* »

CHAPITRE 1

Surdoué

— Pensez-vous être un génie ?

— Oui, s'il en existe un, alors je le suis assurément ! Les gens tels que moi prennent conscience de leur génie dès l'âge de dix ans... Je me demandais toujours pour quelle raison les gens ne découvraient pas qui j'étais. À l'école, ne pouvaient-ils pas voir que j'étais plus intelligent que tous les autres ? Que les professeurs étaient stupides ? Qu'ils tentaient de me transmettre tout un tas d'informations dont je n'aurais jamais besoin ? J'étais différent. J'ai toujours été différent. Pourquoi est-ce que personne ne l'a jamais remarqué ?

En s'exprimant ainsi, John Lennon[1] tentait d'expliquer à un journaliste de *Rolling Stone* combien l'enfance des surdoués est ennuyeuse. La société est conçue pour faciliter l'existence de ceux qui se conforment à un moule que l'on appelle la normalité. Certains s'écartent de la grille officielle par rébellion, incapacité à s'insérer dans le cadre établi, ou par jeu. Celui qui est plus doué que la normale vit un autre scénario : il est condamné à côtoyer des êtres moins subtils qui ont le pouvoir de lui dicter ses actes. Il traverse la période de la jeunesse avec un sentiment de décalage permanent et un désir de grandir au plus

1. Interview accordée au journal *Rolling Stone* et publiée le 21 janvier 1975.

vite afin de pouvoir enfin agir à sa guise et montrer de quoi il est capable. En attendant, il souffre en permanence de la lenteur de son entourage...

William Henry III Gates — c'est-à-dire Bill Gates — appartient à cette espèce particulière. Adolescent, il apparaît comme un garçon étrange, méditatif, et fortement auto-déterminé. Il brille par ses performances scolaires et se montre d'une redoutable acuité dès lors qu'un problème est soumis à son intellect. Bill est le plus souvent à la première place dans les classements généraux. Son professeur de sciences, William S. Dougall, s'amuse de l'impatience de l'angelot : lorsqu'un professeur ne va pas assez rapidement à son goût, il adopte une moue résignée et semble perpétuellement sur le point de s'écrier : « *Mais c'est évident !* » Ann Stephens, son professeur d'anglais, se montre surprise par sa remarquable mémoire : s'il participe à une pièce de théâtre, Gates est capable de mémoriser un monologue de trois pages après une seule lecture. Assoiffé de connaissances, il lit dans son intégralité l'*Encyclopédie du Monde (World Book Encyclopedia)* et dévore les biographies d'hommes célèbres ou de grands inventeurs. Il apprécie les romans de science-fiction d'Edgar Rice Burroughs et d'Isaac Asimov, les bandes dessinées sur Tarzan et les histoires de Martiens. La puissance intellectuelle de Bill ne favorise pas toujours les relations avec les autres écoliers parfois intimidés par son incompréhensible verbiage. Heureusement, il compense cette inclination par un réel plaisir à participer à des sports tels que le tennis ou le ski nautique.

La famille Gates compte trois rejetons. Kristiane est née en janvier 1954, Bill le 28 octobre 1955. Libby n'arrivera qu'une dizaine d'années plus tard en juin 1964. Selon une tradition courante aux États-Unis, Bill porte le même nom que son père et son grand-père : William Henry. Toutefois, de même que son père était appelé Junior, Bill est baptisé William Henry Gates III — troisième du nom. Les premières années du prodige se déroulent de façon paisible au sein d'un environnement aisé. William Henry Junior et son épouse Mary appartiennent à la haute bourgeoisie de Seattle. La capitale de l'État de Washington est une ville moderne accueillant de nombreuses entreprises de l'industrie aéronautique parmi lesquelles la société Boeing. Le dernier étage du restaurant *Space Needle* effectue une lente révolution continue, découvrant le lac Washington qui traverse la ville encadrée par les montagnes Olympic et Cascade. Situé au bord de l'océan Pacifique et à la frontière du Canada, l'État de Washington offre une heureuse combinaison d'éléments naturels : parcs, forêts, montagnes et grand large océanique.

Le père de Bill est avocat et jouit d'une réputation de probité. Mary, qui était professeur, a abandonné sa carrière après la naissance du garçon pour se consacrer à l'éducation des enfants. Son énergie débordante la pousse à participer à la vie communautaire. Bill l'accompagne lors de ses déplacements et assiste patiemment aux conférences qu'elle dispense sur l'histoire et la culture de la région. Mary apporte son concours à diverses œuvres de charité telle *United Way International* dont elle est membre du conseil d'administration. Les Gates, protestants congrégationalistes, emmènent les enfants à l'église le dimanche. Bill chante dans le chœur et fait partie des scouts, mais ne manifeste pas d'intérêt particulier pour ces activités. Lorsque William Henry et Mary choisissent un lycée pour leur fils, ils optent pour l'école privée de Lakeside, réputée pour sa rigueur en matière d'éducation. Au cours de l'été 1968, le directeur de l'honorable institution va prendre une décision déterminante quant à l'évolution du surdoué, avide de mettre à l'épreuve ses capacités de raisonnement hors du commun.

CHAPITRE 2

De Lakeside à Harvard

La programmation est une activité incompréhensible pour les non-initiés. Les développeurs de logiciels sont les maîtres absolus d'un univers en réduction. Ils ont une liberté totale d'intervention sur leurs créatures. Le délai qui s'écoule entre le moment où une idée germe dans l'esprit du programmeur et celui où il la voit se matérialiser sur l'écran est court. Il s'ensuit des moments de béatitude fréquents. Comme il s'agit d'un jeu où tout est possible, le challenge est toujours ouvert, générant une excitation permanente. Un programmeur peut passer des nuits à peaufiner son œuvre, et perdre toute notion du temps. Une seule chose compte, transformer sa vision en quelque chose qui ressemble à la vie : un programme. Revers de ce mode d'existence, les développeurs manquent parfois de sociabilité. Pourquoi s'en soucieraient-ils puisqu'ils trouvent une source de bonheur quasi illimitée devant leur écran ? La machine renvoie un miroir permanent du talent de son maître. L'ordinateur était fait pour attirer le jeune Gates, bien en peine de trouver parmi ses camarades de classe de quoi éprouver ses dispositions extraordinaires au calcul et au raisonnement. La rencontre avec cet objet mythique sera décisive.

Vers la fin des années 60, les ordinateurs sont des machines immenses nécessitant le plus souvent une pièce entière. Deux constructeurs ont le vent en poupe ; IBM et Digital Equipment Corporation (DEC). Le premier siège à Armonk dans la banlieue de New York et domine sans partage. IBM réalise un chiffre d'affaires de trois milliards de dollars et sa clientèle représente 60 % des utilisateurs d'ordinateurs. Le grand public associe l'informatique à cette entité tentaculaire dont les méthodes apparaissent à la fois fascinantes et troublantes. Les employés jouissent d'avantages sociaux considérables et reçoivent une formation permanente qui force l'admiration. Ses milliers de commerciaux qui déambulent en costume bleu [1] renvoient une image sérieuse, rigide et nette. Dans le même temps, ils ne reculeraient devant rien pour atteindre leurs quotas, une façon d'agir issue de la philosophie d'un fondateur, lui-même fort pragmatique en la matière. Les concurrents d'IBM l'accusent de pratiques monopolistiques : elle annonce parfois ses produits à l'avance, ce qui a pour effet de geler les décisions d'achat pendant de nombreux mois. Le peloton des délateurs grandit et incite le gouvernement à tenter un procès antitrust. Ken Olsen, président de Digital Equipment Corporation, a relevé le défi d'IBM en proposant des ordinateurs performants de taille relativement réduite et bon marché : les PDP-10. Les mini-ordinateurs de DEC séduisent des dizaines de milliers d'entreprises.

Au cours de l'été 1968, la direction du lycée de Lakeside décide qu'il serait judicieux d'amener les élèves à découvrir l'informatique. À l'époque, il est irréaliste pour un établissement scolaire d'investir dans l'achat d'une machine. Il est possible en revanche de louer des heures d'utilisation à des sociétés

1. IBM en a tiré le surnom de Big Blue (le Grand Bleu).

ayant acquis des ordinateurs. Les utilisateurs se connectent par les lignes téléphoniques et communiquent avec l'ordinateur éloigné au moyen d'un terminal[1]. Le directeur de la Lakeside School fait appel au *Club des Mamans* afin qu'il prenne l'affaire en main. Celui-ci ne tarde pas à découvrir l'existence d'une société qui loue du « temps machine » : la General Electric. Les mères vaillantes vident la cagnotte du club et investissent trois mille dollars en heures d'ordinateur, un crédit censé couvrir l'année scolaire. À partir de la sixième année, chaque classe dispose d'un horaire au cours duquel elle peut se connecter à l'ordinateur, un mini-ordinateur PDP-10 de Digital Equipment Corporation.

Lors de la rentrée scolaire, Bill Gates et son meilleur ami, Kent Evans, entrent en huitième année. Au cours de la classe d'informatique qui démarre en janvier, les élèves sont invités à introduire quelques petits programmes au moyen du langage BASIC[2]. Pour Bill, il s'agit d'une véritable révélation. Quelle est cette machine sur laquelle il suffit de taper quelques instructions pour qu'elle vous donne quelques secondes plus tard la solution d'un problème ? Subjugué par cette conversation avec une entité située à des kilomètres de là, Bill se découvre une passion dévorante pour la programmation. Par chance, Kent Evans est pareillement fasciné par les possibilités ouvertes par le BASIC et le PDP-10. Après les cours, les deux adolescents se retrouvent spontanément dans la salle du

1. Terminal : écran auquel est associé un clavier.

2. Le BASIC est un langage dont la programmation est fort simple. Ses créateurs, John Kemeny et Thomas Kurz, l'ont défini en 1964 dans le but de rendre la programmation des ordinateurs accessible à tous. Une particularité du BASIC dans sa forme originelle est de répondre immédiatement aux instructions introduites sur un clavier. Il s'ensuit un aspect ludique apprécié par ceux qui abordent la programmation.

terminal. Parfois encore, ils sèchent la gymnastique pour gagner la pièce dédiée à la programmation. Ils y croisent souvent un garçon blond de quinze ans qui arbore une moustache. Paul Allen, élève de dixième année dans le même établissement, manifeste un enthousiasme tout aussi débordant pour l'engin. Le goût pour la programmation, et aussi pour la science-fiction, rapproche Paul et Bill. Et comme leurs professeurs connaissent fort peu le sujet, les deux garçons se forment eux-mêmes sur l'ordinateur en étudiant dans le détail tous les manuels sur lesquels ils parviennent à mettre la main. Ils assimilent les concepts liés au BASIC et à la machine de DEC en un temps record, montrant une compréhension naturelle des mécanismes de l'informatique.

Bill, Paul et Kent se retrouvent fréquemment au milieu de la nuit devant le terminal, après s'être introduits discrètement dans l'établissement. Le fils Gates est attiré par le développement de programmes pratiques et s'applique à réaliser un jeu de Monopoly. Paul est davantage charmé par les subtilités de l'Assembleur, un langage assez ésotérique qui permet de contrôler n'importe quelle partie de l'ordinateur. Le trio infernal est bientôt rejoint par un quatrième personnage : Rick Weiland, élève de la même classe qu'Allen. Les apprentis sorciers amènent le PDP-10 à simuler plusieurs millions de parties de Monopoly afin de détecter les stratégies gagnantes. Le budget annuel ne résiste pas à ces expérimentations désinvoltes. Au bout de six mois, le lycée se voit contraint de demander aux parents de participer au paiement des heures d'ordinateur louées à General Electric. Par la suite, l'accès au terminal fait l'objet d'un contrôle plus strict : les parents d'élèves accueillent avec agacement le montant des factures de temps machine.

Gates, Allen et ses deux compères n'ont absolument pas l'intention d'en rester là : la programmation leur procure une trop grande excitation pour qu'ils puissent se contenter des seules heures de classe d'informatique. Ils découvrent une solution inespérée. Un lycéen de la même classe que Bill et Kent leur explique que sa mère, Monique Rona, dispose d'un PDP-10. Avec plusieurs anciens étudiants de l'université de Washington, elle a fondé Computer Center Corporation (CCC), une société qui loue du « temps machine » à d'autres entreprises. N'ayant pas les moyens d'acquérir l'ordinateur, CCC a proposé un accord à Digital Equipment Corporation : le règlement de la machine sera ajourné aussi longtemps que des « bugs » seront découverts dans le logiciel de base du PDP-10. Les bugs sont des anomalies figurant dans un programme, susceptibles de provoquer un comportement erratique de l'ordinateur [1]. L'arrangement paraît favorable : le logiciel du PDP-10 comporte de nombreux bugs, et DEC ne peut le diffuser tel quel auprès de ses clients. Computer Center Corporation s'est engagé à adresser régulièrement un rapport des anomalies rencontrées.

Gates, Allen, Evans et Weiland viennent proposer leurs services à CCC. Ces gamins qui prétendent connaître la programmation sur le bout des doigts font d'abord sourire les ingénieurs. Mais ils sont obligés de s'incliner devant les faits, d'autant que Bill fait preuve d'une capacité de conviction étonnante. Un accord est conclu entre Computer Center Corporation et le « Groupe des Programmeurs de Lakeside », ainsi que se surnomment Bill, Paul, Kent et Rick. Ils pourront disposer de temps libre sur l'ordi-

1. Certains bugs graves peuvent provoquer un « plantage » de l'ordinateur : il cesse temporairement de fonctionner de façon logique. La seule issue consiste alors à l'éteindre et à le rallumer. Les informations qui viennent d'être introduites dans l'ordinateur sont vraisemblablement perdues.

nateur, à condition de fournir à CCC des listes de bugs découverts dans le logiciel du PDP-10. Chaque fois qu'une erreur provoquant un plantage de la machine est détectée, les lycéens doivent noter de façon précise les circonstances dans lesquelles l'incident s'est déroulé.

Tous les soirs, à la sortie du lycée, une même scène se répète. Gates se précipite chez lui, avale son dîner et court jusqu'à l'Hôpital des Enfants afin d'attraper le bus n° 30. Rue Roosevelt, au siège de CCC, tandis que les programmeurs de jour quittent les lieux, Paul Allen, Rick Weiland et Kent Evans posent leur bicyclette et rejoignent Bill, déjà agenouillé sur un listing qui se répand sur le sol. Les lycéens, fous de joie, passent toutes leurs soirées sur place, dans une salle remplie de terminaux. Vers minuit, l'un des parents vient rechercher les garçons. Faute de quoi, les sorciers restent jusqu'au petit matin, soumettant le PDP-10 aux tests les plus excentriques. Certains programmeurs de Computer Center Corporation s'entichent de ces adolescents si astucieux. D'autres les détestent pour la même raison.

Tandis qu'ils apprennent les subtilités du mini-ordinateur et de son logiciel, les adolescents noircissent le livre de bord de CCC de dizaines de pages sur les sources de plantage. Résolus à trouver des bugs à l'infini, ils font subir les pires sévices à l'ordinateur. Chemin faisant, ils s'aventurent sur des terrains réservés. Pour accéder aux informations qui lui sont propres, un utilisateur doit donner son nom et son mot de passe. Bill acquiert la conviction qu'il est possible de forcer ce barrage. Stimulé par le défi intellectuel, il étudie la question dans ses moindres détails et trouve une ruse permettant de berner le système de sécurité de l'ordinateur. Il lui devient soudain possible de consulter des informations auxquelles il n'était pas censé avoir accès. La situation apparaît fort enivrante pour le scrutateur clandestin, pas peu fier d'avoir déjoué les protections établies par des adultes. Les programmeurs s'enhardissent et vont jusqu'à apporter des modifications aux programmes du PDP-10 afin qu'ils fonctionnent plus rapidement. À force d'expérimenter ainsi, les pirates en herbe provoquent un plantage majeur de l'ordinateur. Au matin, les ingénieurs de Computer Center Corporation réalisent que le système de sécurité a été violé et se montrent scandalisés. Bill et ses compères reçoivent un savon mémorable et sont invités à faire preuve d'une extrême modération dans leurs incursions.

Les semaines s'écoulent et la liste des bugs s'allonge. Le *Problem Report Book* (Rapport des problèmes) atteint désormais trois cents pages. Hélas, Digital Equipment Corporation estime que l'accord a suffisamment duré : CCC semble en mesure de dénicher des bugs jusqu'à la nuit des temps ! Lorsque DEC réclame son dû, Computer Center Corporation, incapable de faire face, se déclare en faillite. L'huissier chargé de procéder à la saisie se présente dans les locaux de la rue Roosevelt et découvre quatre adolescents affairés devant leurs écrans qui ne semblent pas le moins du monde préoccupés par son intrusion. Tandis qu'il fait embarquer une à une les chaises, le groupe de Lakeside continue à officier comme si de rien n'était. Par la suite, les meubles sont pareillement évacués. Les aficionados de la programmation poursuivent leur travail sans relâche, avec les moyens du bord. Ce n'est que lorsque la machine est mise sous scellés qu'ils déclarent forfait.

Dans le plus grand secret, Kent Evans, en accord avec Bill, a négocié le rachat à prix sacrifié de plusieurs bandes du PDP-10. Les deux compères dissimulent les bandes dans la salle du terminal du lycée de Lakeside. Quelques jours plus tard, Paul Allen, tandis qu'il s'affaire au terminal de Lakeside, découvre les bandes achetées par Gates et Evans. Furieux, il décide de les emporter afin de les placer en lieu sûr : il n'apprécie pas que ses compagnons aient agi sans le tenir au courant. La tension monte entre les lycéens : Gates et Evans vont jusqu'à menacer Paul Allen d'une action en justice ! Après de longues discussions, Bill et Kent parviennent à récupérer leur bien et revendent les bandes avec bénéfice. Le jeune Gates fait d'ores et déjà preuve d'un talent commercial étonnant. Mais l'épisode aura des répercussions sur leur amitié.

Au cours de l'épisode CCC, Gates a fortement apprécié d'avoir réussi à violer le système de sécurité de l'ordinateur. Il apprend alors que le PDP-10 de l'université de Washington est relié à un réseau national d'ordinateurs géré par Control Data Corporation (CDC) : le *Cybernet*. Bill se lance un nouveau défi : s'introduire clandestinement dans un tel réseau. Il faut pour cela étudier en détail le logiciel utilisé par Control Data. Prétextant la préparation d'un examen, Bill se rend à l'université de Washington. Les ingénieurs accueillent avec bienveillance cet adolescent de treize ans — il paraît beaucoup plus jeune que son âge — qui pose des questions anodines en apparence. Gates parvient à obtenir des renseignements précis sur la façon dont est constitué le réseau et peut même se livrer à des essais sur un terminal. Il met au point un stratagème pour tromper les procédures de sécurité de Control Data. L'opération réussit : le jeune programmeur s'introduit dans *Cybernet* et parvient à placer dans l'ordinateur principal un programme de sa confection qui est diffusé sur tous les autres CDC du réseau. Quelques minutes plus tard, un plantage généralisé de toutes les machines se produit. Gates raconte la péripétie à ses copains, et leur explique en riant comment il a réussi à faire s'écrouler tous ces ordinateurs. Hélas pour le flibustier, le réseau *Cybernet* est suffisamment bien conçu pour qu'il soit possible de remonter à la source d'un tel méfait. Lorsque le responsable de la catastrophe est repéré, il doit subir les réprimandes les plus acerbes. Cette fois, Bill fait amende honorable et promet de ne plus toucher aux ordinateurs. Il en vient même à manifester une certaine indifférence vis-à-vis du sujet et passe l'essentiel de l'année 1970 sans approcher un terminal. Il n'a pas encore décidé qu'il ferait carrière dans l'informatique.

La réputation des lycéens de Lakeside traverse la frontière de l'Oregon et parvient jusqu'aux oreilles d'un couple de Portland. M. et Mme McLain, dirigeants de la société ISI (Information Sciences Inc.), envisagent de faire réaliser un programme de paye sur leur PDP-10. Il paraît intéressant de faire travailler ces prodiges de l'informatique car les programmeurs d'ordinateurs DEC sont encore une denrée rare, et de ce fait exigent un salaire élevé, alors que les lycéens semblent se satisfaire d'une rémunération en heures machine. Le couple McLain contacte Paul Allen et Rick Weiland et leur propose d'échanger leur savoir-faire contre du temps d'ordinateur. Les séquelles de l'affaire des bandes du CCC sont encore intactes : Allen et Weiland jugent qu'ils peuvent totalement se passer des services de Gates et d'Evans. Toutefois, au bout de plusieurs mois, ils doivent déchanter. L'écriture du programme de paye ne se déroule pas comme prévu, et le projet s'enlise. Allen et Weiland décident de faire appel à leurs complices d'antan. Gates se montre intransigeant : il n'accepte de les aider qu'à la condition d'être nommé responsable du projet. Evans rejoint ensuite le groupe. Les tractations avec ISI sont pour le moins singulières : Gates choisit de mener les réunions avec le couple dirigeant cette compagnie dans son fast-food préféré de Portland, le *Hamburger*

Train. Le programme de paye est achevé à la satisfaction du commanditaire, et les adolescents reçoivent un capital en heures machine équivalant à 10 000 dollars.

Au mois de juin 1971, le proviseur du lycée de Lakeside fait à son tour appel aux talents du jeune programmeur Gates. Du fait d'une répartition maladroite des élèves, certaines classes sont surpeuplées. Un programme d'ordinateur devrait permettre de résoudre ce problème au mieux. Bill décline la proposition : il envisage de passer l'été de façon décontractée. Le proviseur fait alors appel à un professeur de mathématiques nouvellement arrivé sur les lieux. Mais, comble de malchance, le jeune ingénieur disparaît quelques jours plus tard dans un accident d'avion. La direction s'en revient voir Gates et l'invite à prendre en charge le projet, en collaboration avec Kent Evans. Le sort frappe à nouveau : le copain de classe de Bill perd la vie au cours d'une escalade en montagne. Le choc est brutal pour Gates qui voit soudainement disparaître son meilleur ami. Il décide néanmoins de s'atteler à la tâche et appelle Allen à la rescousse. Cet été-là, Bill et Paul campent dans le lycée de Lakeside et vivent un moment paradisiaque. Le travail s'avère énorme. Il est nécessaire d'harmoniser des facteurs disparates : le nombre de professeurs, d'élèves, de salles de cours... Mais autant joindre l'utile à l'agréable : Bill peaufine le programme afin que, dans tous les cas de figure, il soit le seul garçon d'une certaine classe, avec les filles les plus jolies. En échange de leur programmation de la grille des horaires, les compères reçoivent une rémunération de 2 400 dollars et un crédit substantiel en heures d'ordinateur.

À l'automne de 1971, Paul, qui a terminé le lycée, entre à l'université de Washington pour préparer une maîtrise d'informatique. Bill, pour sa part, entame son avant-dernière année scolaire. Après les cours, il s'amuse à conduire la Ford Mustang rouge dont il vient de faire l'acquisition, ou bien se lance dans d'interminables compétitions de ping-pong. Allen vient déranger cette tendance à la frivolité : il est persuadé qu'ils doivent mettre leurs dons de programmeurs au service d'applications pratiques. Il va trouver William Henry pour lui faire part d'une idée. Sur les routes de Seattle, à certaines intersections, se trouvent des tubes de caoutchouc placés en travers de la voie. Ils servent à l'analyse du trafic automobile. Une société a connecté ces tubes à de petites boîtes grises. Elles débitent des bandes de papier perforées correspondant aux informations sur la circulation. Selon Paul, il doit exister un moyen de traiter ces bandes sur un ordinateur, et, partant, de vendre des analyses statistiques sur le trafic automobile. Bill reconnaît qu'il s'agit d'un projet astucieux.

Les adolescents envisagent l'acquisition d'un mini-ordinateur, mais une telle machine est largement au-dessus de leurs moyens. Paul Allen fait à nouveau preuve de perspicacité. En lisant des magazines d'électronique, il a appris l'existence du 8008. La société Intel a réussi à intégrer des millions de circuits microscopiques sur une puce de silicone qui reproduit l'unité de traitement d'un ordinateur. Elles a baptisé son invention microprocesseur [1]. Allen pense qu'en utilisant le 8008, il est possible de réaliser un ordinateur minimal.

Les deux amis créent une société qu'ils nomment Traf-O-Data (appellation bizarre dérivée de « traffic » et de *data* qui signifie données). Pour la somme de

1. Le processeur est l'unité de traitement essentielle d'un ordinateur. Microprocesseur signifie donc littéralement : processeur miniaturisé. En fait, le premier microprocesseur d'Intel, le 4004, est apparu en 1969, mais il était trop limité pour permettre l'écriture de programmes.

360 dollars, ils se procurent l'un des premiers 8008 d'Intel. Traf-O-Data fait alors appel à un technicien en électronique, Paul Gilbert, afin qu'il construise une machine permettant de programmer la puce. Gilbert conçoit un embryon de micro-ordinateur où les fils sont enroulés de manière fonctionnelle sans souci d'alignement. La répartition du travail se fait ensuite naturellement. Paul réalise un programme sur le PDP-10 de l'université de Washington afin d'amener ce mini-ordinateur à simuler le comportement de la puce 8008. Gates rédige le programme d'analyse de la circulation routière. La mise au point est fastidieuse et interminable : les jeunes gens avancent sur un terrain inexploré. Une fois l'ordinateur et son programme achevés, les bandes perforées des boîtes grises sont utilisées comme source d'informations. Paul et Bill adressent des courriers aux divisions chargées de contrôler la circulation automobile aux États-Unis et au Canada. Traf-O-Data livre des rapports sur l'état des routes du Maryland, au district de Surrey et à la Colombie-Britannique.

La campagne présidentielle de 1972 oppose le démocrate George McGovern au républicain Richard Nixon. En tant que membre des scouts Eagle, Bill décroche un job d'été comme page du Congrès. Mû par une étrange intuition, il acquiert cinq mille badges McGovern-Eagleton à trois *cents* pièce. Eagleton se retire peu après du ticket démocrate. Bill, à défaut de percevoir pleinement les conséquences politiques d'une telle décision, déduit qu'il est désormais en possession de pièces de collection : il entreprend donc de revendre les badges comme telles, à un prix allant jusqu'à 20 dollars et 25 *cents*. L'ingénieux programmeur semble prédisposé à réaliser des bénéfices. Il diffère en cela d'un grand nombre des adolescents de sa génération, alors peu intéressés par les gains financiers.

Avec la rentrée 1973, Bill entame sa dernière année de lycée. La société Traf-O-Data, dont il s'occupe avec Paul durant son temps libre, gagne plusieurs milliers de dollars en diffusant des informations sur les statistiques routières. Mais une opportunité plus séduisante se présente au cours du mois de janvier. Une société de Cleveland, TRW, conduit un gigantesque projet pour le compte du ministère des Armées. Plusieurs PDP-10 sont affectés à la supervision des barrages du bassin de la rivière Columbia. TRW réalise une série de programmes destinés à contrôler la distribution d'électricité générée par ces ouvrages hydrauliques. Ils permettront d'analyser les besoins énergétiques au nord-ouest des États-Unis et au sud du Canada.

Depuis plusieurs mois, le projet de TRW se trouve dans une situation dramatique, du fait de la présence de bugs dans le logiciel du PDP-10. Elle s'apprête à concéder à son commanditaire des indemnités pour retard dans l'exécution du projet. Pour l'heure, elle s'est lancée dans un recrutement international d'experts du PDP-10. Toutes les candidatures potentielles sont prises en considération. La chance amène un technicien du TRW à prendre connaissance du *Problem Report Book* de Computer Center Corporation. Le livre dresse la liste effarante des bugs identifiés dans le logiciel de Digital Equipment Corporation. Les noms de Gates et d'Allen reviennent à presque toutes les pages. De fil en aiguille, TRW remonte jusqu'à Information Sciences Inc. à Portland où l'on confirme la qualité d'experts des deux champions. TRW les convie à venir au plus vite à Cleveland afin de participer au projet. Paul Allen ne se fait pas prier. La vie universitaire l'ennuie, et il rêve de se frotter au plus tôt à la vie active. Gates bénéficie d'une permission accordée par le lycée de Lakeside, autorisant ses élèves à terminer leurs études en effectuant un stage en entreprise.

Sur place, les deux programmeurs sont aux anges. Ils œuvrent au milieu d'un environnement de rêve : cinq ordinateurs DEC qui se communiquent mutuellement des informations. Ils travaillent durement pour une rétribution dérisoire — 165 dollars par semaine, l'équivalent d'une paye d'étudiant. Mais Paul considère que le simple fait d'être rémunéré pour effectuer ce qu'il adore représente le bonheur ultime. Le problème essentiel des deux adolescents consiste à trouver comment dépenser l'argent qu'ils gagnent. Ils achètent un bateau et s'adonnent au ski nautique sur les lacs des alentours. Le projet de TRW est progressivement remis sur pied et Paul voit cette activité se terminer à regret : la vie active le séduit au point qu'il envisage de quitter définitivement l'université. La société Traf-O-Data fondée avec Bill un an plus tôt n'est pas en mesure de justifier une activité à temps plein : depuis le printemps, une concurrence imprévue est apparue — le gouvernement fédéral a décidé d'offrir gracieusement aux communautés avoisinantes un service de statistiques sur la circulation routière. Il est illusoire de lutter contre un service gratuit et Traf-O-Data abandonne ses activités. Au cours de l'été, Paul entre comme programmeur dans la société Honeywell, grâce à un tuyau de William Henry III.

Bill se prépare à entrer à l'université et s'interroge longuement sur la voie à suivre. La tentation de créer une édition de logiciels effleure parfois son esprit. Au grand soulagement de Mary et William Henry Junior, il opte finalement pour l'université de Harvard, à Boston, et se donne pour ambition de devenir le plus grand mathématicien du monde.

Le jeune Gates s'inscrit aux cours de mathématiques les plus avancés de Harvard. Tout comme lors de sa scolarité antérieure, il manifeste un dédain profond pour certains cours jugés trop primaires et mène la vie dure à certains professeurs. Assis nonchalamment tandis qu'un de ces derniers s'escrime à résoudre une équation savante, il se contente d'une moue dubitative. Au bout d'une demi-heure, il lui arrive de lever la main pour indiquer qu'une erreur s'est glissée dans le raisonnement proposé et s'emploie à démonter l'échafaudage patiemment construit. Il semble tirer une joie perverse à placer ainsi ses professeurs dans des situations inconfortables. Pourtant, si les mathématiques se révèlent intellectuellement séduisantes, le cœur n'y est pas. Bill passe ses nuits à jouer au poker. Les étudiants misent de sérieuses sommes sur la table de jeu, allant jusqu'à échanger des centaines de dollars au cours d'une soirée.

Bill se lie d'amitié avec deux étudiants de Harvard, Henry Leitner et Steve Ballmer. Le premier tente d'obtenir la collaboration de Gates pour ses devoirs de mathématiques. Leitner découvre que son ami se désintéresse complètement des problèmes ordinaires : le natif de Seattle n'est disposé à exercer ses facultés de raisonnement que lorsque la question à résoudre est suffisamment complexe. Steve Ballmer gagne la sympathie de Gates. Ce jovial énergumène est pourvu d'une forte personnalité et ses capacités intellectuelles vont de pair avec un humour dévastateur. Ballmer introduit Gates auprès de ses compagnons de façon théâtrale en l'amenant à prononcer un discours sur les vertus de l'informatique, les yeux bandés, dans la cafétéria de l'université.

Certains soirs, Bill est gagné par le spleen : allongé dans sa chambre, il médite sur le sens à donner à son existence. Il retrouve la foi dès qu'il peut approcher l'ordinateur de l'université. Les lignes de BASIC qui se succèdent sur le terminal se concrétisent en une chose qui donne une raison d'être aux mathématiques : un programme. Paul Allen, qui a demandé à Honeywell de le transférer dans la ville de Harvard, vient parfois rendre visite à son ami. Les deux garçons passent leurs nuits à débattre d'un projet de fondation d'une édition de logiciels. Pendant ce temps, à des milliers de kilomètres, dans la ville d'Albuquerque, au sud-ouest des États-Unis, un passionné d'électronique réfléchit à la définition du premier micro-ordinateur.

CHAPITRE 3

L'Altair

« *Des milliers de gens rêvent d'un ordinateur utilisable à domicile* », explique Ed Roberts à Les Solomon, rédacteur en chef du journal *Popular Electronics*. Roberts sait de quoi il parle : lorsqu'il était étudiant, il aurait lui-même fait n'importe quoi pour disposer d'une calculatrice. Il pressent qu'en 1974 la demande a évolué : les passionnés d'électronique, d'après le courrier qu'ils adressent aux magazines, semblent attendre impatiemment l'apparition d'ordinateurs de petite taille.

Les Solomon partage l'opinion d'Ed Roberts. Depuis plusieurs mois, *Popular Electronics* reçoit des propositions de sociétés ou d'individus qui prétendent avoir inventé une telle machine. Aucune ne semble tenir debout. Le projet que préparent Roberts et Solomon est plus concret : à partir du nouveau microprocesseur d'Intel, le 8080, la société de Roberts va concevoir un micro-ordinateur que *Popular Electronics* proposera à ses lecteurs. Solomon est à la recherche d'un coup médiatique et entend placer la machine en couverture de l'édition de janvier 1975.

Roberts saisit cette opportunité qui tombe du ciel. La société MITS qu'il a fondée en 1968 est au bord de la faillite. Ancien officier formé à l'électronique par l'école de l'armée de l'air, Roberts a créé MITS dans un garage d'Albuquerque, au milieu des sables du Nouveau-Mexique. Deux ans plus tard, sa société est florissante : elle fabrique des calculatrices électroniques, produit pour lequel s'est développée une formidable demande. Mais à partir de 1973, Texas Instruments, qui se contentait jusqu'alors de vendre les composants nécessaires à la construction de calculatrices, se met à en produire elle-même et inonde le marché de modèles, en cassant les prix. Incapable de résister à une telle concurrence, MITS s'enfonce et accuse un déficit bancaire de 365 000 dollars.

Au cours de vacances à Albuquerque, Les Solomon a fait la connaissance de Roberts et s'est entiché de ce personnage aussi fantasque que lui-même. Suite à l'accord défini avec *Popular Electronics*, les techniciens de MITS entreprennent la conception d'un ordinateur que l'on baptise l'Altair. Roberts négocie avec Intel afin d'obtenir des 8080 au tiers de leur prix normal, pour 75 dollars.

Le numéro de *Popular Electronics* daté de janvier sort vers la mi-décembre, avec un titre éclatant : « UN MICRO-ORDINATEUR À CONSTRUIRE SOI-MÊME ». À l'intérieur du magazine, un article décrit la structure de l'Altair et explique comment le monter. Est joint un bon de commande à l'adresse de MITS. Le prix de vente est incroyablement bas : la machine ne coûte que 397 dollars. L'article de *Popular Electronics* dépasse toutes les attentes et déclenche une réaction immédiate. Jusqu'alors, la seule façon d'approcher un ordinateur consistait à passer par un service informatique qui distribuait le temps machine au compte-gouttes ou bien à louer des heures d'ordinateurs coûteuses. Les passionnés de programmation étaient obligés de se restreindre et rêvaient du jour où ils pourraient disposer de leur propre micro-ordinateur à domicile. La machine de MITS répond à cet engouement et agit comme un détonateur pour des milliers d'adeptes de l'informatique dont la passion a trop longtemps été contenue.

Pourtant, l'Altair est loin d'être parfait et ne ressemble ni de près ni de loin à un produit de grande consommation. Il s'adresse exclusivement à un public de passionnés — ceux que l'on appelle les « hobbyistes ». L'acquéreur d'un Altair doit s'armer d'un fer à souder et de patience. Il lui faut monter l'étrange machine en assemblant les pièces une à une avec soin, une opération qui peut durer plusieurs dizaines d'heures. S'offre alors à son regard une boîte en métal, sans clavier ni écran. À l'intérieur de la boîte, se trouvent une alimentation et deux cartes. La première comporte le microprocesseur 8080 d'Intel, la seconde fournit 256 octets[1] de mémoire. Une fois le montage achevé, une autre déconvenue attend le hobbyiste : la manipulation de l'ordinateur est complexe et l'usage se trouve réservé à des experts de l'informatique. Pour introduire des données dans la machine, il faut manipuler un ensemble de commutateurs situés sur le panneau frontal. Les instructions sont programmées en langage machine — des suites de 0 et de 1 —, ce qui requiert un niveau technique élevé et une grande dextérité : la moindre erreur oblige à tout recommencer. L'Altair communique le résultat de ses calculs en faisant clignoter des lumières. Une fois la machine éteinte, le programme patiemment introduit est perdu : la mémoire de l'ordinateur ne conserve pas les informations. Pour couronner le tout, les premiers modèles sont souvent peu fiables.

Un matin de décembre, alors que la température est glaciale à Boston, Paul Allen découvre avec stupéfaction la couverture de *Popular Electronics*. Il achète un exemplaire et tourne les pages jusqu'à

1. Un octet correspond à un caractère.

l'article « Construisez l'ordinateur Altair ». Celui-ci traite d'un ordinateur à monter soi-même qui rivaliserait avec les modèles professionnels. Le choc est grand. Allen court chercher Bill sur Harvard Square pour lui annoncer l'incroyable nouvelle. Ce qu'ils avaient tant attendu est arrivé : un micro-ordinateur est disponible ! Lorsqu'il retrouve enfin son ami, Paul agite frénétiquement la couverture de *Popular Electronics* sous les yeux ébahis de Bill. « *Le train est en marche* », explique Allen. « *Si nous ne l'attrapons pas, il se peut qu'il ne repasse jamais.* » Pour Bill, alors âgé de dix-neuf ans, l'apparition de l'Altair agit comme un déclic. Il n'est pas question que la révolution survienne sans qu'ils soient en première ligne. Instantanément, il réalise qu'il entend dédier sa vie à la micro-informatique. Pour l'heure, Gates et Allen décident qu'ils vont développer le premier BASIC de l'ordinateur en kit.

À Albuquerque, Ed Roberts observe, médusé, les centaines d'enveloppes qui arrivent quotidiennement avec un chèque de commande. En l'espace de quelques semaines, la situation précaire de MITS se redresse miraculeusement : son compte en banque redevient positif et atteint 250 000 dollars. Roberts envisage l'avenir d'un œil serein, et, passé l'effet de surprise, se met en quête d'un langage de programmation pour l'Altair. Seuls quelques rares passionnés peuvent s'escrimer avec les commutateurs de la machine pour tenter de la programmer. La présence d'un BASIC serait idéale. Les développeurs seraient rapidement en mesure de proposer des logiciels pour l'Altair : jeux, gestion, etc. Les représentants d'Intel ont affirmé à Ed que la puce 8080 n'était pas assez puissante pour exécuter un langage tel que BASIC. Mais le président de MITS est à l'écoute de toute possibilité.

Peu avant le Nouvel An, Roberts reçoit un appel de deux individus qui se présentent comme les représentants de la compagnie Traf-O-Data, de Seattle. Bill Gates, de peur de passer pour un amateur, feint de disposer d'un produit prêt : « *Nous avons un BASIC pour le 8080. Est-ce que cela vous intéresse ?* » Ed Roberts, qui a déjà reçu plusieurs appels du même genre, est quelque peu méfiant. Il répond d'une voix bourrue : « *Je suis évidemment intéressé. Quand pouvez-vous venir m'en faire la démonstration ?* » Pour toute réponse, Gates indique qu'ils le recontacteront très bientôt. Roberts n'accorde pas de crédit particulier à cet appel qu'il juge saugrenu. Pourtant, dès le 2 janvier 1975, il reçoit une lettre sur papier à en-tête de Traf-O-Data. La société de Seattle prétend à nouveau être en mesure de vendre un BASIC : « *Nous disposons d'un BASIC qui fonctionne sur les ordinateurs 8080. Nous serions intéressés à vendre des copies de ce logiciel aux hobbyistes par votre intermédiaire. Elles seraient fournies sous la forme de cassettes ou de disquettes pour les micro-ordinateurs Altair. Nous projetons de demander 0,5 dollar par copie, ce qui vous permettrait de les vendre entre 0,75 et 1 dollar. Si cette offre vous intéresse, veuillez nous contacter.* » La curiosité d'Ed Roberts est piquée. Il décroche son téléphone et compose le numéro indiqué sur le papier à en-tête de Traf-O-Data. L'appel atterrit dans une pension de Seattle. Il ne trouve personne à l'autre bout du fil qui puisse lui parler d'un quelconque produit BASIC. L'offre des deux hurluberlus serait-elle un simple canular ?

Mais Bill et Paul prennent l'affaire très au sérieux. Ils sont déterminés à réaliser au plus vite le BASIC de l'Altair, bien qu'ils ne disposent pas d'un tel micro-ordinateur. Pour mener à bien l'opération, ils décident de reprendre un procédé qui a réussi à Traf-O-Data : le comportement du microprocesseur de l'Altair va être simulé sur le PDP-10 du laboratoire de calcul de Harvard. Les deux jeunes gens se rendent dans une boutique d'électronique et acquièrent un manuel détaillant le fonctionnement du 8080, rédigé par David Osborne, expert en la matière. Ce livre et l'article de *Popular Electronics* constituent leurs seuls ouvrages de référence. Après avoir étudié dans le détail les spécifications du 8080, Paul entreprend de programmer l'ordinateur de Digital Equipment Corporation afin qu'il simule le fonctionnement de la puce d'Intel. Il développe également un Assembleur [1] destiné à la programmation de la puce. Pendant ce temps-là, Gates rédige les notes de conception pour le langage — aucune norme n'est officiellement définie pour le BASIC — puis entreprend son écriture. Il se retrouve confronté à un terrible défi. L'Altair possède une mémoire minuscule : 4 Ko, soit l'équivalent de 4 096 caractères [2]. Étant donné que le BASIC qu'il réalise va supporter des programmes, Bill doit même le faire tenir dans moins de 4 Ko.

Vers la fin janvier, Robert reçoit un nouveau signe de vie des représentants de Traf-O-Data. Les deux amis n'ont toujours jamais vu un 8080 lorsqu'ils appellent à nouveau Ed Roberts pour envisager une démonstration du BASIC. Roberts les convie à venir présenter leur produit chez MITS à Albuquerque. Bill Gates avale sa salive et répond qu'il peut venir... dans moins de trois semaines. Roberts leur conseille de ne pas perdre de temps, affirmant que d'autres firmes travaillent à la réalisation d'un BASIC pour l'Altair. La nouvelle stimule le sentiment d'urgence des programmeurs. Un problème doit être résolu : il est irréaliste d'introduire les milliers de lignes du langage en

1. Assembleur : langage de programmation permettant de contrôler de façon très précise un microprocesseur donné.

2. K est une abréviation couramment utilisée en informatique pour représenter le nombre 1 024 ; o est l'abréviation d'octet, la place nécessaire pour stocker un caractère en mémoire. 1 Ko = 1 024 octets. Une mémoire de 4 Ko (4 096 octets) apparaît minuscule en comparaison de celle des PC d'aujourd'hui. La norme sur les micro-ordinateurs de 1996 est aux alentours de 8 à 16 millions d'octets.

manipulant les commutateurs de l'Altair. Gates et Allen téléphonent chez MITS pour demander au technicien de service s'il a prévu la fabrication d'un clavier pour la machine. Celui-ci répond par la négative, indiquant toutefois qu'il trouve la question intéressante. Une solution est trouvée : le code du BASIC sera enregistré sur une bande de papier perforée, à l'image du procédé utilisé à l'époque de Traf-O-Data.

La mise au point du langage dure quatre semaines au cours desquelles Bill, délaissant les séances de poker, travaille jour et nuit en dehors des heures de classe dans sa petite chambre d'étudiant et dans la salle des machines du laboratoire de calcul de Harvard. Il arrive que Bill et Paul s'affalent devant l'écran du PDP-10, le sommeil ayant eu le dessus. Allen découvre que son compère est doté d'une énergie inépuisable : dès que Bill se réveille, il est capable de redémarrer immédiatement au point exact où il s'était interrompu. Paul, en revanche, réintègre plus lentement le monde réel : il lui faut une bonne heure pour émerger et se remettre au travail. Au matin, il n'est pas rare que le professeur de mathématiques découvre Gates endormi sur une table ; il s'interroge alors sur ses chances de jamais s'intégrer dans la société.

La nuit précédant le rendez-vous, Allen s'écroule de fatigue aux alentours de minuit. Gates travaille jusqu'à six heures du matin, puis réveille son compagnon et lui tend la bande perforée. Elle comporte 8 000 lignes de code écrit en langage machine 8080. Paul fonce vers l'aéroport de Logan à Boston et attrape in extremis un avion en partance pour le Nouveau-Mexique. En plein vol, une sombre pensée traverse soudain son esprit : il s'aperçoit qu'ils ont oublié de réaliser un petit bout de logiciel essentiel pour amener l'Altair à charger le BASIC dans sa mémoire. Sans hésiter, Paul entreprend d'écrire ce programme tandis que l'avion amorce sa descente vers Albuquerque.

À l'aéroport, Paul éprouve un sentiment aigu de dépaysement. Dans cette ville baignée par le soleil, les habitants sont habillés de façon légère, et arborent des chapeaux de cow-boys. Un homme d'une quarantaine d'années, lui-même vêtu de façon décontractée, arrive au volant d'une camionnette et se présente : « *Je suis Ed Roberts. Je vais vous conduire à notre laboratoire de développement.* » Au cours du trajet, Allen s'attend à être conduit dans les beaux quartiers d'Albuquerque : une société dont l'ordinateur a été en couverture de *Popular Electronics* possède sans nul doute de somptueux locaux. Roberts gare finalement son camion près d'un centre commercial et Allen découvre le siège de MITS : une petite boutique située entre une laverie automatique et un salon de massage. Ils entrent dans le laboratoire de développement et Paul aperçoit pour la première fois un Altair totalement assemblé. « *Voilà notre ordinateur !* » s'exclame Roberts. Paul propose d'effectuer immédiatement la démonstration du BASIC. « *Rien ne presse. Nous l'essayerons demain matin* », répond Ed. Le président de MITS conduit son hôte vers l'un des hôtels les plus chers de la ville. Allen, embarrassé, explique qu'il ne dispose pas de suffisamment d'argent pour régler la chambre, et emprunte quelques centaines de dollars à Roberts. Il appelle alors Bill qui est demeuré à Cambridge et qui attend fébrilement le verdict. L'auteur du BASIC ne cache pas son inquiétude. Comment savoir si le programme fonctionne véritablement et s'il ne comporte pas de bugs ? Le simulateur réalisé par Paul était-il parfait ? Est-il sûr du programme de chargement qu'il a écrit dans l'avion ? Une seule erreur aurait pour conséquence que le BASIC ne fonctionnerait pas. Une mauvaise interprétation du livre sur le 8080, la moindre imperfection du simulateur développé par Paul, et même une simple erreur dans le livre d'Osborne seraient tout aussi fatales. « *Tout va bien se passer* », se contente de répondre le visiteur d'Albuquerque, sans trop y croire lui-même.

Le moment critique arrive. Dans le bureau de Robert, Paul Allen introduit la bande perforée dans le lecteur qui a été relié à l'ordinateur. Les minutes s'écoulent inexorablement tandis que lentement les données sont chargées dans la mémoire de l'Altair. Roberts affiche un air sceptique. Soudain, la boîte métallique aux diodes lumineuses réagit : elle inscrit le mot PRÊT sur la bande. L'Altair indique par là qu'il est prêt à recevoir un programme écrit en BASIC... « *Ça marche !* » s'exclame Roberts. Paul est encore plus abasourdi que le directeur de MITS. Un sentiment de soulagement l'envahit.

Il reste à faire la preuve que le BASIC de Traf-O-Data fonctionne réellement. Dans un état second, Allen introduit un premier programme, extrait d'un livre de programmation, lequel simule l'atterrissage d'un vaisseau spatial sur la Lune. Le BASIC fonctionne sans accrocs. Roberts, fortement impressionné, déclare que les négociations peuvent commencer immédiatement : il est prêt à passer commande. Paul Allen se précipite d'abord sur le téléphone afin d'informer l'auteur du langage que tout s'est bien passé. Gates explose de joie.

L'Altair déclenche une véritable révolution. Toute une population d'amateurs ayant toujours rêvé de posséder leur ordinateur personnel passe aveuglément commande d'un produit quasi inutilisable. Pour mieux s'entretenir de leur passion, ils forment spontanément des clubs sur la totalité du territoire des États-Unis. Le plus célèbre d'entre eux, le *Homebrew Computer Club*, est fondé en mars à Menlo Park en Californie. Un hobbyiste aux cheveux particulièrement longs fait sensation : Steve Dompier a été jusqu'à trouver une fonction à l'Altair. Ayant découvert que le micro-ordinateur produit une interférence sur un poste de radio situé à proximité, Dompier a développé un programme qui amène la machine à jouer *Fool on the Hill* des Beatles. Lors d'une réunion du *Homebrew Computer Club*, il entre calmement chaque ligne de son programme en manipulant les commutateurs et amène l'Altair à jouer de la musique devant une assistance médusée. Dompier ne s'arrête pas là : il explique au passage qu'il est allé chez MITS, que la société a reçu quatre mille chèques et qu'elle ne parvient pas à honorer les commandes. Les hobbyistes surexcités ne retiennent qu'une chose : l'Altair a déjà attiré quatre mille individus ! Une révolution est en marche et, désormais, plus rien ne pourra l'arrêter.

CHAPITRE 4

Naissance de Microsoft

La sortie d'un BASIC est déterminante pour l'Altair et Roberts désire le mettre en vente au plus tôt. Mais Gates fait savoir qu'il désire lui apporter quelques raffinements avant qu'il ne soit proposé au public. À Harvard, les professeurs commencent à se demander pour quelle raison William Henry III utilise autant l'ordinateur central.

Depuis son bureau chez Honeywell, le programmeur Paul Allen appelle fréquemment Roberts pour lui faire part de suggestions de toutes sortes concernant l'Altair. Le patron de MITS l'invite à rejoindre son équipe. Allen accepte immédiatement : il s'ennuie chez Honeywell et désire ardemment se retrouver en première ligne de la révolution micro-informatique. Il s'envole pour Albuquerque au mois de mai et se retrouve promu directeur de la division logiciel. Ce titre ronflant recouvre une réalité plus modeste, il est en réalité le seul membre du service en question.

Allen réside au *Sundowner Motel*, sur la route 66, à quelques pâtés de maisons des locaux de MITS. Le quartier est loin d'être idyllique : il est connu pour ses cafés ouverts toute la nuit et fréquentés par les prostituées et les dealers. Mais qu'importe, la simple chance de participer à la mise en œuvre de l'Altair apparaît inestimable et tout est à construire.

Ed Roberts met en place un outil de promotion

original. Une caravane sillonne les routes d'Amérique, s'arrête dans les grande villes et effectue des démonstrations du micro-ordinateur. L'objectif est d'amener des passionnés à former un groupe d'utilisateurs Altair. La camionnette bleue reçoit le surnom de « MITS-mobile ».

Pourtant, au sein de la communauté des hobbyistes, la colère monte. Après lecture de l'article de *Popular Electronics*, plusieurs milliers de lecteurs ont passé commande d'un Altair et attendu jusqu'à six mois avant de recevoir leur exemplaire. Une fois livré, le matériel est loin de donner satisfaction car les composants sont de médiocre qualité. Lorsque par bonheur une machine fonctionne, son usage est extrêmement limité. MITS a réussi à calmer les plaintes des hobbyistes en annonçant qu'elle allait bientôt fournir des produits annexes : des cartes de mémoire et un BASIC. Hélas, les délais de livraison s'avèrent là encore extrêmement longs. Les cartes de mémoire de MITS sont le principal objet de déception : elles ne fonctionnent tout simplement pas. Pour les écouler, Roberts recourt à une astuce ambiguë : le BASIC de Microsoft est vendu 500 dollars seul, ou bien 150 dollars s'il est acheté avec une carte de mémoire. Au bout du compte, les hobbyistes reçoivent une carte inopérante et s'entendent dire que le BASIC n'est pas encore prêt.

Les vacances universitaires approchent. Allen convainc Bill de venir le rejoindre à Albuquerque afin de finaliser le BASIC sur place. L'étudiant en mathématiques déserte une première fois l'université. Bien qu'il soit d'une famille aisée et dispose de sommes non négligeables léguées par ses grands-parents, il choisit de ne pas entamer sa fortune personnelle et partage la chambre de Paul Allen au *Sundowner Motel*. Gates améliore l'Altair BASIC et plus généralement pose les fondements d'un langage qu'il sera possible de vendre à plusieurs constructeurs de micro-ordinateurs. Allen décide de généraliser le procédé consistant à introduire les données dans l'Altair par l'intermédiaire d'une bande perforée.

En juin 1975, la « MITS-mobile » vient à passer à la *Rickeys Hyatt House* de Palo Alto. Les membres du *Homebrew Computer Club* apprennent la nouvelle, et décident de venir en force, afin de manifester leur mécontentement face aux promesses non tenues par MITS. Ils découvrent alors que l'Altair de démonstration exécute un BASIC ! Celui-ci est chargé dans la mémoire à partir d'un lecteur de bande perforée. C'en est trop pour la majorité des passionnés qui ont payé spontanément pour un matériel médiocre et attendent avec impatience depuis des mois un BASIC qui n'arrive pas. Un membre du *Homebrew Computer Club* ramasse une bande perforée qui traîne sur le sol et la transmet à un autre participant, Dan Sokol, avec pour mission de reproduire le BASIC contenu dans ce rouleau de papier. Ce dernier emmène la bande sur son lieu de travail et entreprend de la dupliquer à grande échelle. Lors de la réunion suivante du *Homebrew Computer Club*, Sokol effectue la distribution gratuite du Microsoft BASIC. Chacun est encouragé à le diffuser auprès d'autres utilisateurs, dans les clubs d'amateurs.

Gates et Allen ignorent tout de cette affaire lorsqu'ils se préparent à signer le contrat d'exclusivité du BASIC avec MITS. Afin d'opérer les tractations légales, ils créent une association commerciale dont le nom est remarquable de simplicité : Microsoft [1]. L'acte de naissance est rédigé en juillet 1975. William Henry III revendique 60% des parts du fait qu'il est

1. Microsoft est une abréviation de *Micro-computer* et de *Software* et signifie donc logiciel pour micro-ordinateurs.

l'auteur du BASIC. Paul Allen, en accord avec Ed Roberts, supervise les négociations au nom de MITS. Les deux amis reçoivent 3 000 dollars à la signature. Toutefois, l'accord permet à Microsoft de demeurer propriétaire de son langage. MITS obtient un contrat d'exclusivité pour la diffusion du BASIC, mais il s'agit essentiellement d'un droit de commercialisation. Chaque fois que MITS diffuse un exemplaire, elle doit reverser 35 dollars à Microsoft. Il est indiqué en substance qu'un constructeur ou utilisateur n'est jamais propriétaire d'un logiciel : il appartient à l'éditeur. Le contrat stipule que MITS doit favoriser la vente de licences (droit d'utilisation) du BASIC à d'autres constructeurs. Microsoft percevra cinquante pour cent des sommes ainsi obtenues.

Gates reçoit la visite du journaliste d'un nouveau magazine dédié aux micro-ordinateurs : *Personal Computing*. L'entrevue se déroule au restaurant *Copperage* d'Albuquerque. Le président de Microsoft explique avec enthousiasme que la vocation de sa société est de développer des langages pour les micro-ordinateurs, et qu'il s'agit de la première société créée spécifiquement dans ce but. Le reporter écoute attentivement l'argumentation du créatif, jusqu'à ce qu'il remarque un fait singulier : Gates sirote une limonade à la grenadine, tout comme le ferait un adolescent de quinze ans. Le reporter réalise soudain que le président qu'il interviewe n'a pas encore atteint l'âge qui lui permettrait de consommer de l'alcool dans un lieu public.

Lors de la rentrée universitaire, Bill repart pour Harvard. Désormais, les études l'ennuient. Un fait l'attriste : son compagnon de chambre, Andrew Braiterman, semble beaucoup plus ingénieux que lui en mathématiques. Tout comme Bill, Andrew a obtenu la note maximale (800) lors de l'examen d'entrée à l'université. Toutefois, Andrew révèle des capacités supérieures à celles de son compagnon, dès lors qu'il s'agit d'aborder des problèmes complexes. Le natif de Seattle doit se rendre à l'évidence : il ne sera jamais le plus grand mathématicien du monde. Il se surprend à penser qu'il pourrait en revanche devenir le meilleur de tous en matière de logiciels pour micro-ordinateurs. Un autre fait l'intrigue : Andrew Braiterman, en dépit de ses aptitudes en mathématiques, n'envisage même pas une carrière dans ce domaine. Il pense s'orienter vers des études de droit. En attendant, Bill se console en alternant les cours de physique et de mathématiques avec des parties de poker qui se prolongent jusqu'à des heures avancées de la nuit. Puis, après quelques semaines, il prend un congé afin de rejoindre Allen, « *là où cela se passe* », à Albuquerque. Il va consacrer son temps à l'amélioration du BASIC.

Le département logiciel de MITS vit en ébullition : tout est à créer dans cette période pionnière. Allen et Gates officient dans une pièce séparée des bureaux d'Ed Roberts par une entreprise qui vend des aspirateurs et une autre spécialisée dans les machines à coudre. Les deux amis vivent des journées délirantes. Allen désire donner à l'Altair une base logicielle solide et travaille sur un Assembleur. Gates rédige des articles dans le bulletin de MITS que dirige David Bunnel, l'un des plus anciens employés de la maison. Le matin, ils dépouillent le courrier des utilisateurs et tentent de répertorier les programmes qui ont pu être développés. Il ressort des lettres un certain mécontentement. Les utilisateurs font état d'anomalies et se plaignent des retards de livraison. Régulièrement, Ed vient rendre visite à ses deux programmeurs, déplorant qu'ils écoutent de la musique rock à un volume aussi assourdissant. La tension ne tarde pas à monter. Bill a réalisé des programmes afin de tester la fiabilité des cartes de mémoire de MITS et ce qu'ils indiquent n'est pas encourageant : aucune ne fonctionne correctement. Or, en dépit des protestations de ses techniciens, Roberts s'obstine à vendre lesdites cartes, faisant fi de leurs défauts patents. Il prétend qu'elles fonctionnent et nie la validité des tests de Gates. Les discussions tournent à la prise de bec. Du haut de ses dix-neuf ans, Bill n'hésite pas à tenir tête à un individu imposant : Roberts pèse près de 135 kilos. Gates accentue ses critiques de la machine de MITS et presse Ed d'améliorer la qualité de ses cartes, s'il veut éviter la faillite. Le directeur de MITS prend Bill en grippe et en arrive au point où il refuse catégoriquement de le faire participer aux réunions internes : il juge impossible d'arriver à s'entendre avec lui. Pourtant, l'étudiant de Harvard n'a pas tort lorsqu'il dénonce les carences de l'Altair et de ses cartes de mémoire. De nombreux clients déçus exigent le remboursement du matériel qu'ils ont acheté, avec pour conséquence que Roberts ne parvient plus à payer son personnel. L'imperfection des accessoires de l'Altair ouvre la voie à des fournisseurs concurrents tels que Processor Technology. Roberts se contente de pester contre ces sociétés qui viennent empiéter sur un territoire qui lui revient de droit.

MITS détient un droit exclusif sur la diffusion du BASIC. Pourtant, après quelques mois, Gates constate que ses revenus sont fort minces. C'est alors qu'il découvre le phénomène du piratage : les hobbyistes assistant à des réunions de clubs d'adeptes de la micro copient ouvertement le BASIC et le distribuent libéralement. Bill est furieux. Le BASIC qui est en train d'être diffusé n'est pas exempt de bugs qu'il voulait éliminer avant de mettre le produit en circulation. De plus, cette diffusion pirate de son logiciel représente un manque à gagner important. Cela explique le très faible montant des royalties versées par Ed Roberts : Gates et Allen se retrouvent si démunis qu'il leur arrive de dormir à la belle étoile. Cet hiver-là, ils ne sont pas en mesure de payer les billets d'avion qui leur auraient permis de rentrer à Seattle. Gates se précipite dans le bureau d'Ed Roberts et hurle que la situation n'est plus possible : tout le monde est en train de lui voler son logiciel. Si cette situation s'éternise, il ne gagnera pas un sou avec son BASIC. Il menace Roberts d'arrêter tout travail pour MITS si ce dernier ne lui établit pas une feuille de paye et ne le rémunère dorénavant au tarif de dix dollars l'heure. Roberts est contraint d'accepter[1]. Bill Gates rédige par ailleurs une lettre ouverte aux hobbyistes dans laquelle il dénonce le piratage du BASIC. David Bunnel, qui édite le bulletin d'information de l'Altair, lui ouvre ses colonnes. Le message est diffusé à grande échelle en février 1976.

« *Pourquoi agissez-vous ainsi ? En tant que hobbyistes, vous savez bien que la majorité d'entre vous volent le logiciel. Vous achetez le matériel, puisqu'il n'est pas possible de faire autrement, mais vous partagez le logiciel. Que celui qui a écrit ce logiciel soit rémunéré ou non ne semble pas être votre problème.* » Il ajoute que cette pratique peut avoir pour conséquence de rebuter des programmeurs de talent. « *Qui peut se permettre de travailler pour des prunes ? Quel est le hobbyiste prêt à consacrer trois années de sa vie à programmer, trouver les bugs, écrire la documentation, pour ensuite distribuer le tout gratuitement ?* » Il demande à tous ceux qui ont acquis des copies pirates du BASIC de lui adresser le versement correspondant.

Allen est préoccupé par une autre question : l'introduction des données par l'intermédiaire d'une bande perforée est une solution bâtarde, qu'il n'est pas possible de maintenir à long terme. À plusieurs

1. Cette version des faits rapportée par Ed Roberts est niée par Gates qui affirme n'avoir jamais été employé par MITS.

reprises, il presse Gates d'écrire une version du BASIC capable de gérer des fichiers sur disquette [1]. En février, Bill s'incline devant l'insistance de Paul Allen. Armé d'une pile de blocs-notes jaunes, il prend une chambre à l'hôtel *Hilton* et demande qu'on ne le dérange sous aucun prétexte. Cinq jours plus tard, il ressort de l'hôtel après avoir noirci plusieurs centaines de feuilles. Il part introduire le code dans le PDP-11 de l'école publique d'Albuquerque. Moins d'une semaine plus tard, le Disk BASIC de l'Altair est prêt à fonctionner. Bill Gates inaugure une nouvelle méthode de répartition de l'espace libre sur une disquette : celle-ci est gérée à partir d'une Table d'allocation des fichiers. Cette façon de procéder amène un gain de temps énorme dans la lecture et l'écriture des informations.

Si la diatribe publiée dans le bulletin de l'Altair était courageuse, elle heurte des sensibilités à fleur de peau. Un club menace de poursuivre Gates en justice pour avoir affirmé que tous les hobbyistes étaient des voleurs. Sur les trois cents lettres reçues en réponse à la lettre ouverte, très peu comportent un chèque. La plupart des amateurs visés répondent avec fureur. Ils affirment que le BASIC est implicitement gratuit : ses créateurs originaux, John Kemeny et Thomas Kurtz, l'ont placé dans le domaine public dix ans auparavant. Ils ajoutent que les hobbyistes ne sont pas des voleurs mais des altruistes et que, sans un BASIC, l'Altair ne sert à rien.

Les ventes de MITS ont atteint un million de dollars au cours de l'année 1975. Pour mettre à profit cette réussite foudroyante, Roberts juge opportun d'organiser une conférence pendant trois jours, du 26 au 28 mars. Mise en œuvre par David Bunnel, la

1. Les disquettes sont apparues en 1972 et représentent une forme réduite des disques utilisés sur les ordinateurs depuis 1956.

First World Altair Conference[1] révèle l'extraordinaire phénomène qui est en train d'éclore autour du micro-ordinateur. Plusieurs centaines de passionnés assistent à la fête mais ils créent autant d'ambiance que s'ils étaient des milliers. Bill découvre que son nom est connu : des gens l'approchent et s'écrient : « *Oh, vous êtes Gates !* » Dans une atmosphère délirante, il délivre la première allocution publique de sa carrière. Paul Allen et Ed Roberts font de même. Un visionnaire du nom de Tel Nelson vient parler à la tribune et se montre particulièrement indécent dans ses propos. Des groupes se forment et discutent jusqu'à une heure avancée de la nuit des opportunités ouvertes par la micro. Le BASIC réalisé par Microsoft est l'un des sujets les plus souvent abordés, en particulier suite à la lettre ouverte de Bill. Pourtant, derrière la parade se cachent des problèmes immenses : l'Altair ne fonctionne pas suffisamment bien pour résister à la concurrence naissante. L'IMSAI 8080 commence à marcher sur ses plates-bandes. D'autres constructeurs tels que Processor Technology et Cromenco commencent également à faire parler d'eux. Dans la mesure où Ed Roberts a interdit aux sociétés concurrentes de participer à la conférence, Processor Technology a loué une suite dans l'hôtel afin d'y exposer des cartes mémoire fiables pour l'Altair ! Roberts entre dans une colère noire lorsqu'il apprend cette nouvelle.

La concurrence n'est pas le seul souci de Roberts : il est ennuyé des retombées de la lettre ouverte aux hobbyistes. Il affirme que sa publication dans le bulletin d'information de l'Altair porte un préjudice à l'image de MITS. Gates est incité à rédiger une seconde lettre, dans laquelle il modérera sa position.

1. *First World Altair Conference* : première conférence mondiale sur l'Altair.

Le nouveau billet paraît en avril dans le bulletin. Gates met de l'eau dans son vin, mais n'en affirme pas moins que la piraterie du logiciel est inadmissible.

« *Une deuxième lettre*

Depuis que j'ai publié ma "lettre ouverte aux hobbyistes" dans l'édition du 3 février, j'ai reçu d'innombrables réponses et eu l'occasion de discuter de façon directe avec des hobbyistes, éditeurs de logiciels et employés de MITS à la Convention mondiale sur l'Altair. J'ai été surpris par la diffusion qui a été donnée à cette lettre et j'espère que cela signifie que le sujet du développement d'un logiciel et de sa distribution est pris au sérieux par les hobbyistes. (...) Une partie de la controverse s'est focalisée sur moi et sur MITS. Je ne suis pas un employé de MITS, et peut-être que personne chez MITS n'est totalement d'accord avec moi sur ce sujet. (...) » Gates en vient ensuite au point le plus délicat : le fait qu'il ait assimilé la plupart des hobbyistes à des voleurs. « *Mon intention était d'expliquer qu'un nombre important de copies du BASIC actuellement utilisées n'ont pas été obtenues de façon légitime. Il ne s'agissait pas d'une accusation contre tous les hobbyistes. Je pense au contraire que la majorité d'entre eux sont des individus intelligents et honnêtes qui partagent mon souci pour l'avenir du développement des logiciels. J'ai même reçu des lettres de hobbyistes qui observent que le vol continue et s'en indignent. Plusieurs éditeurs m'ont dit qu'ils hésitaient à publier des logiciels : ils se demandent s'il y aura suffisamment d'acheteurs pour justifier le développement. Je pense que le problème actuel est venu de ce que beaucoup de gens n'ont pas réalisé que personne ne peut développer de logiciel s'il n'obtient pas un profit raisonnable de l'énorme investissement nécessaire.* » Il prédit l'arrivée de milliers de logiciels écrits à partir de langages tels que BASIC et conclut en déclarant que, pour ce qui le concerne, le débat est clos.

Le fondateur de Microsoft prend ses distances vis-à-vis de MITS et décide de consacrer davantage de temps à l'expansion de sa propre compagnie. De nouveaux microprocesseurs ont été créés : Motorola propose le 6800, MOS Technology le 6502. Zylog propose un clone du 8080, le Z80. Leur apparition signifie que de nouveaux micro-ordinateurs vont voir le jour. Gates décide de réaliser le BASIC de toutes ces machines, et, faute de pouvoir engager du personnel, écrit lui-même l'essentiel du code. Lorsqu'il ne programme pas, il sillonne les États-Unis en prêchant la bonne parole. Il rencontre les nouveaux constructeurs, mais aussi les dirigeants de sociétés établies afin de les convaincre de bâtir une machine à partir de son BASIC. L'enthousiasme du jeune dirigeant est communicatif. Les sociétés DTC, General Electric, NCR et Citibank passent commande. Bill s'attelle à la programmation des versions demandées, épaulé par Paul Allen qui vient prêter main-forte, lorsqu'il n'est pas trop préoccupé par les affaires déclinantes de MITS. Les deux amis vivent une situation assez floue : chacun d'eux contribue à la fois aux activités de Microsoft et à celles de MITS. En avril 1976, éprouvant le besoin d'être secondé, Bill se résout à embaucher un camarade de lycée, âgé de vingt et un ans, Marc McDonald. Microsoft n'ayant pas encore de bureau, McDonald travaille à partir d'un terminal installé dans son appartement. Il apporte des perfectionnements au BASIC 8080, et découvre un Gates intransigeant qui s'obstine à relire chaque ligne de code écrite. En mai, Bill Gates embauche un autre compagnon de classe de Lakeside. Rick Weiland se voit assigner la tâche d'écrire un BASIC pour le 6800 de Motorola. À son tour, il installe un terminal dans son appartement. Marc McDonald, pour sa part, prend l'habitude d'aller travailler chez MITS sur un terminal DEC installé dans le bureau de Paul Allen, une situation mal vécue par Ed Roberts. Celui-ci, déjà préoccupé par le fait qu'il ne parvient pas à régler son personnel, désespère de jamais s'entendre avec ces jeunes insolents aux cheveux longs, adeptes de musique rock'n'roll et délibérément non conformistes. Il envisage sérieusement d'arrêter la micro-informatique : l'aventure ne l'amuse plus du tout.

Nantie d'un carnet de commande substantiel, Microsoft loue ses premiers bureaux dans le centre ville : elle dispose de quatre pièces, sur une surface de près de cent vingt mètres carrés. Gates supervise l'installation de terminaux reliés au PDP-11 de l'école publique d'Albuquerque. Deux nouveaux programmeurs sont recrutés : Albert Chu et Steve Wood, tous deux âgés de vingt-quatre ans. Wood est entré en contact suite à une annonce affichée au tableau de l'université de Stanford. Lorsqu'il arrive sur les lieux, il découvre une pièce vide : le mobilier n'est pas encore arrivé. Rick Weiland et Marc McDonald sont en train de s'activer fébrilement en prévision de la venue d'un cadre de Hewlett-Packard intéressé par le BASIC. Ils font leur possible pour dénicher des meubles le soir même. Lorsque, au bout de quelques jours, l'endroit est devenu un lieu de travail adéquat, Rick Weiland s'attelle à l'écriture d'un BASIC pour le microprocesseur 6502 de MOS Technology. Steve Wood, pour sa part, développe un langage jusqu'alors absent de la gamme : un FORTRAN. Par la force des choses, Bill tient la plupart des postes administratifs. Il rédige les bulletins de paye, remplit les formulaires destinés aux impôts, et gère les activités de promotion. Fort heureusement, en novembre, Paul Allen, désabusé, donne sa démission de MITS : le navire sombre désespérément sous les plaintes des clients mécontents et frustrés. Paul rejoint son ami aux commandes de Microsoft.

Lors de la rentrée de 1976, Bill est retourné à

Harvard et a abordé sa troisième année universitaire. Chaque fois qu'il dispose de temps libre, il revient à Albuquerque participer au développement de sa compagnie. Mais les mathématiques sont désormais loin de ses préoccupations ; l'éloignement du monde trépidant de la micro-informatique le contrarie chaque jour davantage. En décembre, il décide de ne pas poursuivre et de se consacrer entièrement aux affaires de sa société. William Henry Junior et Mary Gates s'avouent préoccupés de l'orientation choisie par leur fils, et encore plus à l'idée qu'il pourrait ne pas avoir de diplôme universitaire. Nul ne peut prédire ce que va devenir la micro-informatique. Bill se lance corps et âme dans une aventure imprévisible. Il tente d'expliquer à ses parents qu'il s'agit d'un congé temporaire et qu'il pourra reprendre ses études par la suite. Mais Mary Gates refuse d'envisager cette éventualité, et décide d'en parler à un ami de la famille, Samuel Stroum, afin qu'il persuade son dingo de rejeton de revenir sur sa décision. Stroum, multimillionnaire autodidacte, participe avec Mary aux œuvres philanthropiques *United Way*. Au cours du dîner auquel il convie Bill, Stroum sympathise avec le jeune homme et lui demande s'il peut expliquer quelle est la vocation qui l'anime ainsi. Gates évoque avec flamme sa vision de la micro-informatique, au point d'annihiler toute velléité de contradiction chez son interlocuteur. Bercé, séduit et convaincu, Stroum conclut la soirée en prodiguant de sincères encouragements au visionnaire de la famille Gates. Ce dernier se prépare à un congé extrêmement long [1]...

1. À ce jour, Bill Gates est toujours sous autorisation d'absence.

CHAPITRE 5

La cause du BASIC

Le monde de la micro-informatique est en ébullition : il ne se passe pas une semaine sans qu'un nouveau constructeur apparaisse. Pour Microsoft, le jeu consiste à adapter son BASIC sur chaque micro-ordinateur. Mais, vers la fin de 1976, une controverse s'élève au sujet de la propriété du langage. Ed Roberts rencontre de sérieuses difficultés à gérer MITS : il est obligé de rembourser à de nombreux clients les extensions défectueuses de l'Altair. Les relations deviennent conflictuelles au sein de la société dont les affaires déclinent face à l'arrivée de sociétés tout aussi artisanales mais néanmoins concurrentes. Ed Roberts, submergé par les problèmes et lassé de ne plus trouver le sommeil, se laisse tenter par la proposition de Pertec, une société californienne qui offre d'acquérir sa compagnie. Au cours des discussions qui précèdent la passation des pouvoirs à Pertec, Roberts présente le BASIC comme un atout et déclare que ce langage lui appartient *de facto*. Il oublie qu'en vertu du contrat établi en juillet 1975, MITS doit en concéder la licence à d'autres constructeurs de micro-ordinateurs.

Au printemps, Microsoft déménage dans de véritables bureaux, au huitième étage de la *Two-Park Central Tower* d'Albuquerque. Les locaux, qui s'étendent sur près de deux cents mètres carrés, comportent cinq bureaux à partir desquels les programmeurs jouissent d'une vue imprenable sur la ville. Parallèlement, MITS est officiellement achetée par Pertec. Roberts continue d'officier au sein de la compagnie afin de superviser la définition de nouveaux produits. Microsoft est en pourparlers avec Texas Instruments pour la vente du BASIC lorsque, par un véritable coup de théâtre, Pertec dénonce l'accord signé deux ans plus tôt. Elle s'oppose à toute cession d'un langage dont elle s'estime la propriétaire exclusive. Ed Roberts soutient ce point de vue, arguant que le contrat stipulait que Gates et Allen recevraient un maximum de deux cent mille dollars, et que ce montant leur a déjà été versé. Une réunion est organisée dans les locaux de MITS. Paul et Bill expriment bruyamment leur mécontentement, s'époumonant à expliquer que Pertec est en train de voler leur bien. Ils affirment qu'ils iront en justice si cela est nécessaire pour faire valoir leurs droits. Les gens de Pertec haussent les épaules devant la prétention de ces « gamins ». En cas de procès, ils sont certains de gagner, du fait qu'ils s'appuient sur un service juridique chevronné. Lassés d'argumenter, ils mettent les jeunes coqs au défi de les poursuivre devant les tribunaux. Quelques jours plus tard, Allen reçoit un document légal le sommant de se présenter en cour de justice. Il apprend alors que pendant toute la durée de la procédure, Microsoft ne peut toucher un seul *cent* de la vente du BASIC 8080. Elle ne peut tirer ses revenus que de la diffusion de langages développés plus récemment : le BASIC 6502 et le FORTRAN. La situation extrêmement délicate met en péril la survie de la société de Gates et d'Allen. Bill demande l'avis de son père sur la question. William Henry Junior aurait pu se gausser de l'activité de son fils et l'inciter à reprendre ses études. Au lieu de cela, il lui prodigue des conseils avisés et veille à dénicher un avocat de talent à Albuquerque. Par chance,

Pertec commet une bévue de taille : elle adresse à Microsoft une lettre où elle explique que tous les autres constructeurs de micro-ordinateurs sont des concurrents, et que, par conséquent, il n'est pas question qu'elle diffuse son BASIC auprès d'eux. Cette pièce permet à l'avocat de Microsoft de plaider plus aisément la cause de ses clients : Pertec est en train de leur confisquer la source essentielle de leurs revenus. Le chaleureux père de Gates affirme à son excentrique rejeton qu'il ne faut pas qu'il s'inquiète : ils vont gagner !

Le procès avec Pertec dure depuis six mois lorsqu'une nouvelle salutaire intervient : un arbitre a été désigné pour trancher la question — la procédure judiciaire habituelle aurait pu s'étendre sur plusieurs années. Depuis le printemps, dans la mesure où elle ne peut vendre son BASIC 8080, Microsoft traverse une situation financière critique. La situation se révèle d'autant plus inquiétante que des concurrents sont apparus tels le Northstar Basic ou le Tiny BASIC. L'audience dure trois semaines au cours desquelles Gates et Allen jouent sur l'image de la pauvre petite société odieusement agressée par l'infâme entreprise bien établie et riche à millions. Au désespoir d'Ed Roberts qui estime que Pertec est dans son bon droit, Microsoft obtient gain de cause. L'arbitre se montre particulièrement sévère pour Pertec et juge qu'il s'agit d'un « *cas ultime de piraterie d'entreprise* ». Il accorde à Microsoft le droit de vendre le BASIC à son gré. Roberts, amer, songe à se retirer dans une ferme de Géorgie, loin des turpitudes de la technologie. Celui qui a été le grand déclencheur n'a pas su transformer l'essai. Il demeure le pionnier du genre et peut se féliciter d'avoir allumé l'étincelle initiale chez des dizaines de milliers d'individus.

Le constructeur californien Pertec se prépare à d'autres déboires. Les hobbyistes déçus par la médiocrité de l'Altair ont largement fait connaître leur désaveu de cette machine dont les ventes se réduisent impitoyablement. Une autre société, IMSAI, tente de reprendre le flambeau avec un ordinateur conçu de façon plus professionnelle. Mais elle échoue également : son service après-vente est inexistant. À son tour IMSAI se dirige vers la faillite. De fait, la micro-informatique souffre de son image d'amateur. La plupart des constructeurs ne sont que des hobbyistes reconvertis à la hâte en créateurs d'entreprise. Évoluant dans un milieu de passionnés, souvent issus du courant anti-establishment propre aux années 70, ils créent des sociétés opérant de façon libertaire, en opposition au modèle classique. Si l'esprit qui préside au développement de ces pépinières est brillant et animé, les micro-ordinateurs souffrent d'une finition médiocre. Les manuels sont rédigés à la machine à écrire. À l'intérieur des boîtiers, les fils se baladent de façon désordonnée. L'assistance technique est généralement réduite au strict minimum. Il est illusoire de penser séduire le grand public avec de tels produits. La situation évolue au cours de l'année 1977. Lors de la première *West Coast Computer Fair*[1] organisée au printemps à San Francisco, trois constructeurs émergent du lot : Apple, Tandy, et Commodore.

Apple propose un micro-ordinateur original : il ressemble à un produit de grande consommation. Son design et sa robustesse contrastent avec l'amateurisme ambiant. L'Apple 2 a été conçu par Steve Wozniak sous la supervision de Steve Jobs. Les deux adolescents se sont liés d'amitié en 1970 alors qu'ils étaient encore au lycée. Leur passion pour l'électronique les a d'abord incités à fabriquer et à vendre des petites

1. Foire aux ordinateurs de la côte Ouest.

boîtes permettant de téléphoner gratuitement. En 1975, lorsque apparaît l'Altair, cette pratique douteuse est bel et bien révolue. Wozniak, qui est entré comme technicien chez Hewlett-Packard, assiste à toutes les mythiques réunions du *Homebrew Computer Club*. Il découvre qu'il est aisé de construire un micro-ordinateur. Ayant déniché un lot de microprocesseurs bon marché lors d'un salon à San Francisco, il entreprend de concevoir sa propre machine — baptisée Apple — dans la chambre de Steve Jobs à Palo Alto. Si Wozniak dispose d'un don pour la conception des circuits d'ordinateurs, Jobs, en dépit de son apparence hippie, se révèle supérieurement doué pour les affaires. Il persuade une boutique pour hobbyistes de commander une cinquantaine des Apple 1 fabriqués par son ami. Suite à ce premier succès, Wozniak s'attelle à la réalisation d'une machine plus complète, qui aurait un beau boîtier, un clavier, un BASIC, et pourrait afficher des dessins en couleurs. Jobs perçoit qu'un tel micro-ordinateur détient un potentiel remarquable : il devrait être possible de le vendre à grande échelle. Il transmet sa ferveur à « Woz », initialement intéressé par le seul public des amateurs. L'Apple 2 est conçu dans une optique de large diffusion. Son poids, à peine supérieur à cinq kilos, permet de le transporter aisément, et son prix de 1 350 dollars le rend abordable. À l'intérieur, tout est prévu pour qu'il soit possible d'améliorer les capacités de la machine en insérant des cartes.

Convaincu qu'il faut créer une société et attaquer le marché avec de grands moyens, Jobs contacte Markkula, un milliardaire de trente-quatre ans qui jouit d'une retraite anticipée, après avoir fait fortune avec ses actions d'Intel. Jobs s'avère doté d'une capacité de conviction similaire à celle de Gates. Il persuade Markkula de sortir de son oisiveté pour s'associer à l'aventure. Nantie d'un large capital,

Apple s'installe dans de spacieux locaux à Cupertino, en Californie. Sur l'insistance de Steve Jobs, la prestigieuse firme McKenna accepte de prendre en charge la promotion de l'Apple 2 et conçoit le logo multicolore de la pomme. Elle opte également pour la parution d'une publicité dans le magazine *Playboy* afin d'appuyer l'idée d'un produit destiné au grand public. L'Apple 2, par ailleurs, reçoit les éloges des journalistes des magazines spécialisés : il s'agit d'un ordinateur disponible en boutique qui fonctionne dès qu'on le branche, et pour lequel existe un service après-vente. Il devient le premier succès de la micro-informatique. Microsoft vend son BASIC 6502 à la firme de Cupertino dès l'automne de 1977 — il n'est pas couvert par l'action en justice de Pertec.

Le deuxième constructeur majeur, Tandy, est d'abord réputé pour son réseau de boutiques Radio Shack réparties sur l'ensemble du territoire des États-Unis. On y trouve toutes sortes de matériels électroniques. Don French, un acheteur officiant pour le compte de Tandy, s'achète un Altair, le décortique et conclut qu'il peut faire mieux. Il contacte John Roach, responsable du marketing, et lui présente un prototype de micro-ordinateur. John Roach se laisse convaincre sans trop y croire. Le TRS-80 conçu par French comporte un écran et un clavier et même un BASIC maison. Tandy n'attend pas de miracles du TRS-80 : les prévisions les plus optimistes tablent sur une diffusion de trois mille machines en un an. À la surprise de tous, dès le premier mois d'introduction, dix mille exemplaires sont écoulés ! William Henry Gates, par l'odeur alléché, persuade le nouveau constructeur qu'il lui faut associer à sa machine un BASIC professionnel : celui de Microsoft.

Le troisième larron n'est autre que la compagnie canadienne Commodore qui, après avoir connu des difficultés sur le marché des calculatrices, s'intéresse aux potentialités de la micro-informatique. Tout comme Tandy, elle dispose d'un large réseau de distribution. Jack Tramiel, président de Commodore, embauche un ingénieur au talent prometteur, Chuck Peddle, le créateur du microprocesseur utilisé dans l'Apple 2, le 6502. Peddle conçoit le PET, un ordinateur doté d'un clavier et d'un écran qui connaît un succès immédiat. Comme il se doit, Microsoft fournit le BASIC de la machine.

En septembre 1977, Myriam Lubow, âgée de quarante-deux ans, tombe sur une annonce qui retient son attention : « *La société Microsoft recherche une secrétaire.* » Après vingt années consacrées à élever ses quatre enfants, Mme Lubow s'est mise en quête d'un travail. Lors de l'entretien à la *Two Park-Central Tower*, la quadragénaire est reçue par un étrange individu qui s'est présenté au téléphone comme le directeur général. Steve Wood ne ressemble pas à l'image traditionnellement associée à ce poste : il arbore une moustache et porte les cheveux longs. Durant la quasi-totalité de l'entrevue, ses pieds reposent mollement sur le bureau. Le profil de la secrétaire recherchée consiste en une personne sur qui l'on puisse s'appuyer pour faire « un peu de tout ». La décontraction du directeur contraste avec le salaire proposé qui, pour sa part, est attrayant. Myriam manifeste son intérêt et rencontre alors la secrétaire précédente de Bill Gates. Après deux mois de service, la fille aux longs cheveux blonds semble ravie de quitter cet enfer, et ne fait rien pour rassurer la postulante. « *Cela m'étonnerait que vous vous plaisiez ici. Le travail est insupportable.* » Le soir, elle tente d'expliquer à son époux le caractère incongru de l'entrevue. Le point le plus étrange concerne l'activité de cette société singulière : ils font du « logiciel ». Si Myriam espérait trouver un indice auprès de son compagnon, elle doit déchanter : il n'a jamais entendu parler d'une telle activité. Mme Lubow pense de toute façon que l'affaire va en rester là : une société composée d'individus jeunes est peu susceptible d'embaucher une quadragénaire.

À son grand étonnement, le vendredi suivant, Myriam reçoit un appel de Steve Wood l'invitant à prendre ses fonctions. Sur place, elle rencontre Paul Allen qui la présente aux programmeurs maison : Marc McDonald, Bob Greenberg, Andrea Lewis. Tous se distinguent par l'anticonformisme vestimentaire et capillaire en vogue au cours des années 70. Allen explique que le président, M. Gates, est en déplacement pour affaires. Au cours des jours qui suivent, Myriam va de surprise en surprise, tentant d'intégrer le mode de vie de Microsoft dans sa logique. Les portes des bureaux ouvertes en permanence laissent apparaître d'étranges machines métalliques munies de clignotants. Tout au long de la journée, les programmeurs tapent sur des claviers, s'arrêtant parfois pour consulter de longs documents en accordéon percés de trous latéraux et disséminés à même le sol. Chaque midi, la nouvelle recrue se rend à l'école locale, et va jusqu'au centre de calcul afin d'y prendre des « listings ». Il s'écoule un certain temps avant qu'une étincelle jaillisse dans son esprit : ce que frappent les programmeurs aboutit à ces listes imprimées sur l'ordinateur de l'école !... Ce soir-là, Myriam explique à son mari que le logiciel correspond à du papier d'ordinateur couvert de suites sibyllines de lettres et de chiffres. M. Lubow ne tente aucunement de la contredire.

Un matin, alors que Myriam est assise derrière sa machine à écrire, un jeune homme pénètre dans les locaux. Il sourit, la salue puis entre dans le bureau du président. Elle le voit commencer à taper sur un clavier d'ordinateur ! Steve Wood a donné des consignes strictes : aucune personne non autorisée ne doit pénétrer dans une pièce où se trouvent des machines. Myriam se précipite dans le bureau de Wood pour le prévenir qu'un gosse s'est introduit dans le bureau du président. Elle est accueillie de façon nonchalante :

— *Ah !... Ce n'est pas un gosse. C'est notre président.*

— *Quoi, c'est lui, Bill Gates ?*

— *Oui...*

Déconcertée Myriam retourne à sa machine à écrire. Au bout de cinq minutes, elle s'en revient voir Steve Wood et demande :

— *Excusez-moi, Steve, quel âge a-t-il ?*

— *Il a vingt et un ans.*

Mme Lubow se dit que décidément, Microsoft est une société bien atypique. Informé de l'épisode, son mari lui conseille de vérifier s'ils seront en mesure de la payer à la fin du mois.

Progressivement, Myriam découvre que Microsoft vend des disquettes. Elle conclut que ces disques noirs doivent contenir quelque chose susceptible d'intéresser un certain public. Il est cependant difficile d'appréhender ce que cela peut être exactement. La lecture des listings issus de l'ordinateur de l'école ne lui donne aucune clé : à quoi peuvent correspondre ces suites de termes dépourvus de toute signification ? Le jargon étrange utilisé par les programmeurs contribue à sa perplexité ; ils parlent de créatures bizarres répondant aux noms de Intel 8080, BASIC, Apple 2, FORTRAN... De ce fait, lorsqu'un des programmeurs lui demande un service particulier, il lui faut revenir plusieurs fois à la charge pour comprendre ce qu'il désire au juste. Le jargon local est peuplé d'exclamations telles que « *Mon programme s'est planté !* » Elle ne parvient pas à déceler pour quelle raison cet événement est aussi désolant : pour sa part, elle ne remarque rien d'anormal.

Un matin, Marc McDonald pénètre dans son bureau et explose de colère. Myriam l'entend proférer des jurons pour le moins déplaisants. L'œil noir, il l'accuse d'avoir jeté son programme. Myriam répond qu'elle ne le fait jamais, par principe. McDonald hurle qu'il avait laissé un listing au pied de sa machine et que celui-ci a disparu. Myriam réalise alors que les employés du nettoyage, lors de leur visite à neuf heures du soir, ont ramassé tout ce qui traînait sur le sol. McDonald a perdu un grand nombre d'heures de travail et doit repartir de zéro. Le service du nettoyage reçoit désormais l'ordre de ne jamais jeter quoi que ce soit qui n'ait été placé dans les corbeilles. Ils appliquent la consigne avec zèle : peu après, les pièces sont remplies de canettes vides, lesquelles s'empilent sur les meubles...

Le président de Microsoft lui donne également du souci. En ouvrant le courrier le matin, Myriam découvre régulièrement des contraventions pour excès de vitesse. Indifférent aux restrictions imposées par le code de la route, Bill conduit sa vieille Porsche 911 à une allure frénétique. L'un de ses jeux favoris consiste à partir le plus tard possible vers l'aéroport d'Albuquerque lorsqu'un voyage d'affaires est prévu. Il emmène ordinairement Myriam, afin qu'elle puisse ramener la voiture en ville. Elle récolte alors son lot de sensations fortes : Bill quitte parfois le bureau cinq minutes avant le décollage et fonce sur les routes d'Albuquerque au mépris des limitations de vitesse et des feux rouges. Il attrape souvent l'avion in extremis, au moment où le personnel au sol est en train de retirer l'escalier d'embarquement. Interrogé sur le sujet, il avoue aimer pousser les choses à leur extrême, persuadé que c'est dans ce contexte que l'on peut obtenir les grands exploits. Peu convaincue par cette philosophie, et afin de ménager son cœur, Myriam prend l'habitude de retirer quinze minutes sur l'heure de départ annoncée à Bill. Elle redoute de voir son président finir derrière les barreaux.

Avec des machines telles que Apple 2, la micro-informatique devient mature. Un problème subsiste cependant : la plupart des constructeurs proposent leur propre système d'exploitation [1]. De ce fait, si un utilisateur change de machine, il ne peut utiliser les mêmes logiciels : les programmes écrits pour l'Apple 2 ne peuvent fonctionner sur le TRS-80 ou le PET, etc. L'avènement de CP/M va modifier cette situation.

Curieusement, CP/M est né de la nécessité de résoudre un problème quotidien : réduire les déplacements automobiles de Gary Kildall, professeur d'informatique à l'École navale de Monterey. En 1973, Kildall aperçoit une étrange annonce sur le tableau d'affichage. Il y est fait mention d'un micro-ordinateur disponible pour 25 dollars. Intrigué, Kildall se procure un Intel 4004 et découvre qu'il s'agit en fait d'un microprocesseur. Il tente de le programmer mais la puce s'avère trop limitée. Désireux d'en savoir plus, il entre en contact avec Intel. Il est fort bien accueilli par les cadres de la compagnie californienne. Intel travaille sur une puce à vocation professionnelle, le 8080 [2]. Elle propose à Kildall d'intervenir comme consultant, en réalisant un simulateur du 8080 sur leur mini-ordinateur PDP-10 [3] de Digital Equipment Corporation.

Soixante-dix kilomètres séparent le domicile de Kildall, à Pacific Grove, de l'ordinateur d'Intel dans la Silicon Valley. Le professeur n'apprécie pas d'avoir à couvrir régulièrement une telle distance pour être en mesure de programmer le PDP-10. La perspective d'installer une liaison téléphonique ne le séduit

1. Le système d'exploitation est le programme de base de tout ordinateur. Il établit de quelle façon seront traitées les données qui entrent dans la mémoire (exemple : les caractères frappés au clavier) et celles qui en sortent (par exemple, les données recopiées sur une disquette, etc.).

2. La puce utilisée par Ed Roberts pour construire l'Altair.

3. Il s'agit de la même technique que celle utilisée par Allen et Gates pour écrire le BASIC de l'Altair : elle consiste à amener le mini-ordinateur à se comporter comme la puce d'Intel.

guère, étant donné la lenteur des télécommunications. Il juge que la meilleure solution consiste à écrire un système d'exploitation pour le 8080. À partir d'une machine de test qu'il déniche dans les laboratoires d'Intel et d'un vieux lecteur de disquette qu'il emprunte à la société Shugart Associates, Kildall commence l'écriture de CP/M [1]. Ce petit système d'exploitation permet la programmation du 8080 et de surcroît peut contrôler une unité de disquettes. Kildall présente son œuvre à Intel en 1974 sans susciter un quelconque engouement : le constructeur fait savoir qu'il ne renouvelle pas le contrat du consultant.

L'apparition des premiers micro-ordinateurs semble propice à la diffusion de CP/M. Plusieurs dizaines de petits constructeurs apparaissent, la plupart proposant des machines semblables à l'Altair, munies d'un clavier et d'une unité de disquettes. Gary Kildall, après avoir assuré la vente de CP/M par correspondance, fonde en 1976 la société Digital Research. Son premier client, GNAT Computers, acquiert la licence pour 90 dollars. Quelques mois plus tard, IMSAI la payera 25 000 dollars. CP/M se retrouve sur plusieurs dizaines de micro-ordinateurs de marques différentes, et devient le système d'exploitation le plus répandu. Digital Research réalise plus de 60 000 dollars de chiffre d'affaires dès sa première année d'existence. La deuxième pierre nécessaire à l'édification d'un marché florissant de la micro-informatique est désormais présente. Pour les constructeurs comme pour les éditeurs, la présence du standard CP/M est un atout. Un logiciel peut être aisément adapté sur plusieurs machines. Inversement, un micro-ordinateur CP/M dispose rapidement d'une large gamme de logiciels. Microsoft, qui cherche à diversifier sa

1. *Control Program for Microcomputer* : Programme de contrôle pour micro-ordinateur.

gamme de langages, décide de réaliser ses nouveaux produits, FORTRAN, COBOL et Pascal en fonction de CP/M.

Fin 1977, la compagnie de Gates et d'Allen domine le marché des langages pour micro-ordinateurs et réalise un chiffre d'affaires d'un demi-million de dollars. Au fil des mois, Myriam Lubow réalise qu'il se passe quelque chose d'exceptionnel dans les murs de la société. Elle pressent que la petite société d'édition de logiciels perdue au fin fond du Nouveau-Mexique va générer un effet gigantesque. Les programmeurs manifestent un dévouement sans faille à la cause du BASIC qui se concrétise par des horaires presque inhumains. Le président de Microsoft travaille lui-même sept jours sur sept de façon intensive et peut passer plusieurs journées sans quitter le bureau. Il n'est pas rare qu'elle le découvre endormi sur le sol lorsqu'elle arrive sur les lieux au matin. Maternelle, elle s'emploie à faire en sorte qu'il ne saute pas systématiquement l'heure du déjeuner et prend l'habitude d'aller lui chercher un hamburger. Elle prend les appels, place la disquette désirée dans une enveloppe, la porte à la poste et réceptionne les chèques. Après un an de maison, elle effectue son baptême de l'ordinateur. Les programmeurs lui expliquent comment copier le contenu d'une disquette sur une autre. Étant donné que la société vend essentiellement deux produits, BASIC et FORTRAN, elle effectue les copies nécessaires, en fonction de la demande du client. Elle n'est pas peu fière de l'exploit.

La présence de Bill rassure Myriam Lubow. Elle apprécie sa clarté d'esprit et, fait étonnant dans le contexte local, comprend toujours ce qu'il désire. Lorsqu'elle l'interroge sur l'activité de la compagnie, il prend le temps de lui apporter les explications nécessaires sous une forme intelligible. Ravie de pouvoir assouvir sa soif de compréhension, elle assaille son président de questions en tout genre. Elle le découvre patient et pédagogue. Elle réalise également qu'il dispose de capacités mnémoniques hors du commun : il peut indiquer de façon instantanée n'importe quel numéro de téléphone. Gates fait également preuve d'une compréhension supérieure du juridique. Lorsque son avocat amène un contrat rédigé de façon détaillée, il n'est pas rare qu'il le réécrive en intégralité : l'assistance de son père lui a ouvert les portes essentielles du domaine.

Myriam découvre que Gates excelle à la négociation dès lors qu'il s'agit de vendre le BASIC. Lorsqu'elle transmet au président la question d'un client potentiel, elle voit généralement le prospect débarquer à Albuquerque quelques jours plus tard en vue de la signature d'un contrat. Les visiteurs étant souvent habillés en costume, Myriam tente au passage de persuader les employés de Microsoft de porter un pantalon décent et de mettre des chaussures. Bill lui-même a tendance à se vêtir de façon peu stricte, un penchant naturel renforcé par le climat torride du Nouveau-Mexique, qui incite à la décontraction. Lorsque les interlocuteurs demandent à Myriam Lubow comment ils pourront reconnaître M. Gates à l'aéroport, elle répond : « *Cherchez un garçon de seize ans avec des lunettes, qui a l'air d'être dans un autre monde. C'est lui.* »

CHAPITRE 6

Retour au pays

Bob O'Rear est embauché le 8 janvier et découvre, à sa grande stupéfaction, une compagnie différente de toutes celles qu'il a connues auparavant. Lorsqu'il arrive au huitième étage de la *Two Park Central Tower*, vers neuf heures, il trouve parfois Bill Gates ou Paul Allen endormis à même le sol. Les fondateurs de Microsoft ont l'habitude d'arriver aux alentours de midi et de travailler jusqu'à une heure avancée de la nuit. Lorsqu'une réunion est prévue avec un client le matin, ils sommeillent sur place. La toute première fois, Bob s'inquiète, se demande si Bill est évanoui et s'il convient de requérir des secours. À la longue, il prend l'habitude d'enjamber quelques corps allongés pour gagner son bureau. O'Rear est un être à part ; c'est un homme de la journée. Il aime travailler aux heures « normales » et prend le rythme à sa façon en arrivant parfois à la *Two Park Central Tower* vers trois heures du matin. Au moment où il prend ses fonctions, les autres programmeurs terminent leur « journée de production ». Bob adopte également une habitude maison, celle de travailler pieds nus. Les programmeurs considèrent qu'il leur faut un confort maximal pour s'adonner à la rude discipline d'écriture qui est la leur. Une nuit, cette coutume joue des tours à Bob. L'hiver n'est pas terminé et la température est encore fraîche. À quatre heures du matin, Bob O'Rear, qui se trouve seul dans les bureaux de Microsoft, se rend aux toilettes, situées au fond du couloir à l'extérieur des bureaux. À son retour, il réalise que la porte de Microsoft s'est refermée de façon automatique. Il se retrouve pieds nus dans un couloir non chauffé en pleine nuit d'hiver, dans l'incapacité de regagner son bureau. La chance veut qu'il ait dans ses poches de la petite monnaie et qu'il y ait un téléphone dans la tour. Bob appelle à son domicile, réveille sa femme et la supplie de venir le chercher.

La compagnie sise à Albuquerque compte treize employés et publie sa cinquième version du BASIC. Du lundi au dimanche, sans la moindre interruption, les programmeurs sont à l'œuvre. Paul Allen supervise le développement des logiciels, Bill les relations avec les constructeurs et les activités quotidiennes de la compagnie. Tatillon et perfectionniste jusqu'à l'excès, il s'acharne à relire intégralement les programmes développés par ses subordonnés, allant jusqu'à en réécrire certaines parties. Les programmeurs de Microsoft — surnommés les « cow-boys du code » — apprennent tant bien que mal à s'accommoder d'un tel droit de regard sur leurs œuvres.

L'activité frénétique qui règne dans la société de logiciels n'empêche pas ses membres de se livrer à des loisirs peu orthodoxes. Au milieu de la nuit, à bord de sa Porsche 911, Gates se rend sur les voies expresses et s'assure qu'aucune voiture de police ne traîne dans les parages. Il donne alors libre cours à sa soif de vitesse, poussant son bolide à des vitesses supérieures à 200 kilomètres à l'heure au compteur. Après avoir réalisé que le véhicule ne dépasse pas les 200 kilomètres à l'heure, il rapporte la Porsche au concessionnaire afin de se plaindre qu'elle ne soit pas aussi rapide qu'annoncé dans la brochure.

La nuit est également le théâtre de jeux clandestins. Bill Gates et Chris Larson découvrent une route en cours de construction à l'est d'Albuquerque et prennent l'habitude de se rendre sur le site vers quatre heures du matin. À force de tâtonnements, ils parviennent à mettre en marche les équipements et s'amusent à piloter des bulldozers. Une nuit, le jeu consiste à emballer les moteurs, tandis que les machines vomissent une fumée noire, afin de déterminer lequel des bulldozers est le plus rapide. À la suite d'une perte de contrôle, Gates manque de renverser sa Porsche 911 : il s'en faut de quelques centimètres. Steve Wood s'inquiète de ces escapades nocturnes doublées d'un détournement de matériel public : il craint de voir son président finir en prison. Heureusement, Paul Allen a des distractions plus paisibles : lorsqu'il désire se détendre, il saisit sa guitare, afin d'égrener quelques accords de jazz.

Un matin, Bill reçoit un étrange appel de la part d'un hobbyiste aux yeux bridés. Le Japonais Kazuhiho Nishi — surnommé Kay par les intimes — s'est mis en tête de rencontrer l'homme qui a écrit le BASIC de l'Altair. Décrochant son téléphone, Kay a indiqué à l'opératrice qu'il désirait appeler Microsoft aux États-Unis. La préposée aux télécommunications lui a demandé dans quelle ville se trouvait cette société. Nishi l'ignorait, mais il se rappelait que MITS était quelque part au Nouveau-Mexique. Il a donc demandé à l'opératrice d'effectuer une recherche dans la ville la plus importante de cet État : Albuquerque. Lorsque Gates prend l'appel, il se retrouve en contact avec un hobbyiste passablement exalté et avide de le rencontrer au plus vite : il est intéressé par le BASIC. Kay propose de lui envoyer un billet d'avion en première classe à destination du Japon. Gates exprime son regret de ne pouvoir se rendre sur place : son temps est compté. Toutefois, il invite Kay à se rendre aux États-Unis lors de la prochaine manifestation ayant trait à la micro-informatique : la NCC[1].

La rencontre des deux passionnés a lieu quelques mois plus tard, à l'occasion de la NCC. Le coup de foudre intellectuel est total : les deux hommes, pareillement âgés de vingt-deux ans, ont suivi des routes étonnamment similaires. Tout comme Gates, Nishi a déserté l'université afin de se lancer à corps perdu dans la micro-informatique. Il a lancé une lettre d'information destinée aux hobbyistes, qui a obtenu un tel succès qu'elle a évolué en un véritable magazine spécialisé : *Ascii*. Peu à peu, *Ascii* s'est mis à diffuser des logiciels. Durant huit longues heures les deux passionnés échangent leurs points de vue sur leur sujet de prédilection. Ils découvrent qu'ils entretiennent un rêve commun. Le temps n'est pas loin où des millions de micro-ordinateurs seront en circulation. Microsoft entend être le premier éditeur de logiciels de cette nouvelle ère. Bill et Kay décident de s'associer le plus souvent possible pour tout ce qui touche au monde des micro-ordinateurs. Nishi propose de devenir le représentant de Microsoft pour l'Extrême-Orient. L'accord est scellé sur un contrat d'une page.

Nishi est immédiatement opérationnel. De retour au Japon, il prend contact avec un cadre de NEC Corporation ayant manifesté son intérêt pour la micro-informatique : Kazuya Watanabe. Nishi le convainc de venir rencontrer M. Gates aux États-Unis. Watanabe débarque à l'aéroport d'Albuquerque et se fait accueillir par deux excités. Celui qui conduit la Porsche se distingue par sa juvénilité et ses excès de vitesse permanents. Pourtant, malgré le caractère

1. *National Computer Conference* : Conférence nationale sur les ordinateurs.

incongru du jeune président, Watanabe s'avoue impressionné par le travail déjà réalisé par Microsoft pour d'autres constructeurs, et la ferveur qui les pousse à défricher ce nouveau territoire. À son retour à Tokyo, Watanabe persuade les dirigeants de NEC qu'il faut impérativement construire le premier micro-ordinateur japonais. Il explique qu'il entend confier la conception de ce PC à une jeune société inconnue de l'Empire du Soleil levant — Microsoft. De fait, Watanabe a acquis la conviction que les individus tels que Gates et Nishi ont exactement le profil voulu pour développer de tels produits : l'esprit de jeu qui les anime est parfaitement adapté à la cause. NEC démarre la conception du PC 8001.

Gates et Allen vivent à Albuquerque depuis bientôt quatre ans et caressent l'idée de quitter cette ville du désert pour un lieu balnéaire et boisé, donnant accès à des sports nautiques. De nombreux acteurs de la micro-informatique les incitent à s'installer dans la Silicon Valley. Cette région située au sud de la baie de San Francisco s'est révélée propice à l'éclosion de sociétés de technologie. Au sein de la vallée verdoyante, eucalyptus, séquoias et palmiers côtoient environ trois mille cinq cents usines disséminées sur près de deux mille kilomètres carrés. Certaines des plus grandes firmes de la micro-informatique résident dans la région : Intel, Apple, Fairchild Semiconductor, Hewlett-Packard... Les millionnaires en dollars sont légion et, souvent, n'ont pas atteint la quarantaine. Les universités de Stanford et de Berkeley enrichissent le creuset de nouveaux aventuriers. Pourtant, Allen rechigne à l'idée de partir pour la Californie. Pour sa part, il ressent le mal du pays et voudrait voir Microsoft s'établir à Seattle. Bill manifeste une profonde indifférence sur la question : il désire avant tout que la société soit située sur le lieu le plus propice à son expansion. Fin stratège, Allen joue sur les sentiments forts qui lient son ami à sa famille. Il s'entretient avec les parents de Bill et les persuade qu'il faut encourager leur rejeton à revenir au pays. Il se laisse convaincre au cours de l'été 1978. Les événements s'enchaînent alors très rapidement : des bureaux sont dénichés au huitième étage de la *Old National Bank*, à Bellevue dans la banlieue de Seattle. La plupart des employés consentent à migrer vers l'État de Washington. Myriam Lubow n'est pas en mesure de les suivre, pour des raisons familiales : son mari gère une affaire à Albuquerque. Bill lui exprime sa gratitude et l'invite à les rejoindre au plus vite. Une lettre de recommandation est rédigée afin de mettre en valeur les capacités de Myriam. Il en ressort qu'elle s'occupait de la paye, de la comptabilité, des achats, de la gestion des commandes et de la dactylographie.

Le transfert des biens occasionne de nombreux aller et retour entre Albuquerque et les nouveaux locaux, situés près de l'autoroute, à Bellevue. Lors du premier déménagement, Bill et certains programmeurs organisent un concours : il s'agit de quitter le bureau le plus tard possible, et de gagner l'aéroport situé à 30 kilomètres, avant l'heure du départ de l'avion pour Seattle-Tacoma. Pied au plancher, au volant de sa Porsche 911, Bill établit le record absolu : 12 minutes !

Marc McDonald et Paul Allen arrivent sur les lieux en décembre et préparent les bureaux afin qu'ils soient fonctionnels. Désireux d'acquérir un DEC 20, ils se heurtent à la suspicion du constructeur de mini-ordinateurs qui refuse de leur accorder un crédit : Microsoft apparaît trop jeune pour qu'il soit possible de parier sur sa longétivité. Le règlement de l'ordinateur absorbe le tiers de la trésorerie de la compagnie. Les autres programmeurs débarquent à Bellevue moins de deux mois plus tard. Lors du départ définitif d'Albuquerque, Bob Wallace prend la route 66 qui mène vers le nord-ouest des États-Unis. Dans son rétroviseur, il aperçoit au loin un petit point vert indistinct. Le point grossit à vue d'œil puis dépasse la voiture de Wallace, à une allure frénétique. Il reconnaît la Porsche de son patron, pressé d'arriver sur les lieux : il doit relire quelques pages de code au plus vite. Il ramène au passage un nombre impressionnant de contraventions pour excès de vitesse.

Une fois installé à Seattle, Bill s'aperçoit qu'il avait sous-estimé les effets de la proximité familiale. Plusieurs fois par jour, sa mère Mary téléphone pour avoir de ses nouvelles et veiller à ce qu'il prenne son déjeuner et dorme suffisamment.

Intel entre en contact avec Microsoft afin de présenter une nouvelle puce : le 8086. Elle effectue un pas de géant en termes de performance. Le 8086 fonctionne sur 16 bits [1] alors que le 8080 était un 8-bits. Dans la pratique, il offre des capacités plus de dix fois supérieures à celles de son prédécesseur. La question du développement d'un BASIC pour le 8086 tombe sur le tapis. Gates accueille une telle opportunité avec intérêt et affirme que Microsoft peut le réaliser en trois semaines. Le cadre d'Intel manifeste sa stupeur. « *Soyons sérieux. Est-ce que vous pensez pouvoir nous le livrer dans neuf mois ?* » Gates consulte ses associés puis répond que tout bien réfléchi, il est possible de le lui fournir dans les trois semaines. Le développement d'un BASIC pour le 8086 est mis en route. Pour rester dans la tradition, un programme simulant le comportement de ce microprocesseur est développé sur le mini-ordinateur de DEC. Mais lorsque la société fête son premier million de dollars lors de la nouvelle année, le déve-

1. Le bit est l'unité fondamentale traitée par un ordinateur — il peut prendre la valeur 0 ou 1. Un microprocesseur 8-bits permet de traiter des nombres allant jusqu'à 255 et peut superviser une mémoire de 64 000 caractères. Un microprocesseur 16-bits traite des nombres allant jusqu'à 65 635 et peut contrôler une mémoire d'un million de caractères.

loppement du BASIC dure depuis déjà trois mois et ne semble pas près d'être terminé.

Au même moment, un ingénieur résidant à Seattle s'efforce de construire un micro-ordinateur à partir du 8086. Tim Paterson, diplômé de l'université de Washington, travaille chez un petit constructeur local : SCP (Seattle Computer Products). En mai, ayant appris que l'éditeur du BASIC s'était établi à Bellevue, Tim Paterson entre en contact avec Paul Allen. La question qu'il pose au responsable du développement enchante celui-ci : « *Avez-vous développé un langage qui permettrait de tester ma machine 8086 ?* » Le BASIC vient tout juste d'être achevé et — comme pour l'Altair en 1975 — n'a jamais été testé sur ce microprocesseur. Paul lui propose de venir immédiatement avec sa machine. Tim Paterson traverse le pont qui surplombe le lac Washington pour se rendre à Bellevue et fait la connaissance des cowboys du code. Une semaine plus tard, le BASIC 8086 fonctionne sur la machine de Paterson. « *C'est extraordinaire*, confie Bob O'Rear, *lorsque vous avez développé pendant plusieurs mois sur un simulateur, de voir votre langage fonctionner sur la puce à laquelle il était destiné !* » Paul Allen se prend de sympathie pour Paterson et le convie à participer à la prochaine *National Computer Conference* (NCC) à New York : Microsoft pourra présenter le BASIC 8086 sur le micro-ordinateur de SCP.

Lorsque Bob O'Rear arrive à l'hôtel de Central Park à New York, l'ambiance est à l'allégresse. Bill Gates et Paul Allen sont en train de lancer des feux d'artifice depuis la fenêtre de leur chambre. Au cours de la NCC, Tim Paterson fait plus amplement connaissance avec les programmeurs de Microsoft. La discussion en vient à porter sur les systèmes d'exploitation. Le sujet intéresse Paterson au plus haut point. Il explique à Paul Allen qu'il est en train d'écrire un système d'exploitation 16 bits pour le 8086 — le best-seller CP/M ne fonctionne que sur les machines 8 bits. Le soir, une grande fête est organisée dans la suite louée par Microsoft. Kay Nishi arrive sur les lieux vers la fin de la soirée, accompagné de cadres de compagnies japonaises. Il n'a pas réservé de chambres, pensant que la suite conviendrait. Bill fait appeler les réceptionnistes de l'hôtel et demande qu'ils montent quelques lits pour les visiteurs tardifs. Le garçon d'hôtel se présente à l'étage avec sept lits, et se retrouve face à Chris Larson de Microsoft. « *Vous avez vraiment besoin de sept lits ?* » Chris Larson réfléchit et lui répond : « *Tout compte fait, apportez-en un huitième.* » Cette nuit-là, quinze fêtards éméchés s'endorment sur place, qui sur un lit, qui à même le sol.

Dès son apparition au Japon, le NEC PC 8001 reçoit un excellent accueil. En raison du succès de cette machine originale, Gates et Nishi sont invités à s'exprimer au cours de divers forums sur la technologie. Les magazines nippons les décrivent comme les deux surdoués qui sont en train d'introduire le micro-ordinateur dans la culture japonaise. Mais Gates se montre progressivement gêné par la personnalité de Nishi : celui-ci se distingue par son goût de la provocation. Il se lance dans des dépenses excessives et voyantes, propres à choquer l'establishment japonais. Adepte d'un mode de vie extravagant, il se rend à ses rendez-vous en hélicoptère et descend dans les hôtels les plus luxueux. Son comportement est jugé arrogant : il lui arrive de s'endormir à même le sol au cours d'une réunion officielle. Pour l'heure, les relations demeurent au beau fixe entre Gates et son ami de l'Empire du Soleil levant.

L'année 1979 s'achève avec un chiffre d'affaires de 2,5 millions de dollars... En juin 1980, un compagnon d'université de Bill rejoint Microsoft. Steve

Ballmer, nommé assistant du président, devient le numéro trois de la compagnie. Gates et Allen envisagent l'avenir de façon sereine. La micro-informatique n'a pas encore cinq ans et, déjà, une industrie est née. Les ventes du Microsoft BASIC s'acheminent vers le million d'exemplaires. CP/M tourne sur plus de 20 % des micro-ordinateurs. Deux mille constructeurs l'ont choisi comme système d'exploitation. Apple réalise plus de cent millions de dollars, emploie un millier d'employés et se prépare à entrer en Bourse. À l'autre extrémité des États-Unis, dans la banlieue de New York au siège de la société IBM, certains cadres supérieurs examinent avec attention la progression de ce secteur en pleine effervescence.

CHAPITRE 7

Le projet le plus insolite d'IBM

Quelle que soit l'opinion entretenue à propos d'IBM, force est de reconnaître que le géant de l'informatique a parfois fait preuve d'une étonnante capacité à se remettre en question, osant s'aventurer sur des territoires inexplorés. La compagnie a pratiqué de telles incursions à sa façon.

Au sein de la multinationale, le conservatisme est érigé au rang de vertu suprême. La clientèle traditionnelle du Grand Bleu affectionne ce trait et assimile le nom d'IBM au charme discret et tranquille de la bourgeoisie. Pourtant, la même compagnie se tient à l'écoute des évolutions du secteur et peut, du fait de sa taille — elle emploie des centaines de milliers d'individus —, se permettre des recherches avancées dans des secteurs de pointe. Au début des années 80, la force du géant a été de pressentir qu'un important phénomène était en train d'émerger : la micro-informatique.

Les sociétés qui fabriquent ces jouets, Apple, Tandy et consorts, génèrent un chiffre d'affaires dérisoire : une centaine de millions de dollars tout au plus. Une bagatelle en comparaison du revenu annuel du n° 1 de l'informatique : 28 milliards de dollars. Toutefois, un facteur laisse à penser qu'il faut s'intéresser à ce nouveau secteur : la croissance du marché des micro-ordinateurs est proche de 70% par an.

Frank Cary, président d'IBM, juge qu'à terme, si la tendance se confirme, il sera possible de tirer des profits considérables de ces petites machines. À tout prendre, la question mérite réflexion : plusieurs comités sont formés afin d'étudier la possibilité d'une ingérence dans le secteur de l'ordinateur personnel. La légende veut que l'un des groupes de travail ait proposé à Frank Cary de racheter la firme Atari. Au cours de la présentation, le président pose une question clé :

— *Est-ce qu'Atari est le meilleur ?*

— *Non.*

— *Qui est le meilleur ?*

— *Apple.*

— *Pour quelles raisons IBM ne devrait-elle pas avoir ce qu'il y a de mieux ?*

Apple n'étant pas à vendre, cette suggestion en était restée là. Quelques mois plus tard, Frank Cary cède la place à un nouveau président. Individu ouvert, John Opel est décidé à tirer les leçons du passé et à modifier l'image de la grande compagnie refermée sur elle-même. Il se déclare en faveur de rapprochements avec des partenaires extérieurs et d'accords de collaborations en tout genre. La compagnie vit encore sous la menace des poursuites anti-trust intentées du temps de l'administration Nixon. En matière de micro-ordinateurs, plusieurs courants d'opinion militent en faveur d'une création interne. Pourtant, Opel se laisse séduire par le rapport que lui fournit Bill Lowe, responsable des produits d'entrée de gamme [1], en juillet 1980.

Selon Bill Lowe, de même que l'éléphant n'est pas doué pour danser les claquettes, amener IBM à produire un micro-ordinateur semble une tâche contre nature. Si un tel développement est traité en interne, selon les normes de la maison, il faudra environ

1. *Entry System Division.*

quatre ans pour qu'il parvienne à terme. Le secteur de la micro-informatique évolue à un rythme extrêmement vif. Quatre ans séparent l'Altair, produit amateur, d'un ordinateur tel que l'Apple 2 ayant su rencontrer les faveurs du public. Lowe recommande donc de créer une unité spéciale et de l'affranchir totalement des pesanteurs administratives propres à une grande compagnie. L'équipe intégrera ses propres développeurs, commerciaux et hommes de marketing. Elle aura carte blanche pour opérer à sa guise. Lowe invite à s'écarter des sentiers battus : le comité devra définir le PC[1] en s'appuyant sur des fournisseurs extérieurs pour les composants et le logiciel. IBM se contentera d'apposer son sigle sur le produit final.

John Opel acquiesce aux propositions de Bill Lowe. Mais il y ajoute une contrainte : le micro-ordinateur d'IBM doit être prêt dans un an, jour pour jour. Relativement secoué par l'injonction du président, Lowe s'attelle à constituer au plus vite l'équipe chargée de mener à bien le projet et dont le nom de code devient comité *Chess*[2]. Il choisit de réunir des personnalités individualistes, se distinguant du moule ambiant par une relative extravagance. Ces traits de caractère, ordinairement dépréciés au sein de la conservatrice maison, sont perçus comme un atout dans le cadre du projet. Les douze membres du comité *Chess* sont regroupés en Floride dans le centre de recherche de Boca Raton. Le groupe est dirigé par un quinquagénaire du nom de Jack Sams. Lowe lui explique que sa mission démarre immédiatement : il dispose d'un mois pour définir les spécifications du micro-ordinateur d'IBM.

Sams et ses acolytes, en dépit du fait qu'ils appartiennent à l'une des plus grandes multinationales de la planète, font preuve d'humilité et décident de

1. PC : abréviation de *Personal Computer*, ordinateur personnel.
2. *Chess* : le jeu d'échecs.

prendre exemple sur les sociétés de micro-informatique. La stratégie suivie par le leader du domaine, Apple, apparaît sensée. La société a créé un ordinateur ouvert à des extensions, ce que les utilisateurs semblent apprécier : ils sont en mesure de faire évoluer à loisir l'Apple 2 en lui ajoutant des cartes. Steve Jobs et ses acolytes ont fait en sorte d'encourager le développement de logiciels par des éditeurs indépendants, ce qui a doté la machine d'une gamme alléchante. Le comité *Chess* estime qu'il faut reproduire la démarche qui a porté Apple au sommet. L'étude des machines en vogue — l'Apple 2, le Pet de Commodore, le TRS-80 de Tandy... — fait ressortir deux caractéristiques au niveau du logiciel : la majorité des machines fonctionnent à partir du système d'exploitation CP/M de Digital Research et comportent un BASIC réalisé par Microsoft ; la société lilliputienne de Seattle — ses revenus s'élèvent à 2,5 millions de dollars — a réussi à imposer son BASIC à la quasi-totalité des constructeurs et il semble incongru de créer un micro-ordinateur qui en serait dépourvu.

Un matin de juillet, Bill Gates reçoit un appel qui ne manque pas de le surprendre. Au bout du fil, Jack Sams explique qu'il désire lui rendre visite prochainement afin de parler d'un développement potentiel. Gates, impressionné, se précipite dans le bureau de Steve Ballmer pour lui faire part de la nouvelle. Qui sait ? IBM est peut-être intéressée par leur BASIC ! Quelques jours plus tard, Jack Sams et deux autres membres du comité *Chess* débarquent au siège de Bellevue. Gates, Allen et Ballmer se sont mis sur leur trente et un en prévision de la réunion : le costume et la cravate sont de rigueur. Toutefois, les visiteurs de Floride ne manquent pas d'être surpris par la jeunesse du président qui les reçoit. S'il est âgé de vingt-quatre ans, il ne semble pas avoir atteint sa maturité. Avant toute chose, Gates, Allen et Ballmer se voient demander de signer un document légal selon lequel ils s'engagent à respecter le caractère confidentiel de tout ce qu'ils pourront voir au cours de la réunion. Le texte stipule par ailleurs que Microsoft ne pourra jamais tenter un recours en justice contre IBM dans le futur. Les jeunes gens signent sans hésiter, pressés d'en savoir plus. Au cours de la réunion, les hommes en bleu posent toutes sortes de questions sur les ordinateurs personnels et les langages développés par Microsoft. Ils se montrent étonnamment discrets quant à leurs intentions : officiellement, ils effectuent une étude de marché. « *Ne vous montez pas la tête et n'allez pas penser que nous cherchons à aller plus loin* », explique Sams. Au fil de la conversation, il se laisse aller à un embryon de confidence. « *Nous avons l'intention de faire une proposition à notre direction. Normalement, ils devraient la refuser, mais on ne sait jamais.* » Il demande alors à Gates d'expliquer comment opère Microsoft lorsqu'il s'agit de développer les logiciels d'un micro-ordinateur. Au moment de partir, il conclut de façon laconique : « *Ne nous appelez pas ; nous vous contacterons.* » Une chose est sûre : les hommes de Boca Raton ne sont plus du tout préoccupés par la jeunesse de Bill. Dans le rapport qu'il remet à Bill Lowe, Sams fait l'éloge du président de Microsoft : il fait preuve d'une compétence hors pair dans son domaine de prédilection. Mais Allen, Gates et Ballmer demeurent perplexes face à l'attitude feutrée et prudente de ces visiteurs qui semblent surgir d'un autre monde. Ils ont l'habitude de traiter avec les représentants de compagnies de micro-informatique, une industrie au sein de laquelle les contacts sont très directs.

Quelques semaines plus tard, Jack Sams appelle à nouveau et demande qu'une deuxième réunion soit organisée au plus vite. Gates propose de le recevoir dès la semaine suivante. « *Nous voulons vous ren-*

contrer dès demain », répond son interlocuteur. Bill annule aussitôt un rendez-vous pris avec Ray Kassar, le président d'Atari : IBM n'est-il pas le plus grand de tous les constructeurs ?

La séance démarre par le rituel de la signature des documents légaux. Sams explique la raison de leur venue : il a l'intention de demander à Gates d'agir comme consultant. « *Cela concerne la chose la plus inhabituelle jamais réalisée par la compagnie.* » Bill n'est pas loin de penser que Microsoft est également en train de vivre l'épisode le plus insolite de son existence. Sams dévoile les éléments du singulier projet. Il s'agit de mettre sur le marché un micro-ordinateur, désigné sous le nom de code *Acorn*. IBM, une fois n'est pas coutume, a choisi de ne pas bâtir cette machine à partir de composants développés au sein de ses laboratoires. La compagnie est guidée en la matière par un impératif de rapidité : *Acorn* doit sortir dans un an. Sams et ses compagnons ont été chargés de repérer les fournisseurs adéquats pour le matériel et le logiciel. Le microprocesseur du PC sera vraisemblablement un 8-bits d'Intel, le 8080. La question capitale est alors posée : si IBM fournit à Microsoft les spécifications de l'ordinateur *Acorn*, est-ce que Microsoft peut écrire un BASIC destiné à résider dans la ROM [1] ? Si oui, peuvent-ils le réaliser pour avril 1980 ? Bill Gates répond par l'affirmative. Mais il s'avoue ennuyé par le fait qu'IBM ait choisi de créer sa machine autour d'une puce 8-bits. Il plaide en faveur du microprocesseur 16-bits introduit par Intel, deux ans plus tôt, le 8086. Ses avantages sont immenses. Un micro-ordinateur 16-bits aurait une capacité très largement supérieure aux modèles couramment répandus tels que l'Apple 2. Les éditeurs accueilleraient un tel PC avec bonheur : le 8086

1. ROM : mémoire permanente (non effaçable) d'un micro-ordinateur.

ouvre la voie à des logiciels bien plus ambitieux que tout ce qui a pu être publié à ce jour. Jusqu'alors, aucun constructeur majeur ne s'est aventuré à proposer une telle machine : avec l'arrivée d'IBM dans l'arène le moment apparaît propice pour lancer une nouvelle génération de micro-ordinateurs. Les visiteurs de Boca Raton écoutent attentivement les arguments vibrants du jeune président et les jugent pertinents. À la fin de la réunion, Bill signe un contrat selon lequel il s'engage à fournir à IBM un rapport décrivant la conception d'un ordinateur susceptible d'exécuter les langages développés par Microsoft. Les hommes de Boca Raton repartent en Floride avec la ferme intention d'intégrer l'analyse de Gates dans les conclusions qu'ils doivent remettre à leur direction.

L'équipe de Boca Raton obtient le feu vert pour aller de l'avant. Bill reçoit un coup de téléphone d'IBM plutôt engageant : « *Il y a de fortes chances pour que nous puissions travailler ensemble. Cela risque d'être fort excitant.* » Sams ajoute que, cette fois, il va venir accompagné de quatre collègues : « *Nous avons de nombreux points à traiter. Nous voulons que notre équipe technique rencontre votre équipe technique. Notre juriste va rencontrer votre juriste, notre responsable des achats doit s'entretenir avec votre responsable des achats. Nous pourrons traiter quatre ou cinq points au cours d'une même séance.* » Bill Gates est légèrement décontenancé. D'habitude, c'est lui-même qui prend en charge tous les points précités.

Les cinq membres du comité *Chess* sont reçus par le même nombre de gens de Microsoft : Allen, Ballmer et Nishi sont de la partie. Un avocat de Seattle, proche de la compagnie, complète le tableau. Cette fois, Sams désire passer commande à Microsoft de plusieurs langages : en plus du BASIC prévu pour avril, elle devrait fournir des versions de FORTRAN,

Pascal et COBOL adaptées à l'*Acorn*. Sams désire également acquérir un système d'exploitation dont il a entendu le plus grand bien : CP/M. Microsoft est-elle en mesure de le lui fournir ? Gates répond qu'il n'est pas le propriétaire de CP/M mais qu'il peut arranger l'affaire : il décroche le téléphone et appelle Gary Kildall chez Digital Research, à Pacific Grove en Californie. D'une voix amusée, il précise qu'il s'agit d'une affaire importante et qu'il lui envoie des clients « *à traiter avec les plus grands égards* ». Kildall ne se montre pas impressionné par cet appel : il est régulièrement sollicité pour rencontrer des constructeurs intéressés par CP/M. Le fondateur de Digital Research, qui vient d'atteindre la quarantaine, dirige une société florissante : près de cinq cent mille ordinateurs fonctionnent sous CP/M.

Les représentants d'IBM se rendent aussitôt à Pacific Grove. Ils sont reçus de façon désinvolte par l'épouse de Kildall, codirectrice de Digital Research. Dorothy leur explique sans ménagements que le président s'est absenté pour affaires. Afin de gagner du temps, les visiteurs proposent de faire signer l'accord de non-divulgation — le même contrat que celui soumis à Gates, Allen et Ballmer. Dorothy Kildall s'inquiète de la nature de ce formulaire. Il implique qu'il sera impossible de poursuivre IBM, même s'il apparaît que la compagnie a tiré parti d'informations confidentielles — divulguées dans le cadre d'un potentiel partenariat — dans des produits. En revanche, IBM peut poursuivre en justice la compagnie avec laquelle elle est entrée en discussion s'il s'avère que celle-ci a commis des indiscrétions relativement à des projets d'IBM. Le conseiller juridique de Digital Research émet un avis négatif sur la signature d'une telle convention. L'impasse est totale : il n'est pas question pour Sams et ses acolytes d'engager des discussions tant que les documents légaux n'ont pas été signés. Gary Kildall rentre de son voyage d'affaires, prend connaissance de l'épisode intervenu plus tôt dans la journée et n'en fait pas grand cas. Par conséquent, rien ne presse. Le couple Kildall, qui se prépare depuis un certain temps à une croisière d'une semaine dans les Caraïbes, décide de laisser passer ces quelques jours de vacances avant de prendre une décision.

Les membres du comité *Chess* n'apprécient pas d'être traités de cette façon. Ils reviennent à la charge auprès de Digital Research mais le courant ne passe pas : l'adaptation de CP/M au micro-ordinateur d'IBM nécessite un travail titanesque que Digital Research n'envisage pas de réaliser dans les délais impartis. Kildall a mis en chantier une version de CP/M pour le microprocesseur 8086, mais ce projet n'est pas prioritaire pour sa compagnie. Digital Research est en tractations avec Hewlett-Packard et cette opportunité apparaît aussi importante qu'une relation avec IBM. Finalement, les membres du comité *Chess* retournent voir Gates et lui demandent de régler l'affaire lui-même.

Bill Gates tient là une occasion rêvée de marquer ses positions. Jusqu'à 1978, Digital Research et Microsoft ont vécu une sorte d'entente tacite pour se partager le marché. L'un fournissait le système d'exploitation, et l'autre les langages. En 1979, Digital Research a déterré la hache de guerre en mettant des langages à son catalogue. Pour contre-attaquer, en février 1980, Microsoft a acquis la licence d'un système d'exploitation potentiellement concurrent de CP/M : Unix d'AT&T. La rumeur selon laquelle Digital Research s'apprêterait à acquérir un BASIC différent de celui de Microsoft pour le vendre avec la future version de CP/M contribue à creuser la distance qui sépare les deux éditeurs. Tout bien réfléchi, Gates, à titre de consultant, peut recommander à IBM de choisir un autre système d'exploitation pour son

PC : l'adoption d'un microprocesseur 16-bits va rendre caducs la plupart des programmes 8-bits écrits sous CP/M...

Durant une nuit mémorable, le 28 septembre 1980, Gates, Allen et Nishi se réunissent dans le bureau de Bill et discutent de la possibilité de concevoir eux-mêmes le système d'exploitation de la machine IBM. Le problème n'apparaît pas simple à résoudre, car les programmeurs sont d'ores et déjà surchargés de travail. La prise en charge d'un tel projet ne serait pas sans risques : IBM se réserve le droit d'annuler le projet *Chess* à n'importe quel moment. La fougue de Nishi emporte la décision. Il se lève et dit simplement : « *Il faut le faire ! Allons-y !* » Ses deux compères sautent de joie et s'écrient à l'unisson : « *Yeah !* »

Microsoft ne dispose pas du temps nécessaire à la réalisation d'un tel système. Mais la chance semble donner un coup de pouce. Le nom de Tim Paterson, le programmeur de Seattle Computer Products, revient à l'esprit de Paul Allen. En avril 1980, lassé d'attendre la sortie d'une version du CP/M de Digital Research pour le 8086, Paterson a écrit un système d'exploitation adapté à cette puce. Il l'a baptisé ironiquement QDOS [1]. Tim Paterson connaît bien CP/M et s'en est largement inspiré lors de l'écriture de ce QDOS. Au cours de la semaine qui suit la Fête du Travail, Bill Gates, aidé de ses associés, s'attelle à la rédaction du document qui doit convaincre IBM que Microsoft peut concevoir les langages et le système d'exploitation. Paul Allen contacte le président de Seattle Computer Products, et lui explique qu'il a un client qui serait intéressé par le QDOS. Il se montre discret quant à l'identité du client en question.

1. QDOS : *Quick and Dirty Operating System*, système d'exploitation réalisé à la va-vite.

CHAPITRE 8

Le sauna MS-DOS

Bill Gates, Steve Ballmer et Bob O'Rear s'envolent pour la Floride, et se préparent pour un rendez-vous crucial : ils ont l'intention de proposer à IBM le développement de l'essentiel du logiciel de base du PC, ce qui inclut le système d'exploitation. À l'aéroport international de Miami, les trois compagnons filent dans les toilettes afin d'y enfiler leurs costumes. Bill réalise alors qu'il n'a pas emporté de cravate !... En chemin vers Boca Raton, ils garent la voiture louée à l'aéroport à l'extérieur d'un grand magasin situé en bordure de route et attendent l'heure d'ouverture. Sans perdre une seconde, Bill fait l'emplette d'une cravate bon genre.

Les visiteurs de Seattle arrivent dans les locaux d'IBM avec quinze minutes de retard. Ils sont introduits dans une salle de conférence où les attendent quatorze techniciens. Au cours de la réunion, Gates explique que la marge de temps impartie est tellement courte qu'il est préférable que Microsoft supervise l'ensemble du développement. Les experts de Boca Raton le bombardent de questions auxquelles il répond avec clarté et passion.

Jack Sams n'est plus à la tête du comité *Chess*. Il vient d'être affecté à un autre projet de la compagnie. À sa place, Lowe a désigné un homme de grande taille au caractère chaleureux : Philip D. Estridge.

Après vingt-deux années de services au sein d'IBM, Estridge s'est découvert une passion pour les micro-ordinateurs et a été jusqu'à acquérir un Apple 2. Bill Lowe l'a choisi car il combine cette excentricité — aux yeux d'IBM — avec une réputation sans faille de loyauté envers la compagnie, et un don pour mener les projets à terme. Entre Estridge et Gates, le courant passe immédiatement.

Au cours du déjeuner qui suit, Don Estridge se retrouve à table avec le président d'IBM, John Opel. Lorsque Don évoque l'éventuelle participation de Microsoft à la réalisation du système d'exploitation du PC, John Opel l'interroge au sujet de Bill. « *Est-ce le fils de Mary Gates ?* » La chance semble donner un coup de pouce : Opel participe avec Mme Gates au conseil d'administration de l'organisation charitable *United Way* !

Le contrat entre IBM et Microsoft est signé le 6 novembre 1980. Il établit un calendrier de dates auxquelles la firme de Gates doit se conformer. Gates et Ballmer sont quelque peu terrifiés par les délais demandés : il leur semble qu'ils ont déjà trois mois de retard avant même d'avoir commencé. Un important développement est demandé afin d'étendre les capacités du QDOS. Le système d'exploitation rudimentaire de Seattle Computer Products doit évoluer vers un logiciel de qualité professionnelle, baptisé MS-DOS[1]. Microsoft devra présenter une première version en janvier 1981, afin qu'IBM la soumette à des tests de fiabilité, et le produit final en mars. Les délais s'étendent de 96 jours pour la fourniture d'un BASIC destiné à être figé dans la mémoire du PC, jusqu'à 257 jours pour le FORTRAN. Il est stipulé qu'IBM reversera des royalties sur chaque logiciel Microsoft diffusé avec son PC, y compris le système

1. MS-DOS est l'abréviation de MicroSoft DOS.

d'exploitation MS-DOS. Gates est parvenu à faire accepter à IBM le principe d'une licence non exclusive : il sera libre de vendre le MS-DOS à d'autres constructeurs. Enfin Microsoft va travailler en collaboration avec l'équipe de D. Estridge sur la conception du matériel.

IBM, terrorisée à l'idée que la moindre fuite puisse survenir, exige des mesures de sécurité draconiennes pour le développement des logiciels du PC. Gates désigne une pièce retirée tout au bout d'un couloir, au huitième étage de la *Old National Bank*. Les conditions de travail que devront supporter les programmeurs sont infernales : la pièce ne mesure que 3 mètres sur 2, n'a ni fenêtres ni ventilation. De plus, du fait de la mitoyenneté d'un mur avec le bureau d'une compagnie de courtage en actions, IBM exige que la porte demeure fermée à clé à tout moment, et qu'aucun équipement ou document ayant trait au projet ne sorte de la pièce. La compagnie fournit des coffres spéciaux dans lesquels devront être conservés les documents, et dépêche l'un de ses employés pour les installer. À une seule des requêtes du comité *Chess* il ne sera pas donné suite : IBM aurait souhaité que Microsoft installe des grillages au plafond pour protéger la pièce de tout accès par l'étage supérieur.

Le quatrième jeudi de novembre, alors que l'Amérique fête le *Thanksgiving*, Microsoft reçoit le prototype de l'ordinateur tant attendu. Les ingénieurs de Boca Raton ont vécu trois mois intenses, travaillant jusqu'à 80 heures par semaine afin de tenir les délais. Dave Bradley, un membre du comité *Chess*, effectue la livraison des neuf boîtes imposantes depuis l'aéroport jusqu'à Bellevue, sous une pluie diluvienne. Steve Ballmer ouvre la porte à 8 heures du matin et s'écrie : « *Oh, vous devez être les gens d'IBM !* » Petite déception à l'ouverture des paquets : Big Blue a opté pour le microprocesseur 8088 d'Intel plutôt que pour le 8086. Le 8088, moins coûteux, fonctionne de la même façon que le 8086, mais plus lentement.

Bob O'Rear, nommé responsable du projet MS-DOS, s'installe dans la pièce exiguë choisie sur la demande d'IBM. Un accord est passé avec Tim Paterson afin qu'il réalise lui-même certaines adaptations depuis son bureau à Seattle Computer Products — il ignore toujours l'identité du mystérieux client de Microsoft. Les spécifications du MS-DOS évoluent de semaine en semaine car nombre des caractéristiques de la machine ne sont pas encore arrêtées. Il est rejoint par Mike Courtney, qui s'occupe d'adapter le BASIC aux desiderata d'IBM. Ils disposent d'un prototype de PC dont la largeur est celle d'un bureau, et d'une machine consacrée au développement de programmes, fournie par Intel. Un grand nombre de problèmes techniques doivent être résolus avant de pouvoir démarrer la programmation. Le DOS réalisé par Tim Paterson est disponible sur disquette 8 pouces alors que la machine d'IBM utilise des disquettes 5 pouces 1/4. La chaleur dégagée par les deux appareils est telle qu'elle engendre parfois des anomalies de fonctionnement. Les programmeurs ont le plus grand mal à s'accommoder des exigences d'IBM et la condition selon laquelle la porte doit être close en permanence se révèle impossible à respecter. Steve Ballmer vient régulièrement s'enquérir de l'état d'avancement du projet et veille à refermer la porte. Quelques minutes plus tard, Bob O'Rear, écrasé par la chaleur, la rouvre à nouveau.

Chaque jour, des messagers vont et viennent sur les six mille cinq cents kilomètres qui séparent Seattle et Boca Raton, afin de livrer des paquets confidentiels. Bill Gates se rend fréquemment en Floride et prend l'habitude de dormir durant le vol Seattle-Miami. Il lui arrive de repartir pour Bellevue dans la même journée. Pour faciliter la communication, un système de messagerie électronique est établi entre les deux compagnies.

Au cours de l'hiver, Myriam Lubow débarque à Seattle avec sa famille afin de reprendre du service : elle ne se résout pas à vivre loin d'une entreprise qu'elle chérit. La première semaine qu'elle passe à Bellevue n'est pas à même de lui faire apprécier la ville sous son meilleur jour : le brouillard est tellement épais qu'il s'écoule une semaine avant qu'elle ne réalise qu'il y a des magasins près de son hôtel. Myriam n'est pas au bout de ses surprises. Elle qui a toujours connu un Bill décontracté le voit arriver un matin en costume trois-pièces ! Ne voulant pas paraître moqueuse, elle s'efforce de faire comme si de rien n'était. Dix minutes plus tard, trois hommes habillés en tenue de sport se présentent sur les lieux avec de grands porte-documents à la main. Myriam Lubow les assimile à de simples démarcheurs et hésite à les faire entrer. L'un des visiteurs explique alors qu'ils appartiennent à la société IBM. Myriam est intérieurement déconcertée : comment se fait-il que ces personnes appartenant à une compagnie sérieuse soient vêtues d'une façon aussi peu conventionnelle ? Soudain, elle réalise ce qui s'est passé : les ingénieurs de Boca Raton ont adopté le style Gates, tandis que ce dernier a cru bon de s'habiller à la mode Big Blue. Lorsque Myriam introduit les trois visiteurs dans le bureau de Bill, tous se regardent un moment avec étonnement, puis éclatent de rire.

O'Rear et son compagnon suent sang et eau à l'intérieur du sauna dans lequel ils sont confinés, au propre comme au figuré. Le prototype n'est pas encore fiable et ils perdent souvent plusieurs heures à déterminer la source d'une erreur qui trouve son origine dans la précarité du matériel. Une carte se met à répondre alors qu'elle ne le devrait pas, ou encore génère des informations incohérentes. Le

5 janvier 1981, Robert O'Rear adresse une lettre à son correspondant technique d'IBM afin de lui faire part de l'ampleur des problèmes.

« *Au cours des dernières semaines, nous nous sommes engagés dans l'adaptation du DOS 8086 sur le prototype que vous nous avez confié. Au départ, le matériel semblait fonctionner de façon satisfaisante. À présent, il est clair qu'il ne s'agit pas d'une machine en bon état de marche. Les conversations que nous avons eues avec des ingénieurs de Boca Raton semblent indiquer que le problème vient de la façon dont les fils sont apposés sur la carte principale. Selon nous, le problème vient peut-être de ce que les fils entrent en contact lorsque la machine chauffe. Étant donné que nous développons un système d'exploitation sur une machine à l'état de prototype, nous perdons parfois plusieurs jours à déterminer si la source d'une erreur vient du matériel ou du logiciel. De nombreuses journées ont ainsi été gaspillées. Bien qu'il soit encore possible de livrer une première version du DOS le 12 janvier, nous ne pouvons plus compter sur un seul jour de battement par rapport à la date prévue. Un ingénieur de Boca Raton doit arriver demain, avec une nouvelle carte pour l'appareil. Si celle-ci fonctionne correctement, il sera possible de remettre le projet sur les rails et d'atteindre l'objectif dans les délais prévus. Si, en revanche, nous rencontrons d'autres problèmes, cela pourrait entraîner des glissements dans le calendrier déjà serré auquel nous sommes astreints.* » Les ingénieurs de Boca Raton, constamment sur le qui-vive, prennent immédiatement en compte les problèmes soulevés et apportent rapidement les réponses. Dès février une première mouture du MS-DOS fonctionne sur le prototype. Toutefois, le 2 février, Pat Harrington, de Microsoft, adresse un message à IBM pour faire part de ses inquiétudes relativement à la vitesse de la machine. « *Les essais effectués en interne indiquent que le prototype ne fonctionne pas plus rapidement qu'un Apple 2. Nous espérons que la machine finale sera beaucoup plus rapide. Les magazines de micro-informatique ne manqueront pas d'effectuer des évaluations de ce type. Si le PC n'offre pas une vitesse supérieure à celle des ordinateurs 8-bits, nous allons au-devant de critiques défavorables.* » Don Estridge adresse une réponse aimable, remerciant Microsoft de le tenir ainsi informé des problèmes rencontrés, et les invitant à continuer dans ce sens. Il poursuit en rappelant les délais à respecter. « *J'apprécie votre engagement à respecter la date de mars. Comme nous l'avons dit dans la conversation téléphonique du 10 février, IBM va vous aider à y parvenir en développant toute la batterie nécessaire de tests pour le DOS et le BASIC. Vous avez exprimé des inquiétudes relativement aux performances du prototype. Les ingénieurs d'IBM que j'ai questionnés sur le sujet m'ont indiqué que les performances du produit final seront conformes à ce que l'on peut attendre du 8088.* »

Chaque fois que cela est nécessaire, IBM envoie des ingénieurs à Seattle afin que ceux-ci solutionnent les questions soulevées par Microsoft. En plus de la machine de développement d'Intel, deux prototypes se trouvent à présent dans la pièce. Chacune de ces machines génère de la chaleur et la température monte jusqu'à 38°, ce qui ne contribue pas à la fiabilité du matériel. Les programmeurs travaillent donc en permanence avec la porte ouverte en dépit de l'exigence formulée par IBM. Mais un problème mystérieux retarde la mise au point du système d'exploitation. Lorsque le MS-DOS essaye d'écrire une donnée à une certaine adresse de la mémoire, le PC se plante. Il faut plusieurs mois à l'équipe de Bob O'Rear pour découvrir la source de cette situation : elle est due à une anomalie du logiciel codé par IBM dans une partie de sa machine. Dans un nouveau courrier,

Bob O'Rear explique que soixante jours ont été perdus avant que les programmeurs ne puissent disposer d'un prototype véritablement fiable. Les développeurs ont donc pris du retard. Les 5 et 6 mars, Mel Hallerman et Dave Stuerwald d'IBM rencontrent Bill Gates et Bob O'Rear afin de déterminer un nouveau calendrier de remise des logiciels. Gates et O'Rear laissent clairement entendre que ces dates ne peuvent être respectées que si le matériel est enfin sûr.

Régulièrement, Boca Raton dépêche des inspecteurs de la sécurité à Bellevue afin de vérifier si Microsoft se conforme aux règles édictées. Les programmeurs sont désormais trois à opérer dans la pièce torride. Neil Konzen vient temporairement participer au développement du BASIC. À partir d'avril, Tim Paterson est présent sur les lieux : il a donné sa démission de Seattle Computer Products afin de rejoindre Microsoft. Lorsqu'il a appris que son petit système d'exploitation avait été vendu à IBM, il a d'abord cru à une blague ! Pour l'heure, les pensionnaires du sauna ne supportent plus la température ambiante, et un stratagème a été mis au point : dès lors qu'un employé de Microsoft apprend qu'une personne d'IBM est sur le point d'arriver, il court prévenir O'Rear et ses comparses. Mais la ruse a ses limites. Un inspecteur de sécurité échappe sans le savoir à la surveillance et découvre une situation alarmante : non seulement la porte est grande ouverte, mais, de plus, certaines parties de l'ordinateur ont été placées dans le couloir. Steve Ballmer est vertement sermonné et l'émissaire de Boca Raton ne se prive pas de noircir le tableau. « *Sachez que ce projet peut être annulé à n'importe quel moment. Si cela devait arriver, nous vous appellerions pour vous demander de ranger toutes les pièces confidentielles dans une boîte et nous les renvoyer. Il ne serait pas question de nous recontacter.* » Ballmer ne se le fera pas dire deux fois. À partir de ce moment, Microsoft apparaît au-dessus de tout soupçon en matière de sécurité : le système de surveillance des inspecteurs est largement renforcé.

Au fil des mois, les programmeurs supportent de plus en plus difficilement le régime intensif auquel ils sont soumis. Bob O'Rear, lorsqu'il n'est pas en train de programmer, est en relation avec une vingtaine de personnes de Boca Raton — il prodigue même des conseils sur la couleur de la peinture du PC. Le surmenage n'est pas loin. Mais le seul moment de répit que s'accordent les programmeurs dure un week-end au cours duquel ils partent assister au lancement de la navette spatiale en dépit des protestations véhémentes de Gates et d'Allen. Dave Bradley, d'IBM, de passage à Bellevue reçoit un message matinal de Boca Raton l'enjoignant de ramener le BASIC le jour même. Conscient du mode de vie des programmeurs de Microsoft, il fait un détour par la *Two-Park Central Tower* à 5 heures du matin. Il découvre Bill, affalé sur le sol, un stylo rouge à la main, en train d'examiner un listing volumineux : le président a passé la nuit à introduire des mises à jour de dernière minute dans son BASIC.

Sur les cent personnes employées par Microsoft à la mi-81, trente-cinq contribuent au projet IBM d'une manière ou d'une autre. Chez IBM même, quatre cent cinquante individus se consacrent à mener à bien la réalisation de l'ordinateur *Chess.* Une blague circule alors parmi les programmeurs de Redmond : « Il s'agit du plus petit projet d'IBM et du plus grand chez Microsoft. » Gates joue le rôle de consultant sur les spécifications de la machine. Le 11 juin 1981, il adresse une lettre de recommandations concernant la mémoire minimale que doit offrir le PC. IBM entend intégrer dans son offre une machine de 16 Ko. Gates tente de persuader Estridge de ne pas se soucier du marché bas de gamme. « *Nous estimons que* Chess *devrait avoir au minimum 64 Ko de RAM.*

Une telle machine permettra d'exécuter le COBOL, le BASIC et l'Assembleur. Il faudra au moins 128 Ko pour exécuter Pascal et FORTRAN. » Il convainc IBM de vendre sa machine avec une unité de disquettes et de ne pas trop se préoccuper des lecteurs de cassettes.

Les logiciels qui partent de Redmond vers Boca Raton sont soumis à des tests draconiens. IBM procède à des essais qualitatifs avec des utilisateurs « cobayes ». Cette façon d'opérer permet de découvrir les bugs les plus obscurs. Gates estime qu'il lui aurait fallu des années pour repérer les anomalies détectées par IBM s'il s'était appuyé sur les procédures usuelles. La rigueur des tests a valeur didactique pour Microsoft qui découvre un niveau d'évaluation de la qualité des produits jusqu'alors inconnu.

En juin, l'hebdomadaire *InfoWorld* publie un article laissant entendre qu'IBM prépare un micro-ordinateur. Ballmer, Allen et Gates redoutent les réactions d'Estridge. Ils sont parfois saisis de l'angoisse de voir IBM abandonner l'intégralité du projet. Big Blue est connue pour avoir développé un grand nombre de produits qu'elle n'a finalement jamais mis en vente. Il s'avère que Microsoft ne peut être mise en cause : les reporters ont été alertés par l'activité débordante de Boca Raton.

La version 1.0 de MS-DOS soumise à approbation comporte quatre mille lignes de langage assembleur et occupe 12 Ko de mémoire. IBM valide le système créé par Microsoft. Un soir de juillet 1981, Bill apprend que Big Blue se prépare à annoncer la sortie de sa machine. L'événement est célébré avec délire dans un restaurant chic de Seattle. Pour les programmeurs, une grande quantité de travail reste à fournir puisqu'il faut terminer les langages Pascal, FORTRAN, COBOL, Assembleur... Le travail reprend de plus belle. Le 27 du même mois, Paul Allen acquiert les droits du QDOS de Tim Paterson auprès de SCP pour la somme de cinquante mille dollars. Le contrat de cession indique que Microsoft n'est nullement obligée de dévoiler à SCP le nom des constructeurs intéressés par l'achat de DOS. Et pour cause... En attendant, Gates reçoit un message pour le moins laconique de son commanditaire : « *Cher fournisseur, vous avez fait un bon travail.* »

CHAPITRE 9

Le kid de Big Blue

Les chasseurs de fantômes arpentent les rues de New York à la recherche de Sigourney Weaver et de ses compagnons diaphanes qui sèment la terreur dans les foyers et institutions. Dans *Flashdance*, Jennifer Beals fait rêver l'Amérique profonde en endossant le personnage d'une jeune ouvrière qui se lance dans des figures de danses acrobatiques le soir tombé. Harrison Ford, muni d'une barbe de deux jours, donne un nouveau visage au héros mythique, lorsque, confronté à un guerrier fantastique drapé de noir qui fend l'air des circonvolutions de son sabre, il se contente de dégainer son pistolet : il est dans la mouvance d'une décennie qui se veut efficace, pratique, et sans états d'âme. À la Maison-Blanche, un ancien acteur de série B décrète une série de mesures économiques ultra-libérales. Dans les îles Britanniques, l'on célèbre le mariage du prince Charles et de Lady Di avec faste et ostentation ; plusieurs formations découvrent les sonorités excentriques de la musique synthétique et se préparent à envahir les radios américaines, à la façon des *Fab Four* et des *Rolling Stones*, vingt ans plus tôt. Au milieu de cette ébullition culturelle et économique apparaît un micro-ordinateur d'allure sobre, produit par l'une des plus grandes compagnies mondiales. À sa façon, et sans faire de bruit, l'IBM PC va bouleverser les données et participer à une révolution profonde. Le bulletin de naissance apparaît le 12 août 1981 sur les téléscripteurs de Dow Jones Newswire : « *IBM annonce un ordinateur personnel commercialisé au prix de 1 565 dollars. Cette machine, destinée aux entreprises, écoles et foyers peut utiliser plusieurs centaines de logiciels. Elle comporte un microprocesseur 16-bits à haute vitesse. Le PC peut être utilisé avec un écran couleur ou noir et blanc. Il intègre le célèbre BASIC de Microsoft et peut exécuter le logiciel de prévision financière VisiCalc.* »

La communauté des amateurs et passionnés de la micro-informatique redoute depuis plusieurs mois l'apparition de Big Blue sur une terre qu'ils ont contribué à défricher. Chacun s'attend d'ailleurs à voir IBM trébucher en proposant un appareil à l'image de ses grands ordinateurs : austère, sans panache et fermé. Il n'en est rien. Le PC ne bénéficie pas d'une technologie révolutionnaire : IBM, jadis réputée pour son isolationnisme l'a défini en s'appuyant sur des firmes bien connues des hobbyistes, telles Intel, Microsoft, Software Arts — éditeur de VisiCalc, logiciel best-seller. L'intégralité des composants provient de fabricants ayant pignon sur rue. Mais, dans le même temps, il s'agit d'une machine 16-bits, et, de ce fait, beaucoup plus rapide que l'Apple 2, le TRS-80 et autres vedettes du monde 8-bits. Les éditeurs de logiciels sont ravis : l'IBM PC dispose d'une mémoire dix fois plus grande que les ordinateurs de la génération précédente et va enfin permettre l'écriture de logiciels beaucoup plus ambitieux. De plus, l'attitude de Don Estridge est cordiale : le responsable de la division PC déclare qu'« *IBM fournira les informations nécessaires à tous ceux qui désirent réaliser des cartes et du logiciel pour son PC* ». Il annonce la publication prochaine des spécifications intégrales du micro-ordinateur. Une telle ouverture doublée de la volonté de coopérer avec d'autres surprend ceux qui en étaient venus à associer IBM à un monolithe sans âme.

Le changement est également perceptible au niveau du visuel publicitaire. IBM a dû résoudre la quadrature du cercle : se départir de l'image hautaine qui lui était généralement associée, sans heurter la sensibilité de sa clientèle traditionnelle. Elle a trouvé le compromis idéal en associant Charlot à la publicité du PC. Les années ont gommé le caractère irrévérencieux du héros des *Temps Modernes* et l'ont fait entrer dans la légende. Le personnage créé par Charlie Chaplin véhicule une image souriante et décontractée et fait passer le message que la compagnie a évolué.

Apple accueille ce concurrent redoutable avec courtoisie et humour en s'offrant une pleine page dans le *Wall Street Journal*, intitulée : « *Bienvenue à IBM, sérieusement.* » Le texte continue dans une veine similaire. « *Bienvenue sur le marché le plus excitant et le plus important depuis que la révolution informatique a commencé il y a trente-cinq ans. Et félicitations pour votre premier ordinateur personnel. En mettant la puissance d'un ordinateur entre les mains des individus, il est possible d'améliorer la façon dont ils travaillent, pensent, apprennent à communiquer et occupent leur temps de loisir. L'aptitude à l'informatique devient aujourd'hui presque aussi fondamentale que savoir lire ou écrire.* » Apple ajoute qu'elle espère qu'IBM sera un concurrent responsable et contribuera à apporter cette technologie américaine au monde entier. En privé, Jobs et ses partenaires estiment que l'apparition d'un challenger tel que Big Blue ne peut être que bénéfique pour Apple : elle légitime le marché des micro-ordinateurs. La page du *Wall Street Journal* vise d'ailleurs à situer Apple comme l'outsider d'IBM, même si elle est beaucoup plus petite.

Les spécifications du PC étant disponibles, n'importe quel constructeur peut fabriquer des machines « compatibles ». La décision a été mûrement réfléchie au sein d'IBM qui vit encore sous le traumatisme du procès anti-trust intenté par le gouvernement en 1969. Cette fois, personne ne pourra l'accuser de pratique monopolistique : IBM laisse la voie libre à l'apparition de clones. Le comité *Chess* n'est pas inquiet de cette concurrence potentielle : il apparaît peu probable que d'autres constructeurs obtiennent les pièces à des prix inférieurs à ce qu'une grande compagnie comme IBM peut négocier. La menace de compatibles vendus moins chers n'est donc pas envisagée.

Les hommes de Boca Raton se montrent prudents sur l'avenir du bébé bleu : pour les cinq années à venir, les prévisions de ventes avoisinent les 250 000 exemplaires. Devant l'ampleur de l'accueil, ils vont les réviser régulièrement à la hausse. La soif d'acquérir un micro-ordinateur a été entretenue par Apple, Commodore, Tandy ou Victor. Mais le seul sigle IBM confère au PC une aura supérieure : les soixante-dix années d'existence de la compagnie et sa croissance soutenue véhiculent une image de confiance. À défaut d'offrir les produits les plus performants du marché, IBM a la réputation de proposer des ordinateurs fiables et un service après-vente cohérent.

La publication du MS-DOS amène Gary Kildall, de Digital Research, à découvrir que Tim Paterson s'est fortement inspiré de CP/M pour créer son QDOS, et que Microsoft a continué dans cette voie. Il a semblé judicieux de procéder ainsi : les langages de programmation développés jusqu'alors par Microsoft étaient destinés à CP/M. Le fait que MS-DOS reproduise la structure de CP/M était censé faciliter l'adaptation de ces langages. Loin de chercher à passer sous silence une telle ressemblance, Microsoft la présente comme un atout. Dans l'édition trimestrielle du journal adressé aux clients, Paul Allen vante la similitude qui existe entre le DOS et CP/M, expliquant que l'adaptation des logiciels sera aisée. De fait, les programmes les plus populaires sur les ordinateurs 8-bits — VisiCalc, Wordstar et dBASE II — apparaissent rapidement en version DOS. Mais Kildall ne l'entend pas de cette oreille et assimile cela à un vol pur et simple. Il va jusqu'à envisager un procès à l'encontre d'IBM. Estridge calme le jeu en expliquant qu'il n'était pas au courant de ce plagiat et suggère un arrangement à l'amiable. IBM proposera de façon officielle deux systèmes d'exploitation pour son PC : le MS-DOS, et la version 16 bits de CP/M, dès que celle-ci sera prête.

CP/M reçoit le soutien de la presse spécialisée et fait l'objet d'une adulation persistante. Les colonnes d'*InfoWorld* accueillent des lettres de lecteurs hostiles à la machine d'IBM et au système de Microsoft : le PC est décrit comme une machine coûteuse qui dévie du standard CP/M pour lequel près de cinq mille logiciels sont disponibles. Lorsque *InfoWorld* élit les dix meilleurs produits de l'année 1981, neuf titres correspondent à des logiciels CP/M. Il faut attendre mars 1982 pour que ce magazine se résigne à publier le banc d'essai d'un produit MS-DOS.

Gates réalise que la présence d'IBM n'est pas suffisante pour imposer le MS-DOS ni même le PC. Le CP/M continue de jouir d'une popularité appréciable auprès des aficionados de la micro. Un grand nombre de constructeurs proposent des micro-ordinateurs de qualité supérieure à l'IBM PC et intègrent le plus souvent le CP/M à ceux-ci. Gates et Paterson prennent donc leur bâton de pèlerin et s'en vont présenter libéralement le MS-DOS aux constructeurs — afin qu'ils le placent sur les machines — et aux individus. La tactique porte ses fruits : un an après l'annonce de l'IBM PC, la liste des constructeurs supportant le MS-DOS comporte des noms tels que Canon, Commodore, Intel, Sirius, Tecmar, Victor, Wang, Zenith, Panasonic, Hitachi, Sanyo, Toshiba, Texas Instruments et NEC. Paterson, peu accoutumé au rythme exigé par les événements, décide en revanche de retourner travailler au sein de la petite et paisible compagnie SCP.

En dépit de la résistance opposée par les partisans de CP/M, MS-DOS gagne progressivement du terrain. Il jouit d'un facteur de prestige auprès du grand public : il porte le nom d'IBM PC DOS. CP/M-86 tarde à être publié. Il n'apparaît au catalogue d'IBM qu'en avril 1982, huit mois après la sortie du PC, et son prix, décrété par Digital Research en fonction de la popularité de CP/M, est quatre fois plus élevé — 240 dollars — que celui du MS-DOS. La longue croisade menée par Gates porte ses fruits. Fin 1984, une enquête de *Future Computing* révèle que le système d'exploitation de Microsoft est utilisé par 80% des utilisateurs des IBM PC et compatibles. L'avènement du MS-DOS accompagne l'éclosion d'une véritable industrie du logiciel. À partir de 1982, la plupart des développeurs choisissent de programmer pour la machine de Big Blue sur MS-DOS : ils savent qu'ils disposeront alors d'un large débouché pour les œuvres. Affranchis des limitations des ordinateurs 8-bits, des milliers d'individus réfléchissent activement aux logiciels du futur, et entretiennent l'espoir de réaliser les premiers best-sellers de la machine d'IBM.

CHAPITRE 10

Une application irrésistible

Mark Knopfler monte sur la scène... Ses doigts magiques parcourent les cordes de la guitare, laissant s'échapper un rayon de lumière qui vient chatouiller l'âme des privilégiés qui assistent au concert de Dire Straits. Le groupe des années 80 s'apprête à vendre plusieurs dizaines de millions d'albums. L'adhésion massive du public aux pièces musicales égrenées par l'orfèvre de la six cordes électrifiée a pour effet de donner ses lettres de noblesse à un nouveau support musical : le CD. Le disque laser assure une restitution parfaite des univers de Knopfler. Il ne faudra que quelques années pour que le CD détrône le tourne-disque de façon irréversible. À la fin des années 40, les émissions d'Ed Sullivan avaient pareillement amené une progression spectaculaire des ventes de téléviseurs. Aucune campagne promotionnelle n'aurait atteint une telle efficacité. Le micro-ordinateur suit une logique similaire : aucune machine ne peut séduire le public, si un logiciel marquant ne vient illuminer l'écran d'une cinématique captivante.

Un ordinateur est un prétexte, un potentiel, une base de départ. Peu importent les prouesses techniques qui ont présidé à sa définition, les astuces mises en œuvre pour intégrer ses éléments en un tout harmonieux, il ne représente rien, aussi longtemps qu'un programmeur n'a pas concocté un logiciel de valeur.

Pour l'Apple 2, l'application irrésistible s'est appelée VisiCalc. Le PC, même si sa puissance est deux fois supérieure à celle de l'Apple 2, et en dépit du fait qu'il arbore le label IBM, ne peut devenir un phénomène de société que lorsque apparaîtra une nouvelle application irrésistible. Bill Gates est conscient de cette équation lorsqu'il lance la réalisation d'un programme similaire à VisiCalc : Multiplan.

VisiCalc a d'abord été conçu pour répondre à un besoin précis : celui de Dan Bricklin, étudiant à l'École de commerce de Harvard. En 1977, Dan a vingt-six ans et, pour une raison obscure, est persuadé que sa profession — programmeur — est en voie de disparition : les programmes vont devenir de plus en plus aisés à écrire. Il décide de se frotter au monde des affaires : le cursus qu'il entreprend à Harvard concerne l'administration des entreprises. La Business School se distingue par de nombreux exercices au cours desquels les étudiants simulent la gestion d'une société. Au cours de ses travaux pratiques, Dan Bricklin réalise qu'il perd un temps considérable à effectuer le calcul des données financières. Il écrit de petits programmes en BASIC sur le PDP-10 de l'école afin de se faciliter la tâche. Mais cette approche est lourde : chaque fois qu'il aborde un nouveau problème, il faut écrire un nouveau programme. Il n'existe aucun outil de calcul généralisé utilisable par tout un chacun. Bricklin décide de concevoir un tel logiciel. Auparavant, il en discute avec certains enseignants. Son professeur de finances adopte un ton péremptoire pour lui expliquer que le logiciel auquel il pense n'a aucun avenir commercial. Paternaliste, il conseille néanmoins d'aller voir un ancien diplômé de Harvard, Dan Fylstra. Ce dernier vient de créer une édition de logiciels à domicile, Personal Software, et diffuse des programmes de jeu d'échecs. Dans la mesure où le métier est nouveau et qu'il n'existe pas d'exemple dont il puisse s'inspirer, Fylstra a pris pour modèle l'édition littéraire : Personal Software se charge de la publication d'œuvres écrites par des programmeurs et leur reverse des droits. Lors de la visite de Bricklin, Fylstra manifeste une curiosité suffisante pour avoir envie d'en savoir plus : il prête un Apple 2 afin que l'étudiant puisse réaliser une maquette de son logiciel.

Au cours du week-end, Dan Bricklin développe les bases de VisiCalc, et, ce faisant, invente le concept du tableur. Son idée consiste à reproduire sur l'ordinateur la feuille de travail du comptable. L'écran affiche un ensemble de lignes et de colonnes. Les lignes portent des numéros : 1, 2, 3... Les colonnes sont identifiées par les lettres A, B, C... Chaque case de la grille ainsi délimitée reçoit une appellation composée de la lettre et du numéro correspondants : A1, B3, C4, etc. Ces cases — appelées « cellules » — sont destinées à recevoir des nombres ou des formules de calcul. SOMME(A1...A3) signifie que le tableur doit calculer la somme des nombres situés dans les cellules A1, A2 et A3.

Le prototype de VisiCalc développé par Bricklin est primitif et lent : il faut vingt secondes pour effectuer le recalcul d'une centaine de cellules. Mais le concept est là et lorsque Dan montre ce logiciel à ses amis, ceux-ci le pressent d'aller plus loin : les étudiants de Harvard seront les acquéreurs naturels d'un tel produit. Fylstra se montre pareillement convaincu qu'il est opportun d'éditer ce logiciel. Bricklin fait alors équipe avec Bob Frankston, un programmeur rencontré sept années auparavant au MIT[1], à Boston. Bricklin définit les spécifications du logiciel tandis que Frankston effectue le développement. Les deux

1. Massachusetts Institute of Technology.

amis créent la société Software Arts, laquelle détient les droits d'auteurs de VisiCalc. Ils programment sur l'Apple 2 pour la simple raison qu'il s'agit de la machine que Fylstra a initialement mise à leur disposition.

Il faut près d'un an à Bob Frankston pour achever l'écriture de VisiCalc. Entre-temps, Fylstra organise des démonstrations aux constructeurs de machines. Apple ne témoigne pas d'intérêt particulier pour le tableur. Atari — qui triomphe avec ses jeux vidéo — explique à Fylstra qu'elle ne dispose pas encore d'ordinateur. Lors de sa première apparition en mai 1979 à la *West Coast Computer Show*, VisiCalc passe inaperçu. Le programme sort en octobre et ses ventes sont faibles. Le coup de pouce est donné par un *venture capitalist*[1], Ben Rosen. Dans une lettre d'information qu'il publie à l'intention des investisseurs en technologie, Rosen fait l'éloge de VisiCalc. Il explique les potentiels d'un tel outil, et les bénéfices qu'il peut apporter aux décisionnaires des entreprises. L'article de Rosen a un effet immédiat : plusieurs grandes sociétés commandent des dizaines de VisiCalc. Dans la mesure où le tableur ne fonctionne que sur l'Apple 2, son impact sur les ventes de cette machine est extraordinaire. En septembre 1980, le constructeur Cupertino évalue à 25 000 le nombre d'Apple 2 achetés essentiellement pour VisiCalc, soit un cinquième des unités diffusées depuis 1977. Au passage, le logiciel de Bricklin amène une nouvelle dimension au micro-ordinateur, qui n'est plus cantonné au seul domaine des particuliers : il suscite un intérêt au sein de compagnies d'envergure. Software Arts effectue l'adaptation de son logiciel sur d'autres machines telles que le TRS-80, l'Atari 800, et le PET de Commodore. En 1981, IBM veille à ce que son PC

1. Investisseur en capital-risque.

soit annoncé en même temps qu'une version de VisiCalc. Quatre ans après sa création, Software Arts compte 125 employés et réalise 10 millions de dollars de ventes annuelles.

VisiCalc a été le révélateur des potentiels de la micro-informatique. C'était une application unique en son genre, comme il n'en existait pas sur les grands ordinateurs. Elle portait en elle un concept libérateur, presque frondeur, qui n'était pas pour déplaire à ceux qui ont accédé à des postes décisionnaires à la fin des années 70, après avoir baigné dans un univers de contre-culture. VisiCalc a permis d'émanciper les cadres de la tutelle de l'informatique classique. Auparavant, lorsqu'un gestionnaire désirait s'appuyer sur un programme pour faciliter son travail, il lui fallait s'adresser à un informaticien. Sa demande était prise en compte par un individu au langage parsemé d'expressions bizarres, qui expliquait que le programme demandé serait prêt dans quelques semaines. En attendant, ledit gestionnaire en était réduit à effectuer des centaines d'opérations à l'aide d'une calculatrice. À partir de 1979, le même individu a eu le loisir d'acquérir un Apple 2 avec VisiCalc. Il avait alors à sa disposition un outil malléable à merci : il ne faut que quelques dizaines de minutes pour obtenir un modèle de simulation financière équivalent à une semaine de travail d'un programmeur. Par ailleurs, VisiCalc porte en lui les germes de ce qui va faire le succès de la micro-informatique : il est amusant à utiliser. Lorsque l'on change une valeur dans une case quelconque d'une grille, toutes les formules de calcul du tableau sont recalculées sous les yeux médusés de l'observateur. Le tableur semble répondre à chaque sollicitation avec une serviabilité à toute épreuve et donne envie d'expérimenter : placer une formule ici, une autre là, lancer un recalcul et, au passage, résoudre des problèmes vitaux. L'alchimie de VisiCalc vient de ce qu'il a introduit le ludique dans le contexte guindé et austère des professions d'encadrement. Un directeur financier qui emporte son micro-ordinateur le week-end pour établir quelques modèles budgétaires à la maison, éprouve les mêmes sensations que son fils aîné en train de repousser les agressions des Envahisseurs de l'Espace sur l'écran scintillant d'une console de jeu.

Au début de l'année 1982, Bill Gates apparaît pour la première fois en couverture d'un magazine financier, *Money*. Pensant que la photographie de Bill est réussie, Myriam Lubow s'en entretient avec son patron.

— *Bill, as-tu vu cela ? Ils ont vraiment pris une photo superbe !*

— *Oh non, Myriam, j'ai l'air tellement jeune sur cette photo.*

— *Mais, Bill, tu es jeune ! Comment ne pas paraître jeune lorsqu'on a vingt-sept ans !*

Le problème, c'est que Bill continue de paraître beaucoup moins âgé qu'il ne l'est en réalité. Quelques mois plus tard, alors qu'il dîne en ville avec quelques collègues, il commande une bière. La serveuse lui demande s'il peut montrer ses papiers d'identité : aux États-Unis, la consommation d'alcool est interdite aux moins de vingt et un ans !...

Le président de Microsoft travaille plus que jamais et prend l'habitude de se nourrir essentiellement de hamburgers à midi — le *Burgermaster* est situé en face du bâtiment à Bellevue. En la matière, il a développé une véritable accoutumance. Un jour, il se retrouve à déjeuner dans un restaurant de grand luxe avec sa nouvelle secrétaire, Linda, et quelques membres de Microsoft dont Myriam Lubow. Chacun commande des plats de choix arrosés de vins fins. Lorsque son tour vient, Bill demande qu'on lui serve un hamburger.

— *Mais, Bill, nous sommes dans un restaurant*

chic ! Tu ne vas quand même pas commander un hamburger ! s'exclame Myriam.

Pour toute réponse, Bill s'écrie d'une voix de fausset :

— *Mais j'aime les hamburgers !*

Au début des années 1980, Bill Gates avait misé 40 000 dollars sur des valeurs relevant de la technologie, qu'il estimait sous-évaluées — parmi lesquelles Apple. Son portefeuille s'est élevé jusqu'à un million de dollars et les profits lui permettent d'acquérir une maison qui donne sur le lac Washington et comporte une piscine de 9 mètres de long. Pourtant, l'absence d'un conseil en matière de finances se révèle coûteuse pour Bill qui verse la moitié de ses revenus aux impôts. En réalité, la société de Seattle qui traite avec IBM dispose d'une administration artisanale. La comptabilité, longtemps tenue manuellement par la femme de Steve Wood, l'un des programmeurs, est désormais informatisée sur un micro-ordinateur de Tandy. Pour tenir les rênes de la compagnie, Bill fait appel à un manager aguerri, James Towne. Il quitte une société de 7 000 employés, Tektronix, pour devenir le premier président de la firme de Bellevue. Mais l'attention de Bill se porte ailleurs que sur la gestion : Microsoft développe son premier logiciel d'application, Multiplan. C'est un tournant énorme pour une société jusqu'alors spécialisée dans les langages de programmation.

L'IBM PC a terminé l'année 1981 de façon honorable avec 50 000 unités vendues. Il s'agit d'ores et déjà d'un succès : il n'est disponible que depuis septembre. Apple, premier constructeur de micro-ordinateurs, n'a diffusé que 135 000 machines durant l'année entière. Pourtant, il est trop tôt pour affirmer que la partie est gagnée pour IBM. Il manque au PC l'application irrésistible qui serait susceptible de déclencher des commandes en quantité industrielle. Le fait que VisiCalc soit disponible sur cette machine n'est pas suffisant : Dan Bricklin et Bob Frankston se sont contentés d'adapter une version déjà vieille de deux ans. VisiCalc n'est donc pas plus performant sur l'IBM PC qu'il ne l'est sur un Apple 2 et ne justifie pas à lui seul l'acquisition du micro-ordinateur de Big Blue. Gates entretient l'espoir que Multiplan sera à l'IBM PC ce que VisiCalc est à l'Apple 2.

Le projet *Electronic Paper* — le premier nom de Multiplan — a démarré en 1980. La stratégie adoptée pour battre VisiCalc semble pertinente. Microsoft entend réaliser un tableur qui puisse être adapté sur le plus grand nombre d'ordinateurs possible. Il est encore impossible de prédire si l'IBM PC sera en mesure d'imposer un standard. D'autres ordinateurs font l'objet d'un accueil ardent. C'est le cas du TI 99 de Texas Instruments, du Z-100 de Zenith, et du HP-150 de Hewlett-Packard qui dispose d'un écran tactile. L'Osborne Computer, sorti un mois avant l'IBM PC, se vend à plusieurs dizaines de milliers d'exemplaires. À première vue, cet appareil ressemble à une machine à coudre. Lorsqu'il est posé à plat, sa face avant s'ouvre sur un petit écran et un lecteur de disquette. Pourtant, Osborne, créateur de la compagnie, commet une erreur : il annonce la sortie d'un deuxième modèle un peu trop tôt, ce qui a pour effet de freiner les ventes de l'Osborne Computer. Les retards du produit attendu précipitent la chute de la compagnie.

La profusion d'ordinateurs dissimilaires dicte la stratégie à suivre : le tableur de Microsoft sera présent sur tous les systèmes d'exploitation, qu'il s'agisse de CP/M, AppleDOS, Unix ou MS-DOS. Par cette stratégie d'encadrement, Gates et Allen espèrent établir *Electronic Paper* comme le tableur n° 1 de la micro-informatique. Microsoft embauche un consultant, Paul Heckel, et lui donne pour objectif de définir les spécifications d'*Electronic Paper*. Il se met à la tâche en commençant par décortiquer dans le moindre détail les tableurs existants : VisiCalc et SuperCalc. Plusieurs décisions majeures sont adoptées. *Electronic Paper* sera développé dans un langage de programmation facilitant son adaptation, le C. VisiCalc nomme les colonnes par des lettres A, B, C... et les lignes par des nombres 1, 2, 3... Il en résulte des cellules désignées de la façon suivante : A1, B2, C14... Bill Gates est hostile à cette notation de type « bataille navale » et choisit de désigner les colonnes sur le modèle C1, C2, C3... et les lignes sur celui de L1, L2, L3... À partir des premières spécifications, Bob Mathews programme un prototype d'*Electronic Paper*. La mise en œuvre de ce qui va devenir Multiplan est confiée à un maître qui vient d'arriver sur les lieux : Charles Simonyi.

Le parcours de Simonyi est exemplaire. Au début des années 60, il découvre la programmation dans son pays natal, la Hongrie, sur un ordinateur vétuste installé à l'université. L'Ural est composé de 2 000 lampes sous vide. Chaque fois que l'on allume la machine, plusieurs tubes grillent sous l'effet de la surcharge d'énergie. Il faut donc passer la première heure à repérer ces tubes et à les remplacer. Charles Simonyi obtient un travail de veilleur de nuit auprès de l'Ural : sa présence évite d'avoir à éteindre la machine le soir. Au cours de ses veillées nocturnes, Charles s'escrime sur des rangées d'interrupteurs pour introduire des données dans la machine. Le goût de la programmation le mène au Danemark en 1966, puis à l'université de Berkeley en Californie. En 1972, il est recruté au PARC, centre de recherche expérimentale de Xerox. Il y côtoie une exceptionnelle brochette d'ingénieurs créatifs : Alan Kay, Bob Metcalfe, Larry Tessler... Simonyi réalise un traitement de texte en avance sur son temps : Bravo affiche à l'écran une pleine page de texte, telle qu'elle est censée apparaître lors de l'impression[1]. En 1976, Simonyi publie un article dont le retentissement est important : il explique de quelle façon doivent être menés les grands projets de programmation. La structure pyramidale qu'il préconise comporte au sommet un « architecte », lequel édicte dans le moindre détail ce que doit accomplir un logiciel. Le document préparé par l'architecte est transmis à des équipes de programmeurs qui écrivent alors le code correspondant.

Xerox se montre douée pour défricher des territoires inconnus. Mais elle ne réussit pas à transformer l'or intellectuel qu'elle détient dans ses laboratoires en micro-ordinateurs capables de conquérir le public. Un à un, ses grands ingénieurs quittent le PARC, attirés par des aventures concrètes. Pour Simonyi, l'heure du départ sonne en 1980. Il déjeune avec un ancien collègue, Bob Metcalfe, qui vient de fonder la société 3Com, et lui fait part de son intention de quitter Xerox. Metcalfe lui donne une liste de gens à contacter. Le premier nom de la liste est celui de Bill Gates. Simonyi rencontre Bill et Steve Ballmer en novembre. Après cinq minutes de conversation, il est intimement convaincu qu'il veut travailler pour ces gens-là !... Il lui apparaît évident que Bill a la perception intime de la phénoménale révolution qui est sur le point de se produire.

En rendant officielle sa démission, Simonyi se heurte aux préjugés qui sont de mise face aux territoires non encore défrichés. Une secrétaire de Xerox lui demande pour quelle société il compte œuvrer à présent. Il explique qu'il s'agit de Microsoft. Elle avoue n'avoir jamais entendu parler de cette compagnie. Charles lui montre l'un des bulletins d'information publiés par la firme de Seattle. Sur la dernière

1. Onze ans plus tard, l'ordinateur Macintosh tirera sa popularité d'une approche similaire.

page se trouve une photographie du président : Bill Gates y figure sans ses lunettes et ressemble à un adolescent assis derrière son pupitre au lycée. La secrétaire éclate de rire : « *Charles ! Tu fais partie du laboratoire de recherche le plus estimé au monde et tu vas faire les sorties d'école !* » Simonyi passe outre aux sarcasmes. Après avoir rencontré Bill, il se rend par politesse à d'autres rendez-vous qu'il avait promis d'honorer. À chaque occasion, il constate que ses interlocuteurs sont loin d'avoir une vision aussi large et brillante que celle qu'il a décelée chez Gates. Le juvénile P-DG rêve d'une gamme de logiciels qui vont marquer leur époque.

Charles Simonyi entre chez Microsoft le 6 février 1981. Il apparaît comme un atout pour Microsoft, pour deux raisons. Il a présidé au développement intégral d'une application — le traitement de texte Bravo. De plus, l'organisation pyramidale du développement qu'il préconise semble convenir à de tels projets. Lorsqu'il prend la responsabilité du projet Multiplan, il hérite de l'étude effectuée par le consultant Paul Heckel et juge préférable de ne pas bouleverser ce qui a été établi. En revanche, Simonyi arrive chez Microsoft avec un certain nombre d'idées sur la façon de programmer. Il explique à ses collègues médusés qu'il peut reconnaître un mauvais programme en le regardant à cinq mètres de distance. S'il manque généralement d'esthétique, c'est qu'il est sans doute mal conçu du point de vue logique.

Le cheval de bataille de Simonyi concerne les menus. Il confiera sa profession de foi au magazine *PC World*[1] : « *J'aime les comparaisons. Supposons que je sois en France alors que je ne parle pas la langue, et que j'aille dans un restaurant. Étant*

1. Édition de novembre 1983.

dans un endroit non familier, je ne suis pas à l'aise : j'ai peur d'avoir l'air ridicule. Soudain, un serveur m'aborde dans la langue de Molière. D'un seul coup, mes mains sont moites... C'est probablement le sentiment que ressent le comptable lorsqu'il s'assoit pour la première fois devant un ordinateur. Comment va-t-il s'en sortir ? Pour ma part, puisque je suis dans un restaurant, je peux toujours m'emparer du menu et faire un choix. Il se peut que je n'obtienne pas ce que je désirais — le serveur va peut-être m'apporter des escargots — mais au moins je n'aurais pas l'air embarrassé. Il en va de même avec les logiciels : il faut qu'ils présentent un menu. Chacun peut ainsi voir quelles sont les options disponibles et en sélectionner une, simplement, en pointant dessus. Il n'est pas nécessaire de se plonger dans un livre pour trouver la marche à suivre. »

Simonyi définit un style de présentation des menus qui va devenir célèbre. Ils apparaissent sous la forme de deux lignes au bas de l'écran et sont composés de noms explicites : Calcul, Impression, etc. Plusieurs concepts sont inaugurés. Multiplan va opérer la « consolidation » de plusieurs feuilles de calcul. Si l'on gère un budget s'échelonnant sur l'année, cette fonction permet de cumuler les valeurs de douze mois dans un même document récapitulatif. Pour simplifier l'écriture des formules, Multiplan offre la possibilité de nommer un ensemble de cellules. Le cumul des ventes peut être indiqué sous une forme explicite telle que SOMME(VENTES).

Une fois que l'architecte Simonyi a complété les spécifications du produit, il passe le relais à l'équipe de programmation. Celle-ci se compose de Doug Klunder, Bob Mathews et, occasionnellement, de quatre autres développeurs. Conformément aux spécifications, Multiplan est conçu de façon à pouvoir être porté sur le plus grand nombre de machines possible. Toutefois, en 1981, Microsoft accorde la plus grande valeur à la relation qu'elle entretient avec IBM. Les hommes de Boca Raton sont informés du projet Multiplan et Charles se montre attentif à leurs réactions. IBM est soucieuse d'offrir une gamme de logiciels à ses clients qui ont acheté des PC de base avec seulement 64 Ko de mémoire. Des sommes énormes ont été investies en publicité sur ces micro-ordinateurs aux capacités limitées, insistant sur le fait qu'ils peuvent servir à des applications pratiques. Don Estridge estime qu'il faut tenir cette promesse et insiste pour que Multiplan puisse s'exécuter dans 64 Ko de mémoire. Microsoft acquiesce aux desiderata de son client principal. Cette limitation rend le travail des programmeurs beaucoup plus complexe que prévu.

IBM reçoit la version PC de Multiplan au printemps 1982. Le tableur comporte 64 colonnes et 256 lignes, et fonctionne avec 64 Ko de mémoire. Pour des raisons relativement obscures, IBM tarde à inscrire Multiplan à son catalogue d'applications. Officiellement, la division qui a réceptionné ce logiciel se livre à des tests rigoureux conformément aux critères maison. Mais Doug Klunder s'étonne de ne pas recevoir de nouvelles d'IBM concernant des problèmes rencontrés avec Multiplan. Il en conclut que Big Blue ne perçoit pas ce tableur comme un produit majeur : la compagnie continue de promouvoir la version DOS de VisiCalc.

La première version de Multiplan publiée en août 1982 est destinée à l'Apple 2. « *Quiconque a jamais utilisé une calculatrice peut utiliser Multiplan* », déclare Gates qui tente de cataloguer VisiCalc comme un tableur du passé. La version commercialisée par IBM sort en octobre. Le responsable de la commercialisation de Multiplan est un ancien d'Apple : Jeff Raikes. Signe particulier : il ressemble comme un frère à Gates. Raikes met sur pied une campagne promotionnelle qui dépasse tout ce que la compagnie a investi à ce jour. Le programme fait l'objet de revues de presse enthousiastes.

Bob O'Rear est envoyé en Europe afin de prendre en main la promotion du MS-DOS. Au Royaume-Uni, il découvre un marché original. Le micro-ordinateur qui arrive en tête des ventes est celui d'un sujet de Sa Majesté, Lord David Sinclair. Toutefois, sur l'ensemble du continent européen, la domination d'Apple est incontestable : elle s'octroie 50 % du marché contre 30 % pour Commodore. En France, O'Rear se met en contact avec les constructeurs Victor, Bull, R2E et Leanord et vante les mérites de son système d'exploitation. Jeff Raikes traverse à son tour l'Atlantique afin de superviser le lancement européen de Multiplan. Un accord est conclu avec Jean-Louis Gassée, président d'Apple France, intéressé par un tableur disponible en français. L'adaptation de Multiplan démarre peu après. Charles Simonyi, Doug Klunder et les autres programmeurs découvrent alors les particularités des langues locales avec leurs lettres accentuées et des monnaies différentes.

Paul Allen, en visite à Paris afin de participer à un séminaire, est saisi d'un malaise étrange. Suite à son retour précipité à Seattle, les examens révèlent qu'il est atteint d'une affection l'obligeant à quitter son poste : il doit subir une thérapie à base de radiations.

Bob O'Rear finalise son étude du Vieux Continent et conclut que trois grands marchés coexistent : l'Allemagne, la France et l'Angleterre. Il persuade Gates de la nécessité d'ouvrir une filiale dans chacun de ces pays. Un individu jovial et raffiné, Bernard Vergnes, est rapidement pressenti pour prendre la direction de la filiale française. Microsoft France démarre ses activités aux Ulis, le 2 mai 1983. Bernard Vergnes et sa première recrue, Michel Lacombe, passent soirées et week-ends à relire la traduction du manuel de Multiplan.

En 1982, les ventes du PC d'IBM ont pour la première fois dépassé celles des machines d'Apple. Les estimations les plus modérées prévoient la diffusion de plus de trois cent soixante mille PC au cours de l'année, et d'un million en 1984. IBM propose une version avancée, PC XT, qui intègre un disque dur — de stockage 30 fois supérieur à celui d'une disquette. La compagnie aligne succès après succès et ses revenus atteignent un niveau record : 34 milliards de dollars. Digital Research, en revanche, perd du terrain. Le système d'exploitation qu'elle a réalisé pour l'IBM-PC, CP/M-86, est sorti trop tard. 95 % des trois cent mille machines d'ores et déjà livrées par IBM utilisent le MS-DOS. Une soixantaine de constructeurs se sont ralliés à la « compatibilité IBM » et proposent des machines capables d'exécuter les logiciels écrits pour le PC. L'écart entre IBM et les constructeurs proposant une autre norme est en train de se creuser : à long terme, seule Apple semble en mesure de proposer une machine incompatible avec le PC.

Les ventes de VisiCalc passent le cap symbolique des cinq cent mille exemplaires en janvier 1983. Dan Fylstra a rebaptisé sa société VisiCorp afin de mettre à profit le succès du tableur. Le contrat initialement établi amène Fylstra à reverser 37,5 % à Bricklin et Frankston sur chaque copie vendue. Progressivement, l'ampleur de la diffusion a dépassé tout ce qui avait été imaginé au départ. VisiCorp débourse plusieurs millions de dollars pour les deux programmeurs. Or, Fylstra estime que ceux-ci ont négligé la mise à jour de VisiCalc : la version publiée pour l'IBM PC est médiocre, ce qui laisse le champ libre à des concurrents tels que Multiplan. Fylstra exige qu'un nouveau contrat soit négocié, afin d'atténuer la part reversée aux deux programmeurs. Dans la mesure où ceux-ci ne sont pas disposés à une telle discussion, VisiCorp entame un procès contre Software Arts, la société de Bricklin et Frankston, dans l'espoir de récupérer la totalité des droits de VisiCalc. Alors qu'ils auraient dû œuvrer à l'amélioration de leur logiciel, Bricklin et Frankston se voient contraints de consacrer la majeure partie de leur temps à la défense de leur propriété intellectuelle. La situation est de nature à favoriser les nouveaux compétiteurs de VisiCalc.

Gates avait d'ailleurs vu juste : c'est un tableur qui était appelé à devenir l'application irrésistible de l'IBM PC. Mais il ne s'appellera pas Multiplan : 1-2-3 est publié par Lotus Development Corporation. Ironie du sort, le fondateur de cette compagnie a fait ses premières armes chez VisiCorp. Mitch Kapor est âgé de trente-deux ans lorsqu'il fonde Lotus. Passionné de rock psychédélique, Kapor a successivement été disc-jockey et professeur de méditation transcendantale. En 1977, il découvre la micro-informatique par le biais du TRS-80 de Tandy. Peu après, il vend sa chaîne stéréo afin de faire l'emplette d'un Apple 2. Il développe alors deux logiciels complémentaires de VisiCalc : VisiTrend et VisiPlot. Ces logiciels sont à même de convertir les nombres issus du tableur en graphiques de gestion. Dan Fylstra, séduit par les produits que lui présente Mitch Kapor, lui établit un contrat qui n'est pas sans rappeler celui qui le lie avec Personal Software : il reverse à Kapor des royalties s'élevant à 33 % du prix de vente de VisiTrend et VisiPlot. Mais deux années s'écoulent, VisiCorp devient une grande compagnie, avec des frais de structure sans commune mesure avec ceux que supportait Fylstra lorsqu'il opérait depuis son domicile. Il exprime le désir de se libérer de l'accord initial. Kapor se montre plus conciliant que Bricklin et Frankston et cède à VisiCorp les droits de ses deux logiciels pour la rondelette somme de 1,7 million de dollars.

Kapor fait alors preuve d'une perspicacité exemplaire. Il juge qu'il faut de toute urgence réaliser le VisiCalc de la machine d'IBM. Ce sera un tableur spécifiquement conçu de façon à exploiter au maximum les capacités du PC, ce qui signifie qu'il sera nettement plus rapide que celui de Bricklin et Frankston. Il aura, de plus, un atout supplémentaire : il permettra de traduire les chiffres en graphiques. En d'autres termes, il intégrera les apports de VisiCalc et de VisiTrend/VisiPlot en un même programme. Mitch Kapor va plus loin : il décide d'adopter la même formule que celle mise en œuvre par Fylstra, pionnier du genre. Il va confier l'écriture du programme à un développeur de talent et se consacrera à la promotion.

Kapor ne tarde pas à repérer l'individu capable d'écrire le programme rêvé : Jonathan Sachs, un solitaire, dont le plaisir essentiel consiste à se retrouver devant un écran et à programmer, programmer, programmer... Ils tombent d'accord sur l'idée d'un tableur dans lequel les nombres peuvent être convertis en graphiques. Kapor est persuadé qu'un tel logiciel obtiendra un succès sans précédent. Jonathan Sachs ne partage pas cet optimisme, mais consacre néanmoins une dizaine de mois à développer en langage Assembleur pour l'IBM PC. Le logiciel est baptisé 1-2-3 du fait qu'il offre trois services différents : tableur, graphiques et gestion de fichiers. Mitch Kapor investit la moitié de ses avoirs dans la société Lotus, qu'il crée en avril 1982. Il contacte le *venture capitalist* Ben Rosen et lui montre un prototype de 1-2-3. Rosen réalise immédiatement le potentiel de ce logiciel et place 600 000 dollars dans Lotus. Kapor fait entrer d'autres investisseurs dans l'affaire et rassemble un capital de 3 millions de dollars. L'ampleur de ce trésor de guerre le conduit à mettre en place un lancement sans précédent : plusieurs millions de dollars sont consacrés à la promotion de

1-2-3. Jim Manzi, un consultant de McKinsey, définit la stratégie à suivre : il faut vendre le tableur aux hommes d'affaires des grandes entreprises. Il veille à ce que des publicités apparaissent dans les magazines prisés par une telle population tels que *Time* et *Newsweek*. La presse financière, abondamment courtisée, consacre des articles dithyrambiques au tableur. Bien avant qu'il ne soit officiellement disponible, 1-2-3 est présenté comme un logiciel phénomène.

Lotus présente son tableur au *Comdex* de Las Vegas en novembre 1982. Charles Simonyi, de Microsoft, se trouve sur place et réalise avec effroi que cette nouvelle société, Lotus, détient l'application irrésistible de l'IBM PC. Il comprend sans l'ombre d'un doute que Microsoft a fait fausse route. Les capacités de Multiplan ont été volontairement bridées afin de satisfaire les exigences d'IBM qui désirait que ce programme fonctionne sur les IBM PC de base, munis de 64 Ko de mémoire. 1-2-3 a été conçu de façon plus libérale, et place la barre plus haut au niveau de la machine : il est destiné aux PC ayant 256 Ko de mémoire. Mais il déploie un tel luxe de capacités qu'il incite à faire l'acquisition d'un IBM PC. Il peut traduire les chiffres en graphiques — ce que Multiplan ne sait pas faire — et de plus sa vitesse de recalcul est extraordinairement rapide. La séduction opérée par le programme est telle qu'en l'espace de quelques jours, Lotus reçoit pour plus d'un million de dollars de commandes.

Trois mois après sa sortie le 26 janvier 1983, 1-2-3 détrône VisiCalc au sommet du hit-parade des ventes de logiciels et devient le premier best-seller de la machine. L'IBM PC voit soudainement ses ventes se multiplier par trois. La machine de Big Blue devient le standard de fait, entraînée dans le sillage d'un logiciel qui bat tous les records de vente : il ne quittera plus la première place tout au long des années 80.

Dès le mois d'octobre 1983, Lotus s'introduit en Bourse. L'éditeur de 1-2-3 termine sa première année avec un revenu proche de celui de Microsoft : 53 millions de dollars contre 69,5. Multiplan n'est pas en mesure de lutter : sa vitesse de calcul apparaît fort lente face au sémillant tableur de Lotus. Mitch Kapor et Jonathan Sachs ont répondu au besoin alors essentiel des utilisateurs : la vitesse.

Multiplan prend sa revanche en terre de France. Publié en version française pour l'Apple 2 en septembre 1983, le tableur fait l'objet d'une promotion active : Jean-Louis Gassée, président d'Apple France, est un fervent supporter du logiciel. IBM lance son PC en France et met à son catalogue trois logiciels en version française parmi lesquels Multiplan, sous étiquette IBM. La majorité des utilisateurs français de micro-ordinateurs découvrent les vertus du tableur par l'intermédiaire de Multiplan, qui devient le logiciel vedette.

En février 1984, lorsque apparaît une nouvelle version de Multiplan, ce tableur fonctionne sur une centaine de machines différentes. Il a été traduit en douze langues parmi lesquelles l'allemand, l'italien, l'espagnol, le français et même le japonais. L'objectif initial a été atteint : Multiplan est disponible sur une palette d'environnements incomparable. Mais il n'est pas en mesure de lutter avec le tableur de Lotus : au fil des mois, l'écart se creuse. 1-2-3 arrive en première position sur tous les hit-parades de vente, tandis que Multiplan connaît un déclin progressif. Bill Gates propose alors de racheter Lotus. Mitch Kapor se voit offrir la possibilité de devenir l'un des principaux propriétaires de Microsoft dont il serait le vice-président. Un accord de fusion entre les deux compagnies est envisagé. Il est annulé par le responsable du marketing de Lotus, Jim Manzi. Le consultant de McKinsey qui avait présidé au lancement de 1-2-3 a rejoint la compagnie au printemps 1982 et seconde désormais Kapor. Entre Bill Gates et Jim Manzi, le courant ne passe pas : les deux hommes appartiennent à deux cultures différentes. Le premier est passionné par l'aspect technique lié à la réalisation des logiciels. Le second est un individu qui tire sa fierté de son savoir-faire en matière de marketing : il clame haut et fort qu'il n'y connaît rien en informatique et ne s'en porte pas plus mal.

À l'automne 1984, Bricklin et Frankston gagnent le procès qui les oppose à VisiCorp. Fylstra est condamné à verser 100 000 dollars de dommages et intérêts aux créateurs de VisiCalc. Mais, en dépit de cet afflux financier, Software Arts sort bien affaiblie de l'affaire. Le temps perdu à se défendre légalement contre VisiCorp a dispersé ses énergies. L'arrivée de 1-2-3 a donné un coup de vieux à VisiCalc dont les ventes moyennes ont chuté de 20 000 par mois au début de 1983 à 2 500. Au début de l'année 1985, Ashton-Tate, éditeur du logiciel dBASE II [1], propose de racheter les droits de Software Arts, au bord de la faillite. Quelques jours avant la signature, alors qu'il se rend en avion à un salon, Bricklin rencontre Mitch Kapor. La conversation qui s'engage entre les deux présidents aboutit à la proposition de Lotus de racheter Software Arts. L'acquisition est effectuée pour la somme de 800 000 dollars, Lotus absorbant 2,2 millions de dollars de pertes. VisiCalc est enterré au passage, afin de laisser le champ libre à 1-2-3. Ainsi disparaît le logiciel le plus novateur de l'histoire de la micro-informatique.

Fin 1984, Lotus prend la première position des éditeurs de logiciels avec un chiffre d'affaires de 157 millions de dollars contre 125 pour Microsoft.

1. dBASE II : logiciel de gestion de fichiers.

Manzi n'ayant pas la victoire modeste, le phénomène agace au plus haut point les hommes de Bellevue. De l'autre côté de l'Atlantique la situation est tout autre. Lotus ouvre une filiale française en 1985, et découvre que Multiplan est le best-seller local : il a déjà été diffusé à 28 000 exemplaires. Dans la mesure où les programmeurs de Boston préparent une nouvelle version de 1-2-3, Lotus France choisit d'attendre celle-ci pour proposer son logiciel en français. L'équipe dirigeante commet l'erreur de supposer que son succès américain va se reproduire naturellement, de par la qualité du logiciel. Cette attitude l'amène à se montrer relativement modérée sur le plan des actions de promotion. Pendant ce temps-là, dans les moindres recoins de la France profonde, Bernard Vergnes, Michel Lacombe et Jean-Philippe Courtois disséminent sans retenue le logiciel auquel a été associé un logo représentant un papillon : Multiplan en vient à représenter 90 % des tableurs. Lorsque, enfin, 1-2-3 apparaît en version française, il est trop tard : dans certaines provinces, on parle d'un Multiplan pour désigner un tableur, tout comme en d'autres époques l'on assimilait un Frigidaire à un réfrigérateur.

CHAPITRE 11

Word, le littéraire

La chose écrite recèle une grâce supérieure. Elle est à la source de la culture, de la transmission du savoir, permet la communication d'un monde subtil par le biais d'un poème ou la création d'un monde sous forme de roman. Dans un registre plus épistolaire, elle crée un contact qui semble à l'abri du temps, perpétué sur un support qui acquiert une sereine patine au fil des ans. Les belles lettres sont l'objet d'une affection sans réserve de la part des publics les plus divers. L'ordinateur se devait d'intégrer cette facette dans sa palette pour conquérir toutes les âmes sans distinction. Il s'est trouvé qu'il a pu offrir, par le biais du logiciel, un outil extraordinaire, avec des potentiels tels que la machine à écrire a été reléguée dans le grand catalogue des objets du passé. Cet outil, le traitement de texte, capable de produire des pages d'une esthétique vénitienne, a introduit la beauté des formes — celles des polices de caractères — dans la communication écrite.

Le premier traitement de texte apparu pour l'Apple 2, *Electric Pencil*, a été créé par un ancien scénariste de Hollywood et comptait 250 000 utilisateurs en 1978. Sa carrière s'est arrêtée net pour la simple raison que son créateur s'en est désintéressé peu à peu, rechignant à en assurer les évolutions. Le flambeau a été repris par Seymour Rubinstein, fondateur d'une édition de logiciels, Micropro. Mû par une remarquable intuition, Seymour a investi jusqu'à ses derniers *cents* dans un traitement de texte destiné aux programmeurs : WordMaster. La veille de la première présentation publique, Rubinstein a dû dormir dans le métro, n'ayant plus d'argent pour se payer l'hôtel. Heureusement, WordMaster a connu un succès immédiat et rapporté plusieurs dizaines de milliers de dollars. Encouragé par la chaleur de cet accueil, Rubinstein a entrepris la réalisation d'un traitement de texte destiné au grand public. Wordstar, sorti à la mi-79, est devenu un best-seller comparable à VisiCalc.

Lorsque l'IBM PC est apparu, Micropro a entrepris de convertir son logiciel afin qu'il fonctionne sur cet ordinateur 16 bits. La popularité de Wordstar s'est transposée dans le monde MS-DOS, amenant Micropro à confirmer son hégémonie. En 1982, elle annonce avoir vendu plus d'un million de copies de son traitement de texte. Certains journalistes collent le surnom de « vache à lait » à Wordstar : ce traitement de texte répond à une demande telle qu'il semble se vendre tout seul. Malgré la présence d'une cinquantaine de concurrents, il apparaît indétrônable. Pourtant, Wordstar n'est pas un modèle de convivialité : pour le mettre en œuvre, il est nécessaire de mémoriser une trentaine de combinaisons de touches que d'aucuns jugent infernales. Bill Gates et Charles Simonyi décident d'ébranler cet empire avec un logiciel destiné à faire évoluer de façon majeure le concept même du traitement de texte : Word.

Lorsqu'il était chercheur au Palo Alto Research Center de Xerox, Charles Simonyi a développé un traitement de texte totalement novateur : Bravo. Il fonctionnait sur l'Alto, un ordinateur précurseur initialement développé à titre expérimental. Bravo affichait les documents tels qu'à l'impression : marges, interlignes et autres aspects de la présentation d'un document étaient visibles à l'écran. Les lettres pouvaient apparaître avec des tailles diverses sous forme normale, ou bien en gras, en italique... Pour influer sur l'apparence d'un mot, il suffisait de le sélectionner à l'aide de la souris — un petit appareil relié à l'Alto — et d'activer une commande. Comparé à Bravo, Wordstar relève d'une approche archaïque. Sous le traitement de texte de Micropro, pour indiquer qu'un mot doit être imprimé en gras, l'utilisateur doit frapper une séquence de touches démoniaque.

Charles Simonyi conçoit Word en s'inspirant de Bravo, tout en tenant compte des limitations de l'IBM PC dont les capacités d'affichage sont fort réduites par rapport à l'Alto, ordinateur éminemment sophistiqué pour l'époque. Word est le premier traitement de texte PC dont les services sont accessibles en manipulant une souris. L'écran affiche certains aspects du texte tels que le gras, le souligné, l'italique, les interlignes, etc. Il peut être divisé en plusieurs « fenêtres », chacune d'entre elles affichant un document différent. Simonyi définit également le concept des « feuilles de styles ». Il s'agit de fichiers séparés des documents eux-mêmes et comportant des informations relatives à la présentation. Une fois qu'un gabarit a été défini (courrier, document légal...), sa présentation peut être reproduite sans effort sur des centaines de documents.

Les spécifications de Word sont arrêtées vers l'été 1982. L'écran est conçu sur le modèle de Multiplan avec un menu au bas de l'écran. Plusieurs commandes seront identiques sur les deux programmes (Imprimer, Quitter, etc.) afin de faciliter l'apprentissage de Word par les habitués du tableur maison. Simonyi aborde la programmation du logiciel, avec l'assistance de Richard Brodie. Ce dernier fait l'objet d'une pression permanente de la part de Gates afin que Word fonctionne le plus rapidement possible[1].

Word effectue sa première apparition publique au cours du salon Comdex d'Atlanta au printemps 1983. Simonyi présente le traitement de texte à la souris devant une affluence de visiteurs médusés. Word est annonciateur d'une évolution majeure des logiciels vers une approche plus agréable et récréative. Les premières revues de presse sont élogieuses.

Gates n'apprécie pas le président nommé un an plus tôt. James Towne ne parvient pas à s'intégrer dans la famille : les programmeurs ne se sentent pas d'atomes crochus pour cet individu jugé trop conventionnel. Towne se voit remercié onze mois après sa nomination. Pour lui succéder, Gates recrute le vice-président de Tandy, Jon Shirley. Gates s'est lié d'amitié avec ce quadragénaire fumeur de pipe, lors du lancement du TRS-100, un micro-ordinateur conçu par Microsoft à l'initiative de Kay Nishi. Shirley présente les qualités requises pour le poste : le sens de l'organisation et la ténacité. Il prend ses fonctions en août 1983 et découvre une compagnie atypique. Si les costumes font progressivement leur apparition, l'employé moyen porte jeans et tee-shirt. Steve Ballmer, l'ami de collège de Bill, sert d'homme à tout faire et gère pêle-mêle la comptabilité, le recrutement du personnel et diverses autres fonctions. Malgré sa bonne volonté, son charisme personnel et une énergie débordante, Ballmer ne peut empêcher le vaisseau Microsoft de s'enliser au niveau de sa gestion. Les finances sont gérées de façon anarchique : les programmeurs, véritables maîtres à bord, font la pluie et le beau temps. Shirley découvre des notes de frais

1. Certains traitements de texte ont un temps de réaction fort long. Faire défiler les pages nécessite d'attendre plusieurs secondes tandis que le traitement affiche les caractères à l'écran.

insolites : l'une concerne l'achat d'une table de billard, accessoire jugé indispensable au bien-être de l'équipe de développement. Dans les magasins, plusieurs dizaines de milliers de souris sont empilées : il y a là de quoi répondre à la demande pendant plusieurs années. Personne, en revanche, ne s'est aventuré à effectuer une étude afin de déterminer si une telle demande existe réellement. Le jeu *Flight Simulator*[1] a été mis au catalogue de Microsoft pour une simple et unique raison : Gates adore ce programme. Mais Shirley n'a encore rien vu. Il découvre que la gestion opère sur un micro-ordinateur Tandy analogue à ceux qu'il vendait auparavant ! Le logiciel utilisé est loin d'être en mesure de traiter les comptes d'une compagnie qui s'achemine vers les 50 millions de dollars annuels. Microsoft double ses ventes chaque année, mais sa situation administrative catastrophique requiert une transformation urgente. Certains logiciels ne peuvent être produits de façon à satisfaire la demande, et la direction n'en est pas informée. Les contrôles nécessaires à une croissance maîtrisée sont absents.

Le temps de la stupeur passé, Jon Shirley s'attaque à mettre de l'ordre dans l'organisation. Il embauche un responsable des finances, Frank Gaudette. Âgé de quarante-huit ans, ce New-yorkais haut en couleur devient l'employé le plus âgé de la maison. Il édicte des règlements concernant la tenue des formulaires administratifs, et fait procéder à l'achat d'un ordinateur central afin de gérer les stocks et les journaux comptables. Steve Ballmer est nommé à la tête du marketing. Shirley se donne pour mission de libérer le temps de Gates afin qu'il puisse s'adonner à la recherche et au développement. Un directeur de la communication est recruté : Rowland Hanson. Celui-ci adopte rapidement une mesure majeure : il

1. Réalisé par l'éditeur Sublogic.

rationalise l'appellation des logiciels. Gates, Simonyi et Raikes envisageaient d'établir une famille de produits baptisée Multi-Tool (multi-outils). Multiplan en était la première incarnation. Pour demeurer dans la lignée, le traitement de texte était censé recevoir le nom de Multi-Word. Ayant découvert que cette appellation était déposée, ils avaient même opté pour Multi-Tool Word. Hanson s'oppose à ces dénominations à rallonge et suggère une solution simple : « *Il faut marteler le nom Microsoft et s'en tenir à cela. Dites Microsoft Word, Microsoft Plan...* » Il appuie son argumentation sur une enquête de notoriété qui fait ressortir que le nom de Microsoft est peu connu du grand public, comparé à celui d'Apple. Au niveau du personnel, Jon Shirley se montre partisan de la délégation, convaincu que la seule façon de bâtir une grande compagnie consiste à former de grands managers. Lors du meeting annuel de Microsoft, il formule sa vision de l'employé type. D'allure réservée, il parle d'une voix calme, sans emphase, avec un impact étonnant. « *Il existe trois sortes de personnes. Celles qui font arriver les choses, celles qui expliquent que cela ne peut pas arriver, et celles qui se bornent à constater que c'est arrivé. Les employés de Microsoft font arriver les choses.* »

Parallèlement, Gates tente de résoudre un grave problème personnel : au volant de sa Porsche 930, il accumule les contraventions pour excès de vitesse à tel point que les autorités de Seattle envisagent de lui retirer son permis. Il se tire d'affaire en expliquant au juge qu'il va se discipliner et tenter de rouler moins rapidement. Il est relativement sincère : quelques jours plus tard, il fait l'acquisition d'un « veau », une Mercedes Sedan fonctionnant au diesel. Structurellement, le véhicule n'est pas en mesure de monter jusqu'aux niveaux de vitesse prisés par le fougueux pilote. Mais cela ne l'empêche pas de récolter de nouvelles contraventions pour le même motif.

La promotion de Word donne lieu à une première. Jusqu'alors, les consommateurs ont été informés des nouveaux logiciels par la presse spécialisée. S'ils voulaient en savoir plus, ils devaient se rendre chez un distributeur pour assister à une démonstration. Microsoft choisit d'aller vers l'utilisateur en distribuant libéralement 450 000 disquettes de Word en version limitée. La « démo » — disquette de démonstration — comporte toutes les caractéristiques du logiciel, mais ne peut ni imprimer ni enregistrer les documents sur disquette. L'initiative de l'opération revient à un ancien employé de MITS, David Bunnel. L'homme qui éditait la lettre de l'Altair a créé un magazine dédié à la machine d'IBM : *PC World*. Il s'apprête à éditer un numéro spécial consacré aux 1 200 principaux logiciels du marché, et juge opportun d'offrir une disquette avec son magazine. À l'origine, afin de couvrir les frais afférents à l'opération, Bunnel espère obtenir la participation de plusieurs éditeurs. La somme globale — 350 000 dollars, soit plus de quarante fois le prix d'une page de publicité — peut être réunie en amenant cinq éditeurs à présenter un programme sur une même disquette. Le ciblage est parfait : 95 % des lecteurs de *PC World* possèdent un IBM PC. Microsoft est la première compagnie approchée par David Bunnel. L'idée séduit Jeff Raikes et Rowland Hanson au point qu'ils décident de se l'approprier en intégralité. Hanson assimile ce type d'opération à celui qu'il pratiquait auparavant en tant que directeur du marketing de Neutrogena. Dans les publicités de cosmétiques, il est usuel d'offrir un échantillon de crème ou de lotion hydratante. Il assimile la disquette de démo à une transposition judicieuse de cette technique :

« *Dans les cosmétiques, si une publicité parle d'un produit non gras, une femme peut l'essayer et constater que c'est la réalité. Vous obtenez alors un client fidèle. Il n'y a rien de tel pour convertir un prospect à un nouveau produit que de lui offrir un échantillon.* » Mais il juge qu'il n'est pas judicieux d'intégrer une disquette sous un film de plastique recouvrant la couverture du magazine. Certains chalands pourraient être tentés de subtiliser la disquette sans acquérir le numéro de *PC World*. Il en résulterait un taux de réclamation élevé de la part des lecteurs honnêtes, privés de leur dû. Il est décrété que seuls les 100 000 abonnés recevront le logiciel de démonstration. Microsoft fait dupliquer 450 000 exemplaires de la disquette : un certain nombre seront diffusées par ses propres moyens, tandis que d'autres seront offertes aux nouveaux abonnés de *PC World*. Le numéro spécial édité en novembre énumère les best-sellers du moment sur sa couverture : Wordstar, dBASE, 1-2-3... Au bas de la page figure l'accroche : « *Offre d'une disquette gratuite avec un logiciel Microsoft.* »

Word est publié le 15 novembre 1983 et proposé à un prix inférieur à celui de Wordstar : 375 dollars. L'opération *PC World* génère la vente de 18 000 copies en 4 semaines. Il s'agit d'un résultat honorable, mais en deçà des prévisions espérées. Les revues de presse qui décortiquent le logiciel sont partagées. Certains journalistes manifestent un engouement sincère pour les innovations de Word ; d'autres le rejettent pour le même motif. Word ne parvient pas à s'imposer et ses apparitions dans les hit-parades de ventes demeurent timides.

Un mutant du nom de Michael Jackson pulvérise tous les records de ventes avec son album *Thriller* lorsque s'ouvre l'année 1984. Bruce Springsteen exalte les vertus de l'Amérique profonde tandis que la Maison Blanche se prépare à une nouvelle élection présidentielle. Ronald Reagan envisage l'échéance avec confiance, après quatre années d'une gestion audacieuse fondée sur une croyance immodérée dans les vertus de la libre entreprise. En toile de fond, une autre révolution prend forme : l'IBM PC prend place sur le bureau de myriades d'individus. 538 000 unités ont trouvé des acquéreurs en 1983. Si IBM essuie un revers avec un PC destiné au marché familial, rejeté à cause d'un clavier inadéquat, le modèle de base connaît un succès stupéfiant. La situation est idyllique pour Microsoft qui a d'ores et déjà écoulé 500 000 copies du MS-DOS. Les perspectives sont alléchantes, du fait de l'apparition d'un nombre croissant de PC « compatibles » avec celui d'IBM. Les principaux constructeurs, abandonnant tout espoir d'imposer un autre standard, se sont résignés à produire des machines similaires au PC. Parmi eux : Texas Instruments, Wang, Philips, NEC, ITT, Hewlett-Packard, DEC, Olivetti... La plupart des revues de micro-informatique publient des indices de compatibilité d'un modèle donné. Des PC tels que le MBC 550 de Sanyo ou le TRS 2000 de Tandy obtiennent des notes médiocres, tandis que celui de Sperry Univac est jugé compatible à 98 %, ce qui est alors élogieux.

De tous les compatibles PC, celui qui se distingue le plus du lot est le Portable de Compaq. D'abord par son aspect extérieur : il ressemble à une machine à coudre. Du fait qu'il est transportable, et en dépit d'un poids de quatorze kilos, le PC Portable de Compaq fait l'objet d'un accueil ardent. Les 47 000 exemplaires écoulés en 1983 amènent Compaq à réaliser un chiffre d'affaires de 111 millions de dollars au cours de sa première année — un record absolu dans l'histoire de l'économie américaine. Son fondateur, le Texan Rod Canyon, est un héros naturel de la micro-informatique : affable, perspicace, et à l'écoute de son époque. Lorsqu'il décide avec deux compères de créer une entreprise, il n'affiche aucun a priori. Il choisit de construire un micro-ordinateur du simple fait qu'il détecte une demande colossale pour un tel appareil. Il découvre alors que le facteur essentiel qui guide l'achat d'un modèle est le logiciel. À défaut d'une gamme de programmes alléchante, aucun ordinateur ne peut trouver acquéreur. Sous couvert de mener une enquête, Canyon interviewe un grand nombre d'éditeurs de logiciels. Ceux-ci déclarent le plus souvent qu'ils entendent écrire des programmes pour l'IBM PC : étant donné sa taille, Big Bleu devrait être en mesure d'imposer un standard. Canyon conclut qu'il faut bâtir un micro-ordinateur capable d'exécuter tous les logiciels du PC. Il reste à offrir un avantage majeur par rapport à l'offre d'IBM. En interrogeant plusieurs dizaines d'utilisateurs, Canyon découvre que ceux-ci rêvent d'un IBM PC qui serait aisément transportable. Le cahier des charges du micro-ordinateur de Compaq est prêt. Son design est défini au cours de l'été 1981 sur la nappe d'un restaurant de Houston. Canyon présente son projet à Ben Rosen, investisseur en capital-risque, et obtient son soutien financier. Il embauche des ingénieurs de talent et les amène à construire un ordinateur robuste, présentant une compatibilité parfaite avec l'IBM. Le Portable sort en janvier 1983. Par un autre coup de génie, Canyon choisit de diffuser son micro-ordinateur par le réseau des distributeurs de l'IBM. Il séduit les revendeurs en leur proposant une meilleure marge. De plus, Compaq se refuse à toute vente directe, une pratique en vigueur chez IBM qui irrite les distributeurs : ils se retrouvent bien souvent en compétition avec leur propre fournisseur sur une affaire donnée. La formule mise au point par Canyon aboutit à un succès tel qu'elle devient un cas d'école dans les Business Schools[1].

1. Au bout de sa troisième année d'existence, Compaq battra un autre record en se classant dans la liste des cinq cents premières entreprises américaines. Apple, précédent détenteur du titre, y était parvenue en cinq ans.

Au cours de l'année 1984, Microsoft publie deux versions intermédiaires de Word, améliorant les capacités sur des points précis. La vitesse est améliorée d'un facteur deux. Pourtant, le traitement de texte ne parvient pas à décoller. Il est trop original, et sa fiabilité n'apparaît pas assez élevée. Wordstar continue de dominer le marché avec 24 % des ventes et Micropro en diffuse 290 000 exemplaires dans l'année 1984. Microsoft Word n'apparaît pas dans la liste des dix titres les plus vendus [1]. Rowland Hanson, directeur de la communication, quitte Microsoft après dix-huit mois de bons et loyaux services, déçu de n'avoir pu amener Word à réaliser la percée attendue.

De l'autre côté de l'Atlantique, la situation apparaît plus encourageante. La version française de Word est publiée à l'automne 1984 dans un pays conquis par Multiplan. La partie n'est cependant pas aisée : Wordstar est omniprésent sur les micro-ordinateurs. Bernard Vergnes et Michel Lacombe échafaudent une stratégie à long terme : pour inciter les distributeurs à vendre Word, ils décident de les former en masse sur ce traitement de texte. Elle inaugure une formule : le Tour de France des revendeurs. Michel Lacombe, Jean-Philippe Courtois et deux autres collègues se tassent dans un break avec quelques PC et des cartons emplis de documentation. Ils roulent pendant la nuit et présentent le show Word dans la journée. Tous les distributeurs, quelle que soit leur taille, sont contactés et sollicités. Pour les allécher, l'invitation indique qu'ils recevront un logiciel gratuit à l'issue de la formation. L'opération qui consiste à séduire les âmes de la France profonde réussit à merveille : les distributeurs, convertis en spécialistes de Word, répandent spontanément la bonne parole.

1. Source : *Infocorp*.

Les imprimantes à laser qui apparaissent sur le marché ouvrent des perspectives alléchantes : les documents imprimés présentent une qualité digne de l'édition. Hewlett-Packard lance la LaserJet. Apple prépare sa LaserWriter et distribue les premiers prototypes à Microsoft, Lotus et Aldus — un éditeur qui s'intéresse au domaine de la publication. L'IBM PC, lors de son lancement, a été associé à une imprimante à aiguilles — encore appelée « matricielle » — fournie par Epson. Celle-ci est bruyante, et produit des lettres de piètre apparence, même si l'on parle alors de « qualité courrier ». Les lasers sont aussi silencieuses que distingués : les pages qui sortent de leurs bacs sont un plaisir pour les yeux. À la différence des matricielles, les lasers impriment chaque caractère en tenant compte de sa taille : le *m* n'occupe pas la même place que le *i*. On parle d'impression proportionnelle. L'ensemble procure un sentiment d'harmonie sur la page imprimée. L'heure de l'esthétique a sonné. Lors de la définition de Word 2.0, Bill Gates insiste pour que ce logiciel puisse gérer les lasers et l'impression des polices de caractères en proportionnel. L'initiative n'est pas accueillie chaleureusement par l'équipe des développeurs : la programmation d'une telle caractéristique est terriblement complexe. Le marché de l'impression laser est encore minime, en raison du prix élevé de ces appareils de luxe. Gates tient bon en expliquant que ce facteur va devenir essentiel au cours des années à venir. Word 2.0 — publié en février 1985 — devient le premier logiciel permettant la production de documents de « qualité édition ». La filiale française tire parti de cet atout pour promouvoir le traitement de texte en plaçant chez les revendeurs des pages issues de Word : la grâce des documents imprimés suffit à vanter les charmes du traitement de texte et de son complice laser.

L'histoire est appelée à se répéter. Lotus a détrôné VisiCalc. Wordstar va à son tour mordre la poussière. Pourtant, une fois de plus, l'aubaine échappe à Microsoft. C'est une société de l'Utah, terre d'adoption des Mormons, qui détrône le traitement de texte de Micropro. Vers la fin des années 70, Alan Ashton, professeur d'informatique à l'université de Brigham Young, en Utah, remarque les talents d'un étudiant : Bruce Bastian. Celui-ci a réalisé un programme en trois dimensions qui permet de disposer dans l'espace les membres de l'orchestre universitaire. Ashton et Bastian unissent leurs talents et décident de proposer leurs services aux entités environnantes. La mairie leur passe commande d'un traitement de texte adapté à son micro-ordinateur Data General. Bastian et Ashton créent un produit révolutionnaire pour l'époque, qu'ils baptisent WordPerfect. Le programme est porté sur l'IBM PC en 1982. Bastian et Ashton bénéficient alors d'une formidable erreur commise par Micropro : celle-ci publie un nouveau traitement de texte, Wordstar 2000, incompatible avec son propre best-seller. En agissant ainsi, Micropro ouvre une brèche : les adeptes de Wordstar, appelés à changer de traitement de texte d'une façon ou d'une autre, se montrent ouverts à l'essai d'autres produits. Le traitement de texte de WordPerfect s'avère alors le plus avancé : il propose des capacités inédites, telle la possibilité de disposer un texte sur plusieurs colonnes, à l'instar des magazines. De plus, il est extrêmement rapide. Pendant plusieurs années, WordPerfect pratique un marketing minimal : elle ne consacre qu'un budget limité à la publicité. Pour faire connaître son logiciel, elle s'octroie l'aide d'étudiants de l'université de Brigham Young chargés d'aller faire des présentations du programme d'un bout à l'autre des États-Unis. Bastian et Ashton mettent en place une assistance technique remarquable, largement supérieure à celle dispensée par Micropro. Au-delà de la connaissance même du traitement de texte, les techniciens de WordPerfect reçoivent une formation en matière de relations humaines : ils doivent être capables de prendre l'appel d'un client irascible, dans un état d'énervement extrême, et de le transformer en un ami de la compagnie. Celui qui décroche son téléphone après avoir dû renoncer à mettre en œuvre un service de WordPerfect, et se prépare à en découdre avec l'assistance technique, se voit accueilli par une personne courtoise, qui explique qu'elle comprend son désarroi et l'invite à expliquer exactement de quoi il en retourne. La méthode apparaît fructueuse : les clients de WordPerfect, après avoir été servis de façon aussi aimable, recommandent chaudement ce logiciel. Bruce décrit cet effet « boule de neige » : « *Les meilleurs vendeurs de notre produit sont les utilisateurs eux-mêmes. Ils en parlent à leurs amis qui à leur tour en parlent à leurs amis.* » Le traitement de texte WordPerfect pénètre un jour dans le hit-parade des best-sellers publié par Softsel et progresse imperceptiblement vers les sommets.

Si les premières moutures de Word n'étaient pas totalement satisfaisantes, la version 3, publiée en avril 1986, le met au diapason de ses concurrents. Elle intègre un didacticiel[1] qui permet aux débutants de maîtriser les subtilités du traitement de texte. Un correcteur orthographique analyse les documents et propose de rectifier les anomalies. Word s'aventure dans des domaines avancés : il est capable de produire la table des matières et l'index d'un ouvrage. La troisième tentative est la bonne : Word obtient un accueil chaleureux, et vient se classer à la cinquième position des ventes de l'année, en matière de logiciels. Mais, parallèlement, WordPerfect devient

1. Didacticiel : programme d'enseignement assisté par ordinateur.

le traitement de texte le plus diffusé au monde et grimpe à la deuxième place des ventes derrière l'inexpugnable tableur de Lotus.

Au cours d'un voyage à Redmond, Michel Lacombe découvre que la version de Word 3.0 prévue pour le marché français est en deçà de l'original : l'adaptation du didacticiel n'est pas prévue. Il sort de ses gonds et demande à rencontrer Bill Gates au plus tôt, afin d'exprimer son franc désaccord. « *Nous nous mettons en quatre pour promouvoir Word et ne pouvons aller plus loin si la maison mère n'y met pas du sien !* » Admirateur du succès de la filiale française avec Multiplan, le président se montre attentif au réquisitoire. L'adaptation de Word 3.0 est redéfinie intégralement de façon à produire un logiciel équivalent à la version américaine. Les actions promotionnelles engagées depuis deux années portent leurs fruits, et génèrent un succès phénoménal : Word 3.0 devient le logiciel le plus vendu en France dès l'année 1987, avec une diffusion de 28 700 copies — soit sept fois plus que WordPerfect. L'année suivante, l'écart se creuse. Avec 42 300 copies vendues, Word devance largement son concurrent direct qui plafonne à 8 500 exemplaires. Il acquiert une part de marché supérieure à 50 % dans la catégorie du traitement de texte. Les résultats de la filiale française sont pour Gates une occasion de retrouver le sourire. Mais la perspective d'obtenir un succès comparable aux États-Unis semble alors illusoire...

CHAPITRE 12

La révolution Macintosh

« *Une étude de* Scientific American *s'était donné pour but de déterminer les espèces les plus rapides de la planète. Le condor est sorti vainqueur de la confrontation. L'humain, pour sa part, se trouvait loin derrière, à la fin du premier tiers de la liste. Quelqu'un eut alors l'idée de tester son efficacité sur bicyclette. Il se révéla alors deux fois plus rapide que le condor. Cet exemple illustre l'efficacité de l'homme en tant que concepteur d'outils. Lorsqu'il a créé la bicyclette, il a développé un outil qui amplifiait ses capacités de base. Il est aisé de comparer le micro-ordinateur à la bicyclette.* »

L'auteur de cette analogie n'est autre que Steve Jobs, fondateur d'Apple. Elle a été publiée dans le *Wall Street Journal* d'août 1980 afin de mettre en valeur les bienfaits de la technologie forgée dans les garages et ateliers de la côte Ouest. Jobs, à l'instar de Gates, n'a pas inventé de concept majeur, mais a toujours manifesté une prescience inouïe. Semblable à son alter ego de Microsoft, il a toujours su insuffler l'énergie nécessaire pour transformer une vision en réalité, amenant d'autres à se surpasser. Sous sa houlette est née une boîte blanche qui a révolutionné le rapport entre l'homme et l'ordinateur. Le robot intimidant a cédé la place à un objet accueillant. La poésie et le lyrisme se sont insinués dans le numérique, poussés par le génie rebelle d'artistes issus d'une génération qui avait rêvé de fleurir la civilisation. La contre-culture raffinée et stylée est venue s'imposer sur le bureau des entreprises les plus conservatrices.

L'homme de la rue entretient à juste titre une image rébarbative de l'informatique. Les sigles barbares scintillant d'un vert fluorescent sur de sombres moniteurs n'ont rien d'amical. Le premier contact avec l'un de ces robots est glacial. Que signifient ces messages ésotériques, uniquement accessibles à une caste d'experts ? Celui qui s'aventure à frapper une phrase sur le clavier voit l'Ordinateur répliquer par une interjection absconse, teintée de désapprobation. Pour accéder à la maîtrise de la Mécanique Pensante, il faut subir une initiation digne de celle des lamas tibétains. Pour mieux se différencier des simples humanoïdes, la créature de métal se voit prêter de perfides intentions dans les ouvrages de science-fiction. Le HAL sournois de *2001 Odyssée de l'Espace* est capable d'initiatives préjudiciables à la survie de ses compagnons de chair...

L'Apple 2 et l'IBM PC ont fait évoluer cette image négative. Mais il existe encore un fossé énorme entre le grand public et la quincaillerie. Il en sera ainsi jusqu'à l'apparition de cet objet souriant qui, très naturellement, trouve sa place dans les salons de New York, au sein des bureaux d'études branchés, dans le cabinet des avocats en vogue, et même auprès des musiciens de rock. Au passage, il fait un détour par les multinationales, amenant les cols blancs à esthétiser la présentation du bilan de fin d'année. L'artisan de ce bouleversement splendide porte un nom écossais... Macintosh. N'importe qui peut utiliser son traitement de texte MacWrite au bout de quelques minutes. Là où il faut frapper des commandes sibyllines sous MS-DOS, le Mac se laisse manipuler en amenant la souris à pointer sur des images — appelées icônes — dont la signification est explicite.

Parmi les artisans de cette évolution se trouvent Steve Jobs, Andy Hertzfeld, Randy Wigginton, Bill Atkinson d'Apple et Bill Gates, Charles Simonyi de Microsoft. Les premiers œuvrent à la réalisation de la machine, de son apparence et de son logiciel de base. Les seconds imaginent les applications destinées au grand public : tableur, traitement de texte, gestion de fichiers... Tous sont mûs par la vision d'une informatique plus humaine et esthétique, capable d'améliorer la vie quotidienne des Terriens. Leur credo s'appelle l'interface graphique. Interface est un terme qui désigne la façon dont les informations sont présentées sur l'écran d'un ordinateur. Les PC fonctionnant sous MS-DOS arborent une interface « texte » : ils affichent les caractères de l'alphabet, des nombres et des signes de ponctuation. Macintosh invite à travailler sous forme imagée. L'interface est dite « graphique » car toutes les informations sont dessinées à l'écran. Fondamentalement, ce concept relève du bon sens : il est plus facile de se faire comprendre au moyen d'un dessin que par des mots. Pour supprimer un fichier, il apparaît plus naturel de le drainer vers une corbeille que de frapper une commande étrange.

La genèse des interfaces graphiques remonte au début des années 60, lorsque George Evans et Ivan Sutherland s'adonnaient à des travaux de recherche fondamentale et expérimentale. Dans un article scientifique, Sutherland décrit les bases d'un système qu'il appelle *Sketchpad* (littéralement : bloc à dessin). Il déclare qu'un grand pas en avant sera effectué lorsqu'il sera possible d'amener un ordinateur à afficher des images plutôt que du texte. Quelques années plus tard, au *Stanford Research Institute* (SRI), Douglas Engelbart développe le postulat de Sutherland : si l'on souhaite que davantage d'individus utilisent des ordinateurs, il faut rendre le contact avec la machine plus amical. Les gens qui travaillent dans les bureaux rédigent leurs lettres de façon normale : ils peuvent intervenir à n'importe quel endroit sur une feuille de papier, revenir en arrière, etc. Ils peuvent saisir un autre document, écrire quelques idées, puis revenir au précédent. Les ordinateurs classiques obligent une telle population à suivre un modèle contre nature : on ne peut intervenir que sur une ligne à la fois. Engelbart décide qu'il faut reproduire le modèle de la feuille de papier sur l'écran. À cet effet, il définit le concept des fenêtres. Plusieurs documents peuvent cohabiter à l'écran — comme sur un bureau —, chacun d'eux résidant dans une fenêtre séparée. S'il désire écrire dans un document particulier, l'utilisateur doit pointer sur celui-ci. Engelbart invente pour cela un objet qu'il baptise la souris. Le petit appareil tire son nom de sa ressemblance avec le rongeur cousin de Mickey Mouse et de Jerry : il est monté sur roulette et relié à l'ordinateur par un fil gris, évoquant la queue de l'animal. Lorsque l'on déplace la souris sur une surface plane, un pointeur se meut à l'écran. L'affable souris permet de pointer sur n'importe quelle partie d'une page afin d'y inscrire des données. Le NLS développé au *Stanford Research Institute* est la première machine ayant pour compagnon inséparable la souris.

Les années 70 sont porteuses de courants libérateurs qui affleurent jusque sur les rivages de la frigide informatique. L'initiateur du processus n'est pas issu du monde des calculateurs numériques : il s'appelle Xerox, et jouit d'une situation de prédominance dans le secteur des photocopieurs. Le géant de la reproduction pressent que le bureau des années 90 sera « sans papier » : les documents apparaîtront sur des écrans d'ordinateurs. Afin de préparer l'avènement de cette nouvelle civilisation, Xerox fonde un centre de recherche à Palo Alto, à deux pas de l'université de Stanford sur les hauteurs californiennes. Il est surnommé le PARC, d'après les initiales des mots : Palo Alto Research Center. Xerox aspire à faire du PARC un lieu de libre épanouissement de la créativité : les ingénieurs ont toute latitude pour imaginer de nouvelles approches des ordinateurs. Une telle invitation à la découverte de technologies inédites attire au PARC quelques marginaux de génie, séduits par la possibilité de s'exprimer sans entraves : Charles Simonyi, Alan Kay, David Liddle, Larry Tessler, John Shoch... Ces chercheurs originaux décident de continuer sur la trace d'Evans, de Sutherland et d'Engelbart. Ils définissent une norme de présentation des écrans qui comporte des fenêtres et des symboles graphiques.

Les visionnaires de Palo Alto donnent naissance à un langage de programmation étrange, différent de tous ceux apparus jusqu'alors. *Smalltalk* permet d'afficher plusieurs fenêtres superposées sur un même écran. Elles peuvent être sélectionnées et déplacées au moyen d'une souris. Lorsque le rongeur pointe sur l'une des fenêtres, le document correspondant peut recevoir des informations. Plusieurs programmes peuvent être lancés simultanément : chacun d'entre eux réside dans sa propre fenêtre. La première mouture de Smalltalk est testée dès 1972 sur un ordinateur expérimental : l'*Alto*. Pour la première fois, l'écran d'une telle machine affiche un paysage bienveillant, peuplé d'images rectilignes : le système d'exploitation de l'Alto dessine l'écran en permanence point par point. L'interface comporte des zones sensibles qui réagissent lorsqu'elles sont effleurées par le pointeur de la souris. L'ordinateur semble doté d'une apparence de vie : il répond aux sollicitations en modifiant les proportions d'une fenêtre ou bien en affichant un menu. Pour accéder à un service, l'utilisateur pointe sur la fenêtre de son choix et sélectionne une option dans un menu. La simplicité d'utilisation de l'Alto est incontestable.

Au sein des laboratoires mythiques, les créateurs d'univers développent les concepts les plus révolutionnaires qu'ait connus l'informatique et donnent un nouveau visage à cette science, l'amenant à flirter avec les arts. Xerox pave le chemin pour les ordinateurs de la fin du siècle. Les gourous du PARC ont même droit à un reportage effectué par le journal *Rolling Stone*, ordinairement friand des confidences des célébrités du rock. Pourtant, Xerox néglige de capitaliser sur ses découvertes et en dépit des sollicitations de Simonyi et consorts, rechigne à commercialiser un micro-ordinateur grand public. Lorsqu'elle se décide à diffuser l'Alto en 1977, celui-ci vise une clientèle sélecte : il faut débourser un minimum de 20 000 dollars pour goûter aux délices de l'ordinateur de luxe produit à deux mille exemplaires. L'Alto pénètre dans les hautes sphères de la Maison Blanche, du Sénat, du Congrès, et dans le *National Bureau of Standards*.

Xerox ayant investi un million de dollars dans la société Apple, elle accepte de dévoiler quelques-unes de ses inventions à des membres triés sur le volet de la société californienne. Steve Jobs se résoud à effectuer la visite du PARC en septembre 1979, sur les conseils répétés de deux ingénieurs d'Apple, Bill Atkinson et Jeff Raskin. Lorsque Lawrence Tessler dévoile une version avancée de l'ordinateur Alto, les hôtes de Cupertino poussent un cri d'admiration : ils n'ont jamais rien vu de tel ! Jobs est effaré par la démonstration qu'effectue Tessler : un écran qui affiche des images à la place de mots, une souris qui pointe sur des objets graphiques et les déplace à volonté. Lorsqu'il réalise la panoplie des effets qui peuvent être engendrés avec Smalltalk, il tombe des nues. Indubitablement, c'est ainsi qu'il faut concevoir les ordinateurs, et Xerox néglige cette manne providentielle.

— Mais pourquoi ne commercialisez-vous pas cela ? C'est extraordinaire ! Vous pourriez pulvériser tout le monde !

Jobs, Atkinson, Raskin et leurs six autres collègues reviennent de Palo Alto avec la ferme conviction qu'ils viennent d'entrevoir l'ordinateur du futur. Lawrence Tessler, pour sa part, sait qu'il ne va pas tarder à quitter Xerox pour rejoindre Apple. Jobs a compris intuitivement ce que les cadres de Xerox n'ont pas su déceler : les laboratoires recèlent de véritables trésors inexploités. L'un des projets en cours au sein des laboratoires de Cupertino s'appelle le *Lisa*. Steve Jobs exige que la conception de cet ordinateur soit revue de fond en comble afin qu'il puisse fonctionner avec une souris, affiche des icônes et des fenêtres. En dépit des réticences opposées par les ingénieurs chargés du Lisa, il obtient gain de cause [1]. Sept mois après la visite au PARC, Steve Jobs recrute Lawrence Tessler et lui donne pour mission d'intégrer du Lisa les caractéristiques de Smalltalk. Bill Atkinson contribue à la conception de l'interface graphique. Pourtant, suite à des querelles internes, Jobs se voit écarté du projet Lisa par le président d'Apple, Mike Scott. Un ancien ingénieur de Hewlett-Packard, John Couch, se voit confier la responsabilité de la machine graphique.

Jobs, d'abord dépité, s'intéresse alors à une machine expérimentale conçue par Jeff Raskin : Macintosh. Au désespoir de ce dernier, Jobs prend la direction du projet et la réoriente dans le sens d'un ordinateur muni d'une interface graphique, à l'instar du Lisa. Afin d'avoir les coudées franches, Steve participe à l'éviction de Mike Scott, qui est remplacé

1. Dans le livre *Les Princes du Soft* de Susan Lammers, Jeff Raskin s'élève contre cette version des faits et affirme qu'il est l'initiateur de la transformation du Lisa en machine graphique. Selon Raskin, Jobs se serait d'abord élevé contre ce projet, tout comme celui du Macintosh, puis en aurait récupéré la paternité *a posteriori*.

à la présidence par Markkula, investisseur initial d'Apple. Jobs se donne alors corps et âme à la réalisation d'une machine qu'il estime susceptible de modifier l'existence de millions d'individus. Il est épaulé par Andy Hertzfeld qui réalise le système d'exploitation graphique, et par Burrel Smith qui conçoit la partie matérielle. Donnant libre cours à son esprit perfectionniste, Jobs veille à obtenir le maximum de ceux qui travaillent sous ses ordres inflexibles. Le « Mac » est conçu de façon à tirer parti de Smalltalk, mais aussi sur l'idée que le système d'exploitation et le matériel doivent coopérer afin de faciliter la mise en œuvre de l'ordinateur. Quelques mois plus tard, *Quickdraw*, le logiciel qui dessine l'interface graphique du Mac, commence à fonctionner.

À Palo Alto, les travaux issus de l'imagination débridée des esthètes non conformistes aboutissent en 1981 à la création d'un micro-ordinateur qui synthétise l'état de l'art en matière de convivialité : le Xerox Star. Son écran affiche de petites images, appelées icônes, qui évoquent par un dessin l'action à effectuer : imprimer, écrire, etc. L'icône représentant une horloge, une fois sollicitée, affiche l'heure. Pour effacer un fichier, l'utilisateur le draine — à l'aide de la souris — jusqu'à l'icône représentant une corbeille. Hélas, son prix de 16 595 dollars réserve une fois de plus ce joyau à de rares privilégiés. L'équipe du Macintosh découvre avec enchantement les innovations du Star tout en déplorant l'absence de raffinement de la carrosserie de la machine. Le système d'exploitation du Mac évolue afin de s'inspirer de l'interface du Star. Il est décidé qu'il sera figé dans une mémoire non effaçable, et affichera un écran à base d'icônes, de fenêtres et de menus, lesquels seront identiques pour tous les programmes écrits pour cet ordinateur.

Un à un, suivant en cela l'exemple de Lawrence Tessler, les créatifs désillusionnés désertent le PARC : ils désespèrent de voir Xerox concrétiser leurs découvertes sous la forme d'œuvres destinées à un large public. Au début des années 80, constructeurs et éditeurs de logiciels puisent sans vergogne dans le creuset de Palo Alto. Alan Kay entre chez Atari. Robert Carr réalise Framework, un logiciel multifenêtre novateur. Bob Metcalfe, créateur d'une norme permettant à plusieurs ordinateurs de communiquer, Ethernet, fonde la société 3Com. Microsoft recrute Charles Simonyi, et sur les conseils de l'ingénieur hongrois, fait l'emplette d'une station Star afin d'étudier les concepts de Xerox et d'envisager l'écriture de logiciels similaires[1]. Plus tard, John Warnock, en créant Adobe, révolutionnera le secteur de l'édition avec PostScript, un langage adapté aux imprimantes à laser.

En mars 1981, invité à la *Ben Rosen Conference* dans le Michigan, Steve Jobs expose son point de vue sur le futur des ordinateurs. Entraîné par l'enthousiasme de ce qu'il vit à Cupertino, il ne peut s'empêcher d'évoquer en filigrane la direction que s'apprête à prendre Apple sur la trace du PARC. Bill Gates, qui assiste à la réunion, est électrisé par les déclarations de Jobs. Il y trouve un écho de ses propres convictions en matière de logiciels, lesquelles ont été renforcées par la découverte de la station Star. Après la conférence, les deux hommes s'entretiennent avec ferveur sur l'avenir de la micro-informatique. Les prophètes de la civilisation digitale découvrent qu'ils sont à l'unisson sur le thème des interfaces graphiques, de la souris et des icônes. À la fin de la

1. Scott McGregor, Dan Lipkie et Leo Nikora seront par la suite débauchés du PARC par Gates et Simonyi afin de mener à bien le projet Windows.

conversation, Jobs convie son homologue à venir voir ce qui se trame dans les ateliers de Cupertino. Dans son for intérieur, il espère amener l'éditeur du BASIC à développer des logiciels pour le Mac : le plus bel ordinateur du monde ne peut s'imposer que s'il dispose d'une gamme conséquente. Préoccupé par la réalisation du MS-DOS, le président de Microsoft décide de reporter cette visite à une date postérieure à la sortie de l'IBM PC.

À la fin de l'été, Bill Gates rencontre Steve Jobs, Jeff Raskin et Andy Hertzfeld en terre californienne. Les hommes d'Apple effectuent une démonstration éblouissante de l'interface graphique en cours de réalisation. Gates presse Hertzfeld de questions afin de connaître les tenants et aboutissants de la machine miraculeuse. Steve Jobs dresse une porte blindée devant la curiosité de son hôte : il n'est pas question de laisser filtrer les informations relatives aux recherches en cours. Gates apprend cependant que le Mac reposera vraisemblablement sur un microprocesseur deux fois plus puissant que celui de l'IBM PC : le 68000 de Motorola est un 32-bits. Une telle capacité n'est pas de trop pour un ordinateur dont l'écran doit être dessiné en permanence. Bill Gates perçoit quelle peut être la portée du Macintosh et juge qu'il serait avisé d'investir dans le projet de Steve. Fort de l'écho positif qu'il rencontre chez son alter ego, le fondateur d'Apple propose d'associer Microsoft au lancement du Macintosh, en permettant d'engager dès à présent le développement d'application *ad hoc*. Jobs prévoit de lancer le Macintosh en octobre 1982 et exige des délais extrêmement serrés pour la réalisation d'une version Mac de Multiplan, ainsi que pour l'écriture de deux programmes : Chart (graphes) et File (gestion de fichiers), et Word. Gates refuse d'entrer dans le jeu et s'engage à ce que ces logiciels soient terminés au plus tard un an après qu'Apple aura achevé la définition de la machine.

De retour à Seattle, Bill Gates confie à Charles Simonyi la responsabilité du développement de logiciels pour le Mac. Simonyi rencontre Robert Bellevue, directeur technique de la division Macintosh, et Andy Hertzfeld, concepteur de l'architecture logicielle. Les trois hommes ont de longues conversations au cours desquelles ils échangent leurs idées sur la façon dont doit être conçue l'interface et les outils que doit fournir Apple pour aider à la programmation d'applications. Simonyi rédige un plan d'action concernant ce qu'il désigne alors comme l'Apple 4 — à cette époque, Macintosh est censé n'être qu'un nom de code. À partir de l'automne, plusieurs programmeurs de Microsoft travaillent en coopération étroite avec leurs homologues d'Apple. Ils interviennent dans la définition de certains aspects de l'interface du Macintosh tels que les boîtes de dialogue, et les barres de défilement latérales des fenêtres. L'équipe de Simonyi apporte son assistance à la résolution de bugs et suggère diverses caractéristiques. De leur côté, Bill Gates et Steve Jobs signent un contrat spécifiant que les applications Multiplan, Chart et File seront livrées par Apple avec le Macintosh. Selon les termes de cet accord, Microsoft s'engage à ne pas publier de logiciel pour l'IBM PC arborant une interface graphique avant que ne se soit écoulé un an à partir de la première livraison du Macintosh. Bill fait ajouter une clause indiquant que cette date butoir ne doit pas dépasser décembre 1983 : en parallèle, il envisage de développer une interface « graphique » recouvrant le terne MS-DOS[1].

L'un des dix premiers prototypes du Macintosh est livré à Bellevue au cours de l'été 1982. Le premier logiciel adapté sur la machine est le tableur Multiplan.

1. Cette interface graphique sera baptisée Windows.

Simonyi, étant donné son expérience au PARC, se retrouve comme un poisson dans l'eau dans cet univers peuplé d'icônes et de fenêtres. Lors de la conception de Multiplan et de Word, le programmeur hongrois avait d'emblée envisagé l'adaptation éventuelle de tels programmes sous une interface graphique. Ces logiciels ont donc été élaborés selon un modèle précis : chaque menu donne accès à un panneau de sélection dont la structure correspond à une boîte de dialogue sur le Star. Selon la procédure mise en place, le code de Multiplan — écrit en C — est traduit en un code intermédiaire appelé P-Code, à son tour soumis à un « interpréteur » qui l'adapte à un système d'exploitation donné : CP/M, MS-DOS, AppleDOS... Neil Konzen, affecté au projet Macintosh, réalise l'interpréteur *ad hoc*. La traduction du code de Multiplan ne prend que quelques jours. Mais les développeurs se heurtent à de grandes difficultés : le système d'exploitation graphique du Macintosh fonctionne de façon totalement différente de celui du PC.

Tous les trois mois, Steve Jobs invite Gates en Californie, afin d'être informé de l'état d'avancement des logiciels. Le ton tourne à la récrimination : Microsoft n'avance pas assez rapidement pour être en mesure de tenir les délais. Jobs malmène son interlocuteur, le presse de travailler de façon plus intense sur le Mac et de laisser tomber la collaboration avec IBM, une multinationale qu'Apple assimile au diable. Le PC de Big Blue est considéré avec mépris comme une machine fruste et appartenant au passé. Gates, en revanche, juge que Jobs se gargarise de phrases idylliques sur le fait que le Mac va conquérir le monde, au point qu'il en oublie la réalité des faits. Les délais demandés par Jobs sont irréalistes et l'équipe qui réalise le Macintosh accuse elle-même un retard considérable. Gates dresse la liste des problèmes rencontrés par les équipes de développement de Multiplan, élevant la voix à son tour : « *Steve, si vous ne corrigez pas tous ces problèmes, vous ne vendrez pas un seul Mac !* »

À Cupertino, l'équipe chargée de réaliser le Lisa prend de vitesse celle du Mac. Steve Jobs avait parié 5 000 dollars qu'il serait le premier à présenter un produit fini et se retrouve contraint d'acquitter la somme à son homologue John Couch. Le Lisa est présenté à la presse en janvier 1983, et suscite un émerveillement sans réserve. Steve Jobs a des accents lyriques pour commenter la révolution technologique accomplie, mais ne peut s'empêcher d'évoquer le projet en cours à Cupertino : un micro-ordinateur analogue au Lisa, mais vendu cinq fois moins cher.

En mai, un nouveau président est nommé à la tête d'Apple. John Sculley arrive tout auréolé de la réputation acquise lorsqu'il dirigeait Pepsi Cola. En associant l'image de cette boisson à celle du style de vie de la jeunesse, il est parvenu à donner du concurrent Coca-Cola une image passéiste. Jobs voit d'un bon œil l'éventualité de reproduire ce phénomène avec le binôme Apple-IBM. Pour l'heure, Apple essuie un revers avec le Lisa : peu de cadres sont prêts à débourser les 10 000 dollars nécessaires à l'acquisition de ce micro-ordinateur de rêve. Maigre consolation, Apple livre autant de Lisa en juillet — mois de sa commercialisation — que Xerox a livré de Star en dix-neuf mois.

Un élément de discorde surgit à propos de Windows, un logiciel sur lequel travaille Microsoft, et qui vise à recouvrir le MS-DOS d'une interface graphique. Jobs assimile ce projet à un vol pur et simple de technologie, estimant que Windows est une copie du système du Macintosh. Gates réfute cete affirmation et indique qu'il s'est contenté d'agir de façon similaire à Apple, en s'inspirant des découvertes du

Xerox PARC. Il recourt même à une comparaison pour appuyer son point de vue : « *Steve, c'est comme si nous avions tous deux un voisin fortuné nommé Xerox. Nous avons pénétré chez lui par effraction afin de lui voler sa télévision, et nous avons alors découvert qu'elle avait déjà été volée par vous !* » Gates affirme par ailleurs que les équipes affectées au développement de Multiplan, Chart et File pour le Mac ne sont pas autorisées à communiquer avec celles qui supervisent Windows. Jobs n'en croit rien.

La représaille ne tarde pas. Quelques mois plus tard, Steve Jobs explique à Gates qu'il n'apparaît pas opportun de livrer Multiplan, Chart et File avec le Mac. Il dit avoir reçu des plaintes de la part d'éditeurs tels que Lotus : Mitch Kapor parle d'un avantage inique accordé à un concurrent. Bill Gates se laisse convaincre par cette argumentation et consent à amender le contrat initialement établi. Il ne tarde pas à découvrir qu'Apple a finalement décidé d'inclure avec le Mac deux logiciels développés en interne : MacPaint et MacWrite !... Gates est furieux, mais ne parvient pas à infléchir la décision de Jobs. Au sein d'Apple, il est de bon ton de se gausser de Multiplan : la version Mac est bourrée de bugs.

Ce sont les ventes de l'Apple 2 qui permettent à la société de Cupertino de terminer l'année 1983 de façon honorable : plus de cent mille exemplaires du classique sont diffusés mensuellement. La société de Cupertino dépasse le milliard de dollars, essentiellement grâce à la popularité du modèle originel que continue de dorloter Steve Wozniak. Le Lisa, en revanche, apparaît d'ores et déjà comme un échec : vingt mille exemplaires ont été écoulés, au lieu des cinquante mille prévus. Pendant ce temps, IBM avance à pas de géant, sur tous les fronts. En l'espace de deux ans, elle a pris 30 % du marché des ordinateurs personnels et n'en laisse que 21 % à Apple. En janvier 1982, la nouvelle administration Reagan a annulé le procès antitrust intenté treize ans plus tôt. Affranchie du joug étatique, la compagnie a baissé les prix sur l'ensemble de sa gamme, et rend la vie dure à ses concurrents, qu'ils s'appellent Amdahl dans le domaine des grands systèmes ou Apple dans celui des micro-ordinateurs. En moins d'une année et demie, le cours de l'action IBM est monté de 60 points, intervenant pour 1/10e dans la progression de l'indice Dow Jones.

Les haut-parleurs retentissent des accents grandioses de la musique du film *Les Chariots de Feu* de Vangelis, poète de la musique synthétique, tandis que les spectateurs prennent place dans l'Auditorium du *Flint Centre*, le 23 janvier 1984. Steve Jobs récite quelques lignes prophétiques du barde Bob Dylan : « *Le monde et les temps changent* » *(« The times, they are changing »).* Il évoque sa crainte de voir Big Blue régenter la micro-informatique, imposant les méthodes inhumaines dont elle a usé vingt ans plus tôt avec les grands systèmes. Un spot publicitaire apocalyptique réalisé sur le thème de *1984* est projeté à l'assemblée médusée : la civilisation grisâtre à la IBM est symbolisée par la marche anonyme de milliers d'individus à la tête rasée. Survient une jeune femme blonde et décontractée, vêtue d'un tee-shirt rouge, évoquant la culture Apple. Armée d'un marteau, elle fracasse l'ordinateur de Big Brother, provoquant l'arrivée d'un vent frais sur les visages des individus. 1984 ne sera pas à l'image du roman d'Orwell, et le Macintosh est désigné comme l'artisan de ce salut. Jobs dévoile alors l'enfant prodige : « *J'aimerais laisser le Macintosh parler de lui-même.* » De la petite boîte blanche sort une voix qui met en garde contre les ordinateurs que l'on ne peut soulever aisément —

allusion au PC qui est difficilement transportable. Le public découvre avec ravissement l'interface graphique du Mac : l'écran simule un bureau sur lequel sont disposés dossiers et documents. Le fait de cliquer avec la souris sur un document « ouvre » celui-ci : il apparaît alors dans une fenêtre. Macintosh comporte en standard deux logiciels : MacWrite (traitement de texte) et MacPaint (dessin). MacPaint, conçu par Bill Atkinson, est effectivement simple d'emploi. Le dessin est effectué à la souris en sélectionnant des formes : rectangle, cercle... et en les étirant à volonté. MacWrite, écrit par Randy Wigginton, est tout aussi étourdissant de convivialité et de simplicité. Un mouvement de la souris suffit pour sélectionner, couper et coller des paragraphes entiers. Les caractères gras ou italiques apparaissent tels quels sur la page blanche représentée à l'écran. Les traitements de texte PC à la Wordstar apparaissent soudain fort désuets.

Trois hommes de l'industrie du logiciel ont été conviés à la cérémonie : Bill Gates de Microsoft, Mitch Kapor de Lotus, et Fred Gibbons de SPC[1]. Bill Gates fait l'éloge de la machine : « *Macintosh représente pour nous la génération suivante, celle qui verra le règne de l'interface graphique. En 1984, 50 % des revenus de Microsoft en matière d'applications viendront de logiciels développés pour le Mac.* » Il annonce la sortie immédiate de Multiplan et Mac BASIC et la publication prochaine de Chart, File et Word. Gates se montre sincère dans ses prévisions : il est fondamentalement convaincu que les vertus de l'interface graphique sont telles, qu'elles vont entraîner l'adhésion massive du public.

1. Dont les logiciels PFS/File (gestion de fichiers) et PFS/Write (traitement de texte) remportent un succès indéniable.

Macintosh fait l'objet d'une campagne monstre visant à le présenter comme un micro-ordinateur fabuleux qui tire un trait sur le passé. Steve Jobs engage un budget colossal — quinze millions de dollars — afin de diffuser internationalement le message à grande échelle. Les ventes démarrent de manière frénétique : 70 000 unités sont écoulées au cours des cent premiers jours.

CHAPITRE 13

Excel

« Les grands best-sellers du logiciel ont généralement été écrits par de petites équipes. 1-2-3, pour l'essentiel, a été conçu et réalisé par deux individus. Il en est de même de VisiCalc. À l'origine, dBASE a été le fruit du travail d'une seule personne. Paradox a été écrit par deux programmeurs. Il en est ainsi de tous les logiciels majeurs. »

Ce point de vue énoncé par Dan Bricklin, créateur de VisiCalc, est partagé par la plupart des chefs de projets en matière de logiciel. Le défi essentiel auquel sont confrontés les éditeurs consiste à trouver les rares individus capables de mener à bien la réalisation d'une œuvre dans ses moindres détails. Ils sont généralement jeunes, et de ce fait dotés d'une énergie apparemment inépuisable, dès lors qu'ils s'enflamment pour une cause qu'ils jugent valable. Souvent non conformistes, depuis leur apparence vestimentaire jusqu'à leur comportement social, ils se situent en marge d'une société qu'ils méprisent, régie par des impératifs commerciaux. Dès le début de l'année 1981, Gates a pris conscience qu'il fallait aller sur les campus des universités pour trouver un à un ces champions virtuels.

Pour réaliser un logiciel inoubliable, il faut maîtriser la créativité débridée de ces artisans, et la canaliser vers un produit censé aboutir sur le bureau de millions d'utilisateurs. Par la force des choses, les esprits de cet acabit ne peuvent être sensibles qu'aux incitations émanant d'autres conquérants aguerris de l'univers du logiciel. Mais Bill Gates et Charles Simonyi possèdent l'aura et la crédibilité nécessaires pour libérer une telle passion. Doug Klunder, archétype du marginal qui aurait vécu en temps normal à l'écart du système, a été le premier étudiant recruté par Microsoft sur un campus, en mars 1981. Le tableur Excel est né de sa volonté farouche d'élaborer un logiciel surpassant ce qui avait été réalisé auparavant. Mais il faillit ne pas voir le jour du fait de l'ire du même Klunder face à ce qu'il considérait comme des caprices irresponsables de sa hiérarchie.

En septembre 1983, Gates se rend à l'évidence. Lotus 1-2-3 est fermement installé en première position et l'ampleur de ses ventes rend irréaliste toute tentative de le déloger. La contre-attaque ne peut venir d'une version bonifiée de Multiplan, logiciel conçu dans un tout autre esprit que 1-2-3. Bill envisage la création d'un nouveau tableur, provisoirement nommé *Odissey*, qui offrirait les mêmes capacités que celui de Lotus avec, dans chaque cas de figure, une amélioration majeure. À cet effet, il décide d'organiser une retraite dédiée à la réflexion, loin des bureaux de Bellevue. Jusqu'alors, les spécifications des logiciels ont été conçues pour l'essentiel par Simonyi et Gates. Pour l'occasion, ils décident de sortir des sentiers battus en invitant trois développeurs à participer au brainstorming : Doug Klunder, Jeff Harbers et Bob Mathews. Deux hommes du marketing sont pareillement conviés : Jeff Raikes et son assistant Jabe Blumenthal. Au total, dix personnes triées sur le volet sont réunies dans une pièce d'un hôtel de Seattle, le *Red Lion*. Bill ouvre la réunion en expliquant l'objectif visé : « *Nous allons définir les bases du plus beau tableur du monde.* »

L'enjeu, à peine énoncé, suscite un flot de suggestions. Quelques minutes viennent de s'écouler et déjà, il devient difficile de s'entendre au milieu des cris des uns et des protestations des autres. Chacun défend son point de vue avec fureur et les injures pleuvent. Certains se montrent partisans d'une représentation des chiffres à la façon de Word, faisant apparaître le gras, l'italique... D'autres vont plus loin et prêchent pour un développement sous une interface graphique telle que celle du Macintosh. Leur souhait, loin de faire l'unanimité, est accueilli par des quolibets. Bill Gates s'égosille à expliquer que l'aspect à privilégier avant tout dans un tableur est la rapidité de calcul. Une autre question déchire les participants : faut-il conserver certaines caractéristiques de Multiplan ou s'inspirer de 1-2-3 ? Certains programmeurs pensent qu'il faut abandonner la notation L1C1, L1C2 de Multiplan et adopter le mode « bataille navale » A1, B1... de Lotus. Bill se montre en total désaccord : il exècre la façon d'opérer de Lotus. Il convient de modérer sa position devant un argument assené sans délicatesse par un contradicteur : si le public préfère le mode Lotus, il serait stupide de le lui refuser ! Bill concède qu'il faut au moins l'offrir en option. 1-2-3 a popularisé un concept appelé les « macros », un petit langage de programmation qui reprend les commandes du tableur. Gates estime qu'il faudrait associer à *Odissey* le langage BASIC, familier à des milliers d'utilisateurs. Doug Klunder juge qu'un tel raisonnement est inepte : le langage de macro doit correspondre aux commandes figurant sur les menus d'*Odissey*. Pour clouer le bec à certains plaideurs obstinés, les hommes du marketing comparent leurs avis soi-disant géniaux aux résultats d'enquêtes effectuées auprès d'utilisateurs de Multiplan et de 1-2-3.

Durant trois journées frénétiques, les participants

se déchirent verbalement sur les caractéristiques à apporter au produit. Si la méthode de travail apparaît peu orthodoxe, elle porte ses fruits : chemin faisant, les spécifications d'un tableur de rêve sont jetées sur le papier. Plusieurs concepts majeurs sont définis. L'un d'eux est le « recalcul intelligent ». Lorsque l'utilisateur modifie une valeur dans Multiplan ou 1-2-3, ceux-ci recalculent le tableau entier. *Odissey* ne recalculera que les cellules directement affectées par une mise à jour. Cette simple amélioration devrait amener une vitesse de recalcul largement supérieure à celle de 1-2-3. Le tableur de Lotus nécessite de pointer sur chaque rangée de nombres avant de pouvoir créer un graphique. *Odissey* permettra un tracé automatique, à charge pour le logiciel de déduire lui-même les informations à représenter sous forme d'histogramme. Les macros pourront être créés automatiquement pendant que l'utilisateur frappe sur le clavier.

À la fin de la réunion, Doug Klunder indique qu'il va rédiger une synthèse des arguments échangés au cours de ces fiévreuses journées. Deux semaines plus tard, il présente un rapport de vingt pages qui résume les points sur lesquels les participants se sont mis d'accord après s'être conspués sans ménagements. La définition du cahier des charges d'un logiciel est habituellement effectuée par Simonyi. Gates juge opportun de confier la responsabilité de ce travail à Blumenthal. L'assistant de Jeff Raikes semble tout indiqué pour cette tâche. Entré chez Microsoft en 1982, il s'est occupé du marketing de Multiplan, et pour ce faire, a étudié en détail VisiCalc, SuperCalc et 1-2-3, qu'il connaît sur le bout des doigts. Jabe Blumenthal rédige les spécifications définitives de ce qui va devenir Excel, assisté dans la tâche par Doug Klunder. Les deux hommes décident qu'Excel sera développé sur l'IBM PC avec un aspect proche de celui de Multiplan. Blumenthal et Klunder découvrent alors un logiciel d'Ashton-Tate appelé Framework qui présente une interface séduisante : son concepteur, Robert Carr, ancien chercheur du Palo Alto Research Center, a réussi à reproduire certains atouts des interfaces graphiques de type Xerox Star sur l'écran des PC. Jabe et Doug passent un long moment à étudier Framework et, impressionnés par son langage de programmation, décident de s'en inspirer pour celui qui sera inclus dans *Odissey*. Au bout du compte, *Odissey* reprend la plupart des points forts d'autres tableurs et intègrent des concepts novateurs tels que le recalcul intelligent. La somme des options retenues aboutit à un logiciel ambitieux.

Doug Klunder entreprend la programmation du tableur avec passion. Animé par la certitude qu'il est en train de réaliser un produit majeur, le garçon barbu et chevelu consacre l'essentiel de ses journées à l'écriture d'*Odissey*. Il est assisté par deux autres développeurs : Mark O'Brien et Jeff Harbers. Le développement est censé durer six mois. Le nom du tableur évolue à plusieurs reprises : les appellations *NumberBody, Mister Spreadsheet, Plan 3, Champagne* et *Lever* sont successivement écartées au profit d'un nom distingué... *Excel*. À l'aube de la nouvelle année, l'essentiel de la partie qui concerne le calcul est prête. Les programmeurs doivent encore écrire le code se rapportant aux graphiques de gestion, aux liaisons entre feuilles de calcul et aux macros. Doug Klunder informe Bill Gates de l'impossibilité de respecter le délai prévu et suggère de repousser la sortie d'Excel à l'automne. Il lui sera ainsi possible de fignoler son bijou dans les règles de l'art.

Les événements se précipitent vers la fin du mois de février. Apple vient de lancer le Macintosh et Microsoft a publié une version de Multiplan pour cet ordinateur. Gates apprend alors que Lotus a décidé de s'attaquer au Macintosh : elle va développer un produit appelé *Jazz*. La menace est prise au sérieux.

Après un an d'activités, Lotus affiche un revenu proche de celui de la compagnie de Bellevue : 53 millions de dollars contre 69,5. Au train où évoluent les ventes de 1-2-3, la société de Mitch Kapor ne devrait pas tarder à prendre la première place. Lotus a annoncé que Jazz sera un « intégré » : il offrira cinq services — tableur, traitement de texte, graphique, gestion de fichiers, et télécommunications. Kapor est intimement convaincu que l'avenir appartient à ce type de logiciel et a lancé le développement d'un programme du même acabit sur PC, *Symphony*. L'annonce de Jazz précipite un changement de direction radical. Gates, Raikes et Blumenthal sont convaincus qu'il est illusoire de battre 1-2-3 sur PC. À présent, il semble que Jazz pourrait ne faire qu'une bouchée de Multiplan Mac et consolider la domination de Lotus dans le secteur du logiciel. Il apparaît opportun de porter la bataille là où elle n'a pas encore eu lieu : sur le terrain du Mac. Gates pressent que la convivialité des interfaces graphiques va progressivement attirer des millions d'utilisateurs. Il n'est pas envisageable de laisser l'éditeur de Boston accaparer ce marché. Il faut offrir un tableur de niveau supérieur sur la machine d'Apple.

La décision de porter Excel sur la machine de Steve Jobs est prise le 5 mars au cours d'un meeting informel auquel participent Gates, Blumenthal et quelques techniciens. Pour des raisons obscures, Doug Klunder est absent de cette réunion. C'est au travers d'un message qu'il reçoit d'un rédacteur technique que Doug apprend que l'orientation a changé sur Excel. « *J'ai entendu dire qu'Excel était désormais un logiciel qui va tourner sous une interface graphique. Que dois-je faire à présent ?* » Doug est décontenancé. Il s'est visiblement passé quelque chose de fondamental, et il n'en a même pas été prévenu. Il se précipite dans le bureau de Gates afin de demander ce qui se trame au juste. Bill, gêné, explique que, depuis plusieurs semaines, il envisageait de porter Excel sur Macintosh et que les gens du marketing ont convenu qu'il s'agissait d'une initiative sensée. Klunder s'avoue troublé. Il ne comprend pas pourquoi Bill n'a pas jugé opportun d'informer en premier lieu la personne la plus concernée. Il exprime son amertume d'avoir consacré six mois de son existence à développer jour et nuit un produit dont la sortie est annulée. « *C'est n'importe quoi sur le plan humain ! Je me tue à écrire Excel. Toute ma vie est devenue Excel !* », hurle Klunder. Il ajoute que la décision prise n'est pas bonne. 1-2-3 est un programme encore récent sur le marché. Excel a toutes les chances de le supplanter. Lorsqu'il comprend qu'il n'est plus question de revenir en arrière, Klunder songe à démissionner sans plus attendre. Après réflexion, il informe Gates qu'il consent à travailler sur Excel pendant neuf mois supplémentaires. Au terme de cette période, il quittera sans regret cette compagnie honnie.

Jabe Blumenthal reprend du service afin d'adapter les spécifications d'Excel à la plate-forme Macintosh. Il est assisté de Mike Slade, le nouveau Product Manager du logiciel[1]. Ils décident en premier lieu de s'inspirer du tableur réalisé par l'équipe affectée au Macintosh : Multiplan Mac. Les programmeurs l'ont doté d'un affichage original : les lignes et colonnes sont délimitées à l'écran par une grille de pointillés. Mais Slade et Blumenthal décident également d'aller puiser leur inspiration dans le travail réalisé par les concurrents.

Lors d'un prochain salon de micro-informatique, Mitch Kapor envisage de présenter Jazz en avant-

1. *Product Manager* : responsable du produit. Une fonction créée à cette époque afin de désigner la personne chargée de superviser la réalisation et la promotion d'un logiciel.

première. Mike Slade et Jabe Blumenthal se rendent sur place et assistent avec intérêt à la démonstration de Kapor. Installés devant le stand Lotus, ils déploient des blocs-notes et noircissent des dizaines de pages, copiant fébrilement tout ce qu'ils observent : menus, commandes, aspect de l'écran... Une telle activité n'est pas sans attirer l'attention des responsables du stand qui enjoignent à Slade et Blumenthal de quitter les lieux. Les deux parasites parviennent à attirer l'attention de Mitch Kapor, se présentent comme de simples développeurs de Microsoft, impressionnés par ce que prépare Lotus et sincèrement curieux d'en savoir plus. Kapor, à mille lieues de se douter que Microsoft prépare un produit concurrent de Jazz, se montre bon prince. Il est ravi de faire partager son enthousiasme à d'autres fanatiques du logiciel et, bien malgré lui, se prête à un exercice prémédité d'espionnage industriel. « *Comment faites-vous pour relier la fenêtre tableur à celle de l'histogramme ? Et pour gérer le défilement dans une feuille ?* » Le président de Lotus répond de bonne grâce aux questions insidieuses des caméléons et dévoile sans retenue les inventions maison. Les envoyés spéciaux griffonnent des notes précieuses. De retour à Redmond, les confidences de Kapor s'inscrivent dans le cahier des charges d'Excel.

Le premier logiciel développé par Microsoft pour Macintosh — Multiplan — semble avoir été bâclé. Des échos alarmants évoquent de nombreux bugs. Dans certains cas, les utilisateurs perdent leurs données. Gates reconnaît que Microsoft a travaillé « *dans la précipitation* » sous la pression d'Apple et que le programme n'a pas été soumis à des tests de qualité suffisants. Une lettre adressée aux utilisateurs enregistrés reconnaît l'existence d'anomalies. Elle résume les bugs existants et offre un guide sur la façon d'éviter les problèmes en attendant la mise à jour.

Les acquéreurs de Multiplan sont conviés à renvoyer leur exemplaire à Bellevue afin de recevoir gratuitement une version revue et corrigée.

Microsoft met au point également un traitement de texte avancé pour le Macintosh. Word Mac a fait sa première apparition publique au cours d'une exposition organisée par Apple. Bill Gates pratique un sport à haut risque : il parvient à effectuer une démonstration du logiciel sans qu'il plante une seule fois, alors même qu'il est truffé d'anomalies. Les habitués de MacWrite, traitement de texte fourni gratuitement avec le Mac, attendent impatiemment l'apparition de Word : MacWrite n'est pas en mesure de gérer un document de plus de huit pages. Les écrivains, scénaristes et autres noircisseurs de papier lorgnent vers Word avec des soupirs d'impatience. Pourtant, la version mise au point en septembre est jugée trop lente pour qu'il soit possible de la commercialiser. Les révisions apportées au logiciel occasionnent des bugs qui retardent sa publication de quatre mois.

Lotus annonce officiellement son intégré Jazz en novembre. John Sculley vante ouvertement les mérites d'un logiciel dont la sortie est jugée primordiale pour l'ordinateur d'Apple. « *Jazz est un produit important pour la stratégie d'Apple : il ouvre de nouveaux marchés pour le Macintosh.* » Steve Jobs, tout aussi enthousiaste, prédit une merveilleuse carrière à l'intégré : il va se retrouver sur 50 % des Macintosh. Lotus investit des sommes considérables afin de positionner Jazz comme le programme ultime pour le Macintosh. Sa sortie est prévue pour la fin mars.

Aux fêtes de Noël, Excel se retrouve dans l'état où il se trouvait sur PC neuf mois auparavant. Un certain nombre de concepts ont été inaugurés. Le tableur intègre des capacités de mise en page et permet ainsi la production de rapports de qualité professionnelle. L'une des caractéristiques les plus remarquables voit le jour par hasard. Le développeur qui réalise la gestion des imprimantes est lassé de faire des aller et retour chaque fois qu'il teste ce qu'il a écrit : l'imprimante se trouve située dans une pièce éloignée. Il décide de développer un petit programme qui permette de visualiser la page à l'écran, telle qu'elle serait imprimée. Cette option se révèle incroyablement utile : elle permet de gagner un temps précieux. Le programmeur entreprend de convaincre Jabe Blumenthal qu'il faut à tout prix l'ajouter au logiciel. Jabe, d'abord sceptique, consent à l'intégrer dans Excel.

Microsoft diffuse une pré-version de Word Mac auprès d'une centaine d'entreprises participant à un programme de test intensif. Bien qu'il s'agisse d'une copie préliminaire, le logiciel arbore la mention Mac Word Version 1.0. Un phénomène regrettable se produit alors : des copies pirates du logiciel se répandent auprès des utilisateurs de Mac. Comme à l'époque du BASIC de l'Altair, certains ne peuvent plus attendre l'arrivée officielle du traitement de texte. La situation est d'autant plus fâcheuse que la version en question comporte un bug majeur : la dernière ligne d'un texte a tendance à s'effacer. Microsoft constate qu'une image négative de Word Mac se diffuse et décide de le publier dès janvier afin d'enrayer la tentation d'acquérir des copies pirates.

Jeff Raikes juge qu'il est temps de présenter Excel à Steve Jobs : Apple n'est pas encore au courant du développement du tableur. Mais la réaction du fondateur d'Apple n'est pas très bonne :

— *Vous êtes dingues, les gars ! Jazz sera le logiciel du Macintosh. Vous le retrouverez sur chaque bureau là où il y aura un Mac !*

Jobs désapprouve l'orientation prise par Microsoft qui consiste à vendre deux logiciels séparés : Word et Excel. Il estime qu'il serait plus adéquat de réunir le traitement de texte et le tableur en un même logiciel. Bill Gates, informé de l'opinion de Jobs, décide de ne pas modifier ses plans. Il est intimement opposé à l'idée des intégrés. Ceux qui ont été publiés à ce jour, notamment Symphony et Framework, souffrent d'une même carence : des services de haute qualité cohabitent avec d'autres de piètre nature. Toutefois, Gates ne se montre pas totalement indifférent aux arguments de Steve Jobs et décide de trouver une parade. Le prix de l'ensemble Excel/Word sera comparable à celui de Jazz. De plus, Microsoft offrira un utilitaire, le *Switcher*[1], permettant de passer à tout moment du traitement de texte au tableur et vice versa. Pour réaliser un tel outil, il fait appel à Andy Hertzfeld.

Responsable du système d'exploitation du Macintosh depuis février 1981, Hertzfeld vient de quitter Apple, suite à des désaccords avec ce qu'il appelle la « *bureaucratie du groupe Mac* ». Son départ ne passe pas inaperçu : Hertzfeld, en tant que père de l'interface graphique de la machine, avait fait l'objet d'un portrait dans les magazines tels que *Rolling Stone* et *Newsweek*. Lorsque Gates apprend qu'Andy Hertzfeld s'est mis à son compte et entend développer un Switcher pour le Macintosh, il le fait contacter au plus vite. Les deux hommes ont un tête-à-tête au cours duquel Gates, volontairement flatteur, demande au programmeur en combien de temps il peut développer un tel programme. Hertzfeld, prudent, choisit de ne pas apparaître trop optimiste et répond qu'il faut deux mois. Gates lui demande alors combien il touche en moyenne par semaine. Hertzfeld estime la somme aux alentours de cinq mille dollars. Gates propose donc de lui acheter le Switcher sur la base du temps passé, soit quarante mille dollars.

1. Littéralement : commutateur.

Hertzfeld refuse cette proposition. Il pressent que le Switcher est un logiciel aussi stratégique pour Apple que pour Microsoft et s'en va le proposer au constructeur de Cupertino. John Sculley, président d'Apple, lui en offre la coquette somme de 150 000 dollars.

De son côté, Doug Klunder met à exécution la décision prise un an plus tôt et quitte Microsoft en janvier. Avant son départ, il enregistre plusieurs bandes vidéo expliquant comment fonctionne Excel. Doug promet qu'il « *ne remettra jamais les pieds dans cette boîte* ». Désœuvré, il part pour la Californie et vit au jour le jour en effectuant de petits boulots. Microsoft recrute un nouveau responsable pour le développement d'Excel, Phil Florence.

Ayant travaillé dans une entreprise classique, chez le constructeur d'ordinateurs Wang, Florence est à mille lieues de se douter de l'ambiance qui règne à Bellevue. Il se retrouve placé directement sous la direction de Bill, lequel fait peser sur lui une pression à laquelle il n'est pas accoutumé : il doit superviser le travail des autres programmeurs, écrire certaines parties du tableur, réaliser des tests permettant de repérer les bugs éventuels... Chacun s'attend à ce qu'il accomplisse sa semaine de travail selon les critères maison : matin, après-midi, soir et week-ends. Florence ne parvient pas à prendre le rythme et se retrouve la cible directe du courroux de Gates. Le projet Excel s'enlise et pour comble d'adversité, personne n'arrive à retrouver les bandes vidéo enregistrées par Doug Klunder.

Depuis plusieurs mois, Apple traverse une période sombre. Le Macintosh a connu un démarrage éclatant : il représentait 14 % des ventes de micro-ordinateurs en avril 1984. Mais il s'est rapidement essoufflé. En décembre, sa part est tombée aux alentours de 7 %. Passé l'effet de surprise, le Mac a perdu son aura, et ce, pour deux raisons principales. La gamme de logiciels — près de 500 — ne comporte aucun titre majeur. Le modèle initial a été limité en capacités, du fait de l'entêtement de Steve Jobs. Le fondateur d'Apple a insisté pour que le premier Mac ne comporte que 128 Ko de mémoire[1] — quatre fois moins que l'IBM PC. Les ingénieurs responsables de la machine ont tenté en vain de l'en dissuader : une telle contrainte réduisait de façon significative les possibilités du Mac. Devant l'obstination du visionnaire, ils ont choisi secrètement de réaliser une machine dont la mémoire puisse éventuellement être étendue à 512 Ko. Devant la chute des ventes et le ralentissement des commandes, la nécessité d'offrir un tel Macintosh 512 Ko s'impose naturellement. En attendant, 75 % des recettes de la compagnie proviennent encore et toujours de l'Apple 2. Pourtant, l'équipe responsable de cet ordinateur ressent amèrement le fait que le Mac accapare l'essentiel des médias. Plusieurs membres du groupe Apple 2, ulcérés, donnent leur démission, et parmi eux le doux Wozniak. Jugé responsable d'un grand nombre des maux dont souffre la compagnie, Jobs voit sa cote s'effriter au conseil d'administration d'Apple[2]. Il tient bon : de nombreux acheteurs potentiels de Mac sont suspendus à l'apparition de Jazz. Hélas ! En mars, Lotus annonce que son intégré sera en retard de deux mois. Mitch Kapor justifie ce contretemps en expliquant que ses programmeurs travaillent à rendre le programme aussi fiable que possible. Mais le

1. 128 Ko représente l'équivalent de 128 000 caractères. Factuellement, le premier Macintosh disposait d'une capacité très inférieure, car il fallait loger dans ce petit espace mémoire le système d'exploitation et un logiciel.

2. Jobs avait également tenu à ce que le Macintosh originel soit une machine fermée, sans ouverture vers le monde extérieur, notamment vers les PC d'IBM. Cet aspect est perçu comme un désavantage dès lors qu'il s'agit d'introduire un parc de Macintosh dans une entreprise.

retard de Jazz est un coup dur pour Apple. Sculley s'impatiente et prend au sérieux le fait que Microsoft prépare Excel. Un mois plus tard, il déclare que le retard de Jazz est partiellement responsable des faibles revenus du premier trimestre. Le président d'Apple se prépare à opérer des licenciements sans précédents.

La situation n'est pas meilleure pour Excel. Phil Florence n'apparaît pas à la hauteur pour supporter les tensions inhérentes au fonctionnement de Microsoft. Submergé par les responsabilités du projet, en butte aux remontrances persistantes de Gates, il finit par craquer : son cœur lâche. Au moment où il entre en clinique, l'avenir d'Excel apparaît trouble et incertain. La chance donne alors un sérieux coup de pouce.

Doug Klunder se fait voler le bagage qu'il avait emmené sur les routes de Californie. Totalement démuni, il se trouve dans une situation où il doit au plus vite gagner un peu d'argent. Tout bien réfléchi, Microsoft apparaît la solution la plus adéquate. Doug rentre à Seattle et s'en vient frapper à la porte de son ancien employeur. Il est accueilli à bras ouverts, comme un messie. « *Dieu merci, Doug est revenu !* », s'écrie Jabe Blumenthal.

Klunder, régénéré, se donne sans réserve à mise au point d'un logiciel qu'il considère comme son bébé : il en a écrit près de la moitié du code. Parallèlement, Gates reçoit un prototype du Switcher écrit par Andy Hertzfeld et se montre ravi de son efficacité : il devient possible de lancer jusqu'à quatre applications sur un Mac et de passer instantanément de l'une à l'autre d'un clic de souris. L'ensemble Excel / Word / Switcher sera proposé à un prix légèrement inférieur à celui de Jazz.

Quelques jours avant son introduction, le bruit que Microsoft se prépare à sortir un tableur sur Macintosh filtre dans la presse. La compagnie oppose un démenti. Mais lorsque les journalistes reçoivent l'invitation à une conférence de presse Microsoft, à laquelle assistera Steve Jobs, ils assaillent les bureaux de Bellevue des questions les plus diverses. Lorsque le nom d'Excel est avancé, la réponse officielle est : « *Nous ne pouvons confirmer ou infirmer l'existence d'un produit portant ce nom.* » Le secret relatif au développement a été tellement bien gardé que les cadres de Lotus en prennent eux-mêmes connaissance quelques jours seulement avant l'annonce. La surprise est de taille. Mitch Kapor tente d'afficher un visage serein face à ce compétiteur inattendu. « *On ne saurait situer Excel comme un concurrent de Jazz. Il ne comporte pas de traitement de texte ni de gestion de fichiers et ne sera pas disponible avant la fin de l'été. Il ressemble davantage à 1-2-3 qu'à Jazz. Je ne pense pas qu'il aura un impact important.* » Kapor est tellement convaincu que les intégrés sont le futur du logiciel que Jim Manzi, son second, a dû se battre pour que 1-2-3 ne soit pas retiré des ventes au seul profit de Lotus Symphony.

Excel doit être présenté à la presse le 2 mai, trois semaines avant la sortie de Jazz. La conférence va se dérouler au restaurant *Tavern on the Green* de Central Park, à New York. Mike Slade et Jabe Blumenthal ont préparé minutieusement le script de la démonstration que Bill Gates doit effectuer. Un grand écran est prévu afin de reproduire celui du Macintosh pendant la démonstration. Tandis que Mike et Jabe frapperont sur le clavier, Bill devra commenter les exploits du tableur prodige. Le soir du 1er mai, l'équipe de Microsoft arrive sur place avec une préversion d'Excel. Le logiciel continue d'être amélioré quotidiennement et de ce fait, Mike et Jabe ont emporté la toute dernière version disponible. Une fois le matériel installé, Gates et ses compagnons répètent un scénario bien rodé qui, une semaine auparavant, fonctionnait à merveille. Ils découvrent alors que la version d'Excel censée être présentée à la presse le lendemain matin se révèle totalement imprévisible : le logiciel plante au bout de quelques secondes d'utilisation. Jabe et Mike, atterrés, tentent de modifier certaines suites de touches ; le logiciel plante alors en d'autres endroits du script. Gates n'apprécie pas la situation : il tente d'apprendre un script qui est modifié en permanence. Alors qu'il déclame son texte, un plantage se produit et oblige à tout reprendre à zéro. Jabe et Mike appellent Doug Klunder en urgence afin de déterminer ce qui peut bien clocher. Bill, furieux, marche nerveusement de long en large en fulminant et en vitupérant à les programmeurs. Jabe Blumenthal découvre finalement qu'il est possible d'obtenir un script à peu près sûr en évitant de frapper certaines suites de touches. On répète ce scénario deux fois de suite et on décide de s'en tenir là.

La conférence est ouverte par Jon Shirley qui se déclare satisfait de la performance effectuée par Microsoft sur le Macintosh : Multiplan Mac a été diffusé à cent mille exemplaires. « *Nous avons vendu au moins un logiciel par Mac diffusé dans le monde.* » Après une brève introduction sur les vertus d'Excel, Gates commence la démonstration, intérieurement tendu : en plusieurs endroits précis du script, il est possible que le logiciel le laisse en plan. L'effet serait désastreux auprès des journalistes échaudés par les bugs des versions Mac de Multiplan et Word. À certains moments, la voix de Bill se ralentit comme s'il s'attendait au pire. Mais le pire ne se produit pas. Jabe et Mike sont également nerveux. Chaque fois qu'ils appuient sur une certaine touche à certains points du scénario, ils s'attendent à voir Excel défaillir. La catastrophe n'arrive pas. La voix de Bill reprend alors de l'assurance et accélère jusqu'au prochain point de plantage potentiel. Finalement, la magie est au rendez-vous : la démonstration se déroule intégralement sans encombre.

Les journalistes pressent le fondateur de Microsoft de questions sur le nouveau logiciel. La question de la vitesse de calcul est soulevée : il s'agit d'un facteur qui distingue 1-2-3 de tous ses concurrents sur PC. Bill Gates laisse entendre qu'en la matière, Excel surprendra les plus blasés. Steve Jobs, assis à gauche du président de Microsoft, prend ensuite la parole. Dans la mesure où les dirigeants d'Apple n'ont jamais caché leur soutien à Jazz, chacun est suspendu à ce qu'il va déclarer. De façon surprenante, il effectue un revirement public. Après avoir indiqué qu'une guerre se prépare entre Microsoft et Lotus, il embraye sur une série de considérations personnelles qui semblent désigner là où va désormais sa préférence. « *Excel va faire en sorte que Lotus ne mange pas seul le gâteau* », affirme-t-il, et il ajoute qu'il est préférable de disposer d'un tableur performant et supérieur à 1-2-3 plutôt que d'un logiciel à tout faire. « *Le problème avec les logiciels intégrés, c'est qu'il est presque impossible d'avoir la meilleure version de chaque programme. La plupart des intégrés sont compromis.* » S'il ne l'a pas nommé, chacun reconnaît le logiciel de Lotus. Sidéré par un tel retournement de situation, l'un des journalistes demande à Jobs s'il croit toujours en Jazz. Il se contente d'une réponse sobre : « *Il existe un marché pour un intégré ayant un certain niveau de performance.* » Bill Gates esquisse un sourire discret. Peu avant la fin de la conférence de presse, tombe une question que chacun attendait :

— *Allez-vous développer une version d'Excel pour le PC ?*

Bill Gates marche sur des œufs. Il sait qu'il sera difficile de conserver le soutien d'Apple s'il annonce de façon claire que Microsoft entend adapter Excel sous Windows. Sa réponse est prudente.

— C'est une question de leadership. Apple possède une avance certaine dans le domaine des interfaces graphiques. Mais tôt ou tard, toutes les technologies deviennent disponibles pour tous les constructeurs. Les PC auront donc un jour une interface graphique...

Steve Jobs lui coupe la parole :

— Ce jour-là, nous serons tous morts !

La salle éclate de rire. Bill attend que le bruit retombe et lance, l'œil espiègle :

— Pas IBM !

La disponibilité d'une application irrésistible est de plus en plus cruciale pour Apple : face à la médiocrité des résultats du premier trimestre, John Sculley a procédé au licenciement de mille cinq cents personnes. Des mesures draconiennes ont été adoptées en vue de restreindre les dépenses. Le budget publicitaire est réduit à moins de cent millions de dollars, un niveau inférieur à celui de l'année précédente. L'usine de fabrication a été arrêtée pendant une semaine afin de permettre de réduire les stocks. La production de la gamme Lisa est définitivement stoppée. Gates, lui-même fort pessimiste sur l'avenir d'Apple, conseille à Sculley de vendre la technologie du Macintosh à d'autres constructeurs. En juin, une réorganisation fondamentale a lieu, amenant la destitution de Steve Jobs qui se voit retirer toute responsabilité de gestion dans la compagnie qu'il a fondée. Jobs envisage de donner sa démission.

Jazz sort le 27 mai et reçoit un accueil mitigé : ses divers modules manquent de panache. La comparaison avec Excel est défavorable : celui-ci brille par une meilleure vitesse de calcul. Microsoft, pour sa part, publie une version intermédiaire de Word : les acquéreurs de la première édition rencontrent bugs sur bugs. Étonnamment, la popularité du logiciel demeure intacte, en dépit des rumeurs alarmantes qui se répandent sur son compte.

En septembre, un événement de taille secoue le Landerneau micro-informatique : Steve Jobs, l'un des pionniers du secteur, annonce qu'il quitte Apple. Celui qui était devenu un véritable héros de la culture américaine après le lancement du Macintosh n'a plus sa place dans la compagnie qu'il a fondée. Désavoué par le conseil d'administration et doté de responsabilités restreintes — réfléchir à la conception de nouveaux produits — Jobs a perdu toute influence effective au sein d'Apple. Après une courte période d'abattement, le visionnaire se ressaisit presque aussitôt. Après avoir débauché quelques fleurons de l'équipe Macintosh, Steve Jobs fonde une nouvelle compagnie, Next. Une fois de plus, il ambitionne de créer l'ordinateur du futur, celui qui, à nouveau, devrait révolutionner la micro-informatique. Jobs emmène avec lui cinq des principaux employés de la compagnie de Cupertino. Celle-ci répond en intentant un procès à son fondateur, accusé de détournement d'informations. Le temps des pionniers est bel et bien révolu.

Excel apparaît le 30 septembre et fait l'objet d'un lancement d'envergure. Pendant la journée du 18 octobre, des annonces sont diffusées sur les radios de la plupart des grandes villes américaines. Microsoft a sélectionné les stations qui ciblent les auditeurs du monde des affaires et le laïus relatif à Excel fait généralement suite à un bulletin d'informations économiques. Les publicités et articles dithyrambiques dans les revues de micro-informatique et dans celles du monde des affaires telles que le *Wall Street Journal* ou *Venture* font le reste : Excel rencontre un succès immédiat.

La division marketing s'était fixé un objectif modéré : vendre une copie d'Excel chaque fois que Lotus placerait trois Jazz. Il apparaît rapidement que le rapport est largement en faveur de Microsoft. En avril 1986, *Future Computing* présente un premier bilan et indique que les ventes d'Excel sont deux fois supérieures à celle de Jazz. Kapor ne cache pas sa déception et décide de relancer l'intégré en réduisant son prix de 595 à 395 dollars. Mais l'engouement pour Excel apparaît irrésistible. Le 20 octobre 1986, l'Institut d'études Seybold délivre un verdict sans appel : « *Il y a un an, existait une compétition dans le monde Macintosh pour savoir quel serait le tableur dominant : Lotus Jazz ou Microsoft Excel. Il est clair aujourd'hui que le combat a cessé faute de combattants.* » Le texte ajoute qu'Apple a enfin trouvé son application irrésistible pour le Mac : « *Une fois que les hommes d'affaires ont vu qu'il existait un tableur puissant pour cette machine, le Mac est devenu un achat potentiel. Auparavant, ils n'auraient pas envisagé d'autre possibilité que l'IBM PC.* »

Début 1987, Excel, avec 160 000 copies vendues, représente 89 % des ventes de tableurs pour Macintosh. Jazz n'a attiré que 6 % des utilisaeurs et se contente de dix mille unités[1]. Microsoft s'impose comme le premier éditeur Macintosh avec 50 % des ventes de logiciels pour ce micro-ordinateur : Excel trône en première place, immédiatement suivi par Word[2]. Bill Gates, Charles Simonyi, Jeff Raikes et leurs compagnons caressent le rêve de renouveler une telle hégémonie sur le territoire des compatibles IBM PC. L'un des piliers de cette stratégie de conquête s'appelle Windows...

1. Source : *Dataquest*.
2. Source : *Infocorp*.

CHAPITRE 14

Windows

Les alchimistes médiévaux changeaient les métaux en or. Les créateurs de logiciels ont repris le flambeau lorsqu'ils ont choisi de faire subir au MS-DOS une mutation profonde en le dotant d'une interface graphique.

MS-DOS est neutre et impersonnel. Windows sera coloré, chic et élégant. La métamorphose sera fastidieuse ; on ne change pas d'un coup de baguette la matière brute en œuvre majestueuse. Les conquérants de la terre graphique ignorent qu'ils pénètrent sur une île truffée de crevasses et de pièges. Le chemin qui mène de MS-DOS au royaume des fenêtres sera difficile. Ceux qui s'attaqueront à cette conquête en environnement hostile y laisseront des plumes. La firme de Gates ne sera pas épargnée : le parcours constituera l'épreuve la plus ardue de son histoire.

L'IBM PC avait annulé l'effet tour de Babel créé par les micro-ordinateurs l'ayant précédé en imposant un standard. Mais cette tour s'est rapidement reconstituée. Les logiciels les plus populaires se comportent tous différemment. L'utilisateur chevronné de Wordstar redevient un novice dès lors qu'il recourt à dBASE ou à Multiplan. La solution à laquelle songe le Géo Trouve-tout de Microsoft est une couche à placer en sandwich entre le MS-DOS et les logiciels. Gates rêve au passage d'uniformiser l'aspect des programmes. Depuis plusieurs mois, son esprit vagabonde autour des concepts issus du *Palo Alto Research Center* (PARC), le centre de recherche expérimentale de Xerox. Les notions de souris, d'icônes, d'interface graphique lui trottent d'autant plus dans la tête que Steve Jobs, l'un des fondateurs d'Apple, vient de lui révéler l'esquisse du projet Macintosh. Il envisage donc une mutation du MS-DOS vers un nouveau modèle capable de produire une génération de logiciels « *plus humains et instinctifs* ».

À la fin de l'été 1981, le projet d'un gestionnaire d'interface, qui ne s'appelle pas encore Windows, est lancé. Les premières réflexions impliquent un aspect similaire à Multiplan. Mais Charles Simonyi, le directeur du développement, fait l'éloge des interfaces graphiques développées au PARC. Gates investit 100 000 dollars afin d'acquérir une station Xerox Star et une imprimante à laser. Ébloui par la convivialité de cette machine, il acquiert une licence auprès de Xerox, afin qu'il soit possible de reproduire les menus déroulants et boîtes de dialogue mis au point sur la station Star. L'interface graphique envisagée pourra afficher plusieurs documents à l'écran : ils apparaîtront dans des fenêtres distinctes. Dans la mesure où Bill Gates et son équipe travaillent en parallèle sur les ébauches du Macintosh, un accord est conclu avec Steve Jobs : l'interface graphique de Microsoft devra présenter un affichage différent de celui du Macintosh. Les fenêtres devront être juxtaposées et non superposées. L'accord indique également que le gestionnaire d'interface de Microsoft ne devra pas apparaître avant la fin 1983.

L'idée d'une interface graphique est dans l'air du temps. Depuis deux ans, VisiCorp, éditeur de VisiCalc, œuvre à l'élaboration d'une œuvre similaire : VisiOn. La tâche a été particulièrement coriace : VisiOn a été réécrit intégralement trois fois de suite, nécessitant un investissement de dix millions de dollars. Mais le résultat est là : VisiOn affiche ses fenêtres sur l'écran d'un PC. Le logiciel est annoncé au Comdex de l'automne 1982 et partage la vedette avec un autre nouveau venu : 1-2-3. Sur place, Bill Gates assiste médusé et passablement inquiet à trois démonstrations du produit de VisiCorp. Extérieurement, VisiOn est fort proche de ce que prépare Microsoft. Charles Simonyi est sommé de se rendre immédiatement à Las Vegas afin d'appréhender *de visu « à quoi ressemble ce VisiOn »*. Gates juge qu'il est temps d'informer le public sur ce qui se trame dans ses laboratoires. Dès janvier 1983, au cours d'un Forum sur les micro-ordinateurs, il explique que Microsoft travaille sur un projet similaire à celui de VisiCorp. Toutefois, ajoute Gates, son logiciel sera prêt avant VisiOn. Au cours des semaines qui suivent, un prototype du gestionnaire d'interface fonctionne sur PC. Sous les yeux ébahis de ceux-là même qui l'ont programmé, la magie de l'interface graphique commence à opérer : la souris est mise à contribution pour déplacer les fenêtres et sélectionner des options dans les menus. Il reste à trouver un nom au logiciel. Le baptême a lieu en mai dans la salle de conférences où se réunissent Bill Gates, les responsables du développement et du marketing. Jeff Raikes se montre partisan du nom Microsoft Desktop (le bureau Microsoft). Un nom plus naturel fait l'unanimité : Windows (fenêtres).

Au cours de l'été, sur la recommandation de Charles Simonyi, Gates jette son dévolu sur Scott McGregor, un chercheur du PARC, auteur du système de fenêtres qui orne l'écran de la station Xerox Star. Gates et McGregor se rencontrent au cours d'un dîner et se découvrent une passion commune pour les interfaces graphiques. Tout comme Simonyi, McGregor est déçu par le manque d'intérêt porté par Xerox aux créations du PARC. Il rejoint donc Microsoft et prend la direction du développement de Windows, bientôt suivi par deux autres programmeurs talentueux du centre de Palo Alto : Dan Lipkie et Leo Nikora. L'équipe qui va présider à la définition, à la mise en œuvre et à la diffusion de Windows prend forme.

Nikora, à peine embauché, découvre un mode de vie infiniment plus trépidant que celui du PARC. Dès son premier jour de travail, Gates et Ballmer l'emmènent chez IBM. Sur place, il est présenté comme le directeur du marketing de Windows alors qu'il ignore encore tout des PC et de leurs logiciels. Nikora tente d'appréhender la situation sans laisser transparaître se perplexité. La visite organisée chez IBM a pour objectif de dévoiler une version préliminaire de Windows. Don Estridge et son équipe apprécient ouvertement la démonstration : à plusieurs reprises, ils expriment leur admiration devant le spectacle des fenêtres et icônes. Mais une fois la présentation terminée, Don Estridge explique poliment que ce projet ne les intéresse pas : IBM est elle-même en train de plancher sur un développement interne encore plus passionnant, TopView. Tout comme Windows, ce logiciel va recouvrir le DOS de fenêtres. Cette décision corrobore une analyse de la presse spécialisée : après s'être appuyée sur Microsoft pour l'écriture du MS-DOS, IBM pourrait être tentée de faire cavalier seul. L'histoire de la compagnie montre que tôt ou tard, elle tente de récupérer de façon exclusive ce qui apparaît comme une source de profit. Pour contrer IBM, Bill Gates met en place une étonnante stratégie de survie. À défaut de pouvoir compter sur le créateur du PC, il décide de rallier les constructeurs de compatibles à la cause de Windows. Compaq, Zenith, Tandy, Texas Instruments, Hewlett-Packard et consorts n'ont aucun intérêt à une mainmise d'IBM sur le standard. Par le passé, Big Blue n'a jamais hésité à faire évoluer de façon brutale son matériel ou son logiciel afin d'éliminer la compétition. Les fabricants de compatibles peuvent trouver dans le support d'une solution émanant de Microsoft l'occasion rêvée d'échapper à la tutelle d'IBM. Gates prend son bâton de pèlerin comme au temps du MS-DOS et entreprend de les convaincre un à un de l'opportunité Windows, quitte à isoler son partenaire privilégié. C'est la première fois qu'il opère un tel renversement d'alliances afin de favoriser la pérennité de sa compagnie.

L'automne avance sous le signe des interfaces graphiques. La rumeur veut qu'une machine étonnante soit en train de voir le jour au sein des laboratoires d'Apple. VisiOn apparaît avec quatre mois de retard, pour le plus grand bonheur d'un public alléché : trente mille copies sont immédiatement écoulées. Un nouvel éditeur, Quarterdeck, annonce son propre environnement, Desq. Du côté de Windows, rien de nouveau... Bill Gates qui espérait arriver le premier est piqué au vif. Les rumeurs relatives à TopView alimentent le débat au sein des fanzines spécialisés, et certains augurent une rupture entre IBM et Microsoft. Bill Gates prend à la hâte une décision qu'il regrettera amèrement au cours des années suivantes : celle de présenter sans plus attendre son environnement à la presse.

L'annonce de Windows, une « *interface graphique destinée à recouvrir le DOS* », a lieu le 10 novembre, à New York. L'heure est aux annonces irréfléchies et aux promesses à la légère. Bill Gates se hasarde à des prédictions dont il ne mesure pas la portée et dont il va se mordre les doigts des mois durant. « *Dès la fin de 1984, Windows sera opérationnel sur plus de 80 % des ordinateurs MS-DOS.* » Pour justifier le fait que les fenêtres de Windows sont juxtaposées, alors que celles du Lisa d'Apple sont superposées, Steve Ballmer affirme que ce concept a fait l'objet d'un débat interne. « *Nous voulons représenter un bureau bien rangé.* » Bill affirme que Windows « *permettra d'intégrer plus de 90 % des programmes MS-DOS* ». Avec une nuance : de tels logiciels pourront seulement être appelés depuis Windows mais ne s'exécuteront pas au sein de ses gracieuses fenêtres. Les éditeurs sont incités à écrire de nouveaux programmes en mode graphique spécifiquement pour Windows. Microsoft va elle-même adapter Multiplan et Word en ce sens. Lotus, Ashton-Tate, Software Publishing, Software Arts, et Peachtree annoncent officiellement leur soutien. Parmi les constructeurs de compatibles PC qui prennent fait et cause pour Windows figurent Compaq, Texas Instruments, Hewlett-Packard, Zenith, Burroughs et DEC. Évidemment, l'absence du constructeur de PC le plus important est voyante.

Le lendemain de l'annonce, Gates retourne voir Don Estridge afin de le persuader que Big Blue doit rejoindre la liste des supporters de Windows. À l'appui de son argumentation, il dévoile la dernière version de son environnement. Big Blue ne tarde pas à faire connaître sa réponse : Estridge réitère son refus de soutenir Windows, et de surcroît passe un accord avec VisiCorp, portant sur la distribution de VisiOn. Une façon comme une autre d'indiquer à Gates qu'il n'apprécie pas trop ce qui s'est passé à New York. IBM a aidé Microsoft à devenir une compagnie majeure en lui confiant le développement du MS-DOS. À présent, le poulain se permet d'établir une voie dissidente en matière de système.

Au Comdex de Las Vegas, Bill Gates effectue une nouvelle démonstration de Windows et délivre un message prophétique à l'assistance. « *Nous devons pousser la conception des logiciels jusqu'à ses limites extrêmes. Les ordinateurs doivent devenir aussi simples à utiliser qu'un téléphone.* » Mais tandis qu'il joue les prédicateurs, VisiCorp entame la livraison de VisiOn. Et Microsoft se prépare à affronter l'épisode le plus redoutable de son histoire.

Les programmeurs affectés au développement de Windows faisaient preuve d'un enthousiasme à tout rompre lors de l'annonce effectuée à la presse. Scott McGregor, responsable de l'équipe, s'est lui-même laissé entraîner dans l'excitation du moment. Lui qui œuvrait dans l'anonymat au sein du PARC se retrouve aux premières lignes d'une compétition intense. Il participe à un projet majeur qui retient l'attention de toute l'industrie, et répond aux questions des journalistes. Mais la frénésie ne tarde pas à retomber. Au-delà des prototypes dévoilés de façon publique, Windows se trouve encore dans une phase précoce : un grand nombre de spécifications essentielles n'ont pas encore été arrêtées. L'équipe des programmeurs découvre des problèmes techniques insoupçonnés. Windows est censé intégrer des logiciels MS-DOS tels que 1-2-3 ou dBASE. Mais ceux-ci ont été réalisés plusieurs années auparavant dans l'optique d'un fonctionnement sous MS-DOS. De ce fait, ils ont tendance, une fois lancés, à monopoliser l'intégralité de la mémoire disponible : il n'était pas prévu qu'ils aient à cohabiter avec un autre logiciel. Les programmeurs se voient contraints de trouver un moyen de leurrer les programmes tels que 1-2-3 afin qu'ils n'accaparent pas toute la mémoire et en laisse une partie à Windows. De façon générale, l'équipe de McGregor se heurte à des obstacles qui apparaissent insurmontables. Microsoft s'est attaquée à un projet dont l'ampleur et la complexité ont été largement sous-évaluées. 1984 arrive et réfute les prédictions d'Orwell comme celles de Gates : la sortie de Windows n'est pas à l'ordre du jour, et c'est tout juste si elle est annoncée « *pour la fin du premier trimestre* ». Le président de Microsoft rencontre fréquemment McGregor et tous deux se plongent dans de profonds débats concernant les tenants et aboutissants d'une interface graphique dont la définition évolue de semaine en semaine.

À la fin de février, une conférence est organisée à Seattle afin de présenter les dernières informations relatives à l'environnement graphique. Les plus grands éditeurs et constructeurs de la micro-informatique ont délégué un responsable technique sur place. La déception est intense chez les trois cents participants : Microsoft n'est pas en mesure d'apporter les informations nécessaires au démarrage de l'écriture de logiciels. La sortie de Windows est reportée au printemps, aux alentours de mai. Des rumeurs étranges circulent à son sujet. Certains prétendent que Microsoft aurait abandonné l'idée de le placer au-dessus du DOS, et qu'elle envisagerait de l'adapter à un autre système, Unix.

Le retard de Microsoft est relativisé par les déboires que rencontrent ses concurrents. VisiOn ne décolle pas : ses acquéreurs ne découvrent pas le miracle technologique attendu. La tiédeur de l'accueil vient de ce qu'il nécessite un disque dur — denrée rare en 1984 — et une carte spéciale à installer dans le PC. De plus, VisiOn est un système fermé. Si Windows va permettre l'accès aux best-sellers du monde DOS que sont 1-2-3, Multiplan ou dBASE, VisiOn ne peut exécuter que des logiciels spécifiquement écrits pour s'exécuter dans ses fenêtres. Devant l'ampleur de la mévente, VisiCorp divise le prix de VisiOn par cinq : il passe de 495 à 95 dollars. En mai, Quarterdeck lance Desq, un environnement à fenêtres capable d'exécuter plusieurs programmes DOS simultanément. Le logiciel commence sa carrière de façon prometteuse au rythme de deux mille exemplaires par mois. Hélas, les investisseurs de Quarterdeck s'inquiètent de l'arrivée du TopView d'IBM et décident de retirer leurs fonds de la compagnie. Après avoir licencié les deux tiers de son personnel, Thérèse Myers, présidente de Quarterdeck lance, le développement d'une interface compatible avec TopView, intitulée DesqView. Un nouveau concurrent apparaît dans l'arène : GEM de Digital Research. Pour Gary Kildall, l'opportunité de lancer une interface graphique apparaît comme l'occasion rêvée de prendre une revanche sur le fâcheux épisode MS-DOS. Si Windows évoque l'interface Macintosh, GEM lui ressemble fortement : il s'inspire de plus près des concepts définis au PARC. Comme sur la machine d'Apple, GEM affichera des fenêtres superposées.

Windows ne sort pas en mai 1984 et sa sortie est officiellement reportée à la fin août. Microsoft attribue ce délai à des demandes émanant des utilisateurs pilotes, sur la présentation des écrans. En réalité, le problème est interne : Bill Gates ne cesse de changer d'avis au sujet des caractéristiques de Windows. Il a pris l'habitude de contourner McGregor et intervient directement dans le travail des développeurs. La tension monte entre l'ingénieur recruté au PARC et le fondateur de Microsoft. McGregor est fréquemment convoqué dans le bureau de Gates, qui entre dans des colères noires, ne comprenant pas pourquoi le projet s'enlise. Il s'entend alors répondre qu'il est responsable de cet état de fait : il faut qu'il cesse de modifier perpétuellement les spécifications de Windows, au gré de ses humeurs. Gates rétorque qu'il veut que son interface graphique soit supérieure à tout ce qui existe et qu'il est essentiellement guidé par une telle motivation. Après s'être déchirés pendant plusieurs heures, les deux hommes se retrouvent généralement autour d'un dîner et tentent d'élaborer la marche à suivre pour sortir Windows de l'ornière. En attendant, Jon Shirley est chargé de la pénible mission de faire passer la pilule auprès de la presse. « *Windows est notre projet majeur. Nous sommes totalement engagés pour que ce logiciel soit un succès.* » Il explique que les outils de développement ont été livrés aux programmeurs et qu'un grand nombre de constructeurs ont reçu les informations nécessaires pour l'adaptation de Windows à leurs machines. Dans le même temps, la compagnie organise un Mea Culpa Tour pour annoncer officiellement le retard aux fabricants de compatibles PC. Parallèlement, VisiCorp est au plus mal. Pour se sortir de l'ornière, elle revend les droits de VisiOn à Control Data. Mais elle est également engagée dans une bataille juridique désespérée, visant à récupérer l'exclusivité des droits de VisiCalc face aux créateurs du programme, Dan Bricklin et Bob Frankston. Elle s'apprête à sombrer dans les sables mouvants.

Le retard de Windows est révélateur d'une situation : Microsoft souffre d'un manque d'organisation au niveau du développement. Il a fallu un an pour que les responsables de Windows prennent réellement conscience de l'étendue du projet et de la réalité des faits : Windows requiert trop de mémoire pour qu'il soit possible de l'adapter aux PC les plus répandus. Jon Shirley conclut que Gates supervise un trop grand nombre d'activités et que son efficacité n'est pas optimale dans ce contexte. Les programmeurs, dont il doit assurer la coordination, valsent d'une tâche à une autre au gré des fantaisies. Il n'est pas rare que Bill débarque soudainement dans un bureau, prenne connaissance de l'état d'avancement d'un projet et décide brusquement de modifier certaines spécifications d'un logiciel. Une atmosphère d'instabilité règne au sein des équipes de développement et il est urgent d'y mettre fin. L'heure de la réorganisation sonne. Steve Ballmer prend la tête de la division Système. Ida Cole, ancienne directrice du développement d'Apple, est recrutée pour gérer la division Applications. Bill Gates est cantonné au rôle de pourvoyeur d'idées brillantes, et a pour mission de réfléchir à la conception des produits du futur.

Officiellement, il n'est plus habilité à intervenir directement dans le développement même.

Scott McGregor n'est pas au bout de ses peines. Le programmeur Neil Konzen rejoint l'équipe Windows au cours de l'été et entre en conflit avec le responsable du projet. Il estime à son tour qu'il faut redéfinir les spécifications de Windows afin de faciliter la tâche des éditeurs de logiciels. L'idéal serait de rendre aisée l'adaptation à Windows d'un logiciel écrit pour le Macintosh. Konzen obtient gain de cause, épaulé par un Gates qui a rapidement redonné libre cours à sa tendance interventionniste : à la suite des suggestions de Konzen, un grand nombre de caractéristiques sont redéfinies. Étrangement, en dépit de ces altérations du projet, Gates pense encore qu'il sera possible de livrer le logiciel deux mois plus tard. Un lancement en fanfare est même organisé pour le Comdex d'automne et Windows doit être le clou du Salon. Mais la réalité s'avère féroce et réduit cet espoir à néant : le logiciel consomme trop de mémoire et se montre lent et instable. En octobre, Leo Nikora, qui vient d'être nommé responsable du produit, annonce à la presse que la publication de Windows est reportée à juin 1985. « *Nous nous sommes fixé des buts excessivement ambitieux, eu égard aux capacités du microprocesseur 8088. Pour les atteindre, il nous faut revoir intégralement certaines parties du produit.* » L'image de Microsoft en prend un coup. Désespérant de voir arriver ce produit sans cesse annoncé et sans cesse retardé, la presse spécialisée égratigne la compagnie, et affiche son scepticisme sur les vertus supposées de l'interface graphique. La légende du Gates prodige qui change en or tout ce qu'il touche, semble s'effriter. « *Microsoft devra travailler dur pour se refaire une crédibilité* », déclare Esther Dyson, qui invente au passage un terme qui deviendra célèbre : « *vaporware* », que l'on pourrait traduire par « *produit volatile* », à l'image de la vapeur. Le retard de Microsoft affecte les plans d'une douzaine d'éditeurs, contraints de retarder la publication de leurs logiciels Windows. Les premiers programmes réalisés se montrent d'une lenteur telle qu'il est difficile d'envisager une commercialisation.

Au début de l'année 1985, lorsque les journalistes s'informent de l'état de santé de Windows, la question est accueillie avec embarras et les visages deviennent pourpres. Un grand nombre de constructeurs de PC lassés par une aussi longue attente se laissent séduire par l'interface graphique que met au point Digital Research : Tandy et Atari envisagent d'associer GEM sur leurs machines. À Bellevue, la direction marketing décide de repenser le mode de diffusion du produit. Windows, jusqu'alors censé être fourni par les constructeurs sur leurs PC, sera vendu au détail, en boutique comme un logiciel habituel. Leo Nikora tente en vain de persuader Gates qu'il faut cesser de constamment réviser le cahier des charges de Windows et supporte de plus en plus mal la pression à laquelle il est soumis. Nikora, qui approche de la quarantaine, insiste pour prendre ses week-ends en famille. Insensible à ces préoccupations jugées futiles, Bill lui demande de mettre la main à la pâte et de contribuer à la programmation de Windows.

La nouvelle année est porteuse de réflexions au sein de la jeune industrie micro-informatique. Il ne s'est pas écoulé quatre ans depuis la sortie de l'IBM PC et déjà plusieurs grandes compagnies sont nées : Compaq, Lotus, Ashton-Tate... Le secteur du micro-ordinateur a vu sa croissance se multiplier par vingt depuis 1980. Le standard PC a éliminé toute autre norme, à l'exception du Macintosh d'Apple. IBM continue sa progression vertigineuse : avec 1 375 000 PC vendus en 1984, elle accapare plus de 45 % de la micro-informatique professionnelle. Un nouveau modèle a été dévoilé en août 1984, l'AT, qui s'appuie sur un microprocesseur différent du 8088 : le 80286. Cette puce a été conçue de façon peu orthodoxe et Gates a tenté à maintes reprises de dissuader Don Estridge de l'utiliser. En réalité, Intel n'avait pas prévu que cette puce soit jamais utilisée au sein d'une machine MS-DOS. Estridge voit un avantage au 80286 : l'un de ses modes est compatible avec le 8088 et amène une vitesse trois fois supérieure à celui-ci. En définitive, l'AT apparaît comme un PC bâtard : il est ultra-rapide mais sous-exploite largement le processeur autour duquel il est construit.

Un grand nombre d'éditeurs de logiciels apparus dans le sillage du PC jouissent d'un rayonnement mondial. Lotus est devenu le n° 1 du logiciel. En 1984, elle a vendu 500 000 exemplaires de son tableur 1-2-3 et réalisé 157 millions de dollars. Microsoft vient en deuxième position avec 125 millions de dollars. À la troisième place figure Ashton-Tate dont le logiciel dBASE a été diffusé à 140 000 copies — soit 60 % de l'ensemble des gestions de fichiers. La compagnie fondée par George Tate et Al Lashlee pèse 79 millions de dollars. L'histoire d'Ashton-Tate révèle un savant usage du marketing : dBASE, une gestion de fichiers associée à un langage de programmation, a été réalisée par Wayne Ratliff pour ses besoins personnels. Au début des années 80, Ratliff place une annonce dans un magazine afin de diffuser son logiciel par correspondance. Progressivement, il se retrouve submergé par les aspects administratifs d'une telle diffusion. Ratliff vend les droits de son programme à George Tate. Celui-ci, sur le conseil d'une grande agence de marketing, procède à un lancement tapageur. Le logiciel est rebaptisé dBASE II — alors que la version I n'a jamais existé. Lors du Comdex de 1982, un ballon dirigeable portant la mention « dBASE II » flotte ostensiblement dans les airs sans la moindre autorisation municipale. Il demeure là suffisamment longtemps pour frapper les esprits. Une campagne publicitaire audacieuse et provocante prend le relais et impose dBASE comme la gestion de fichiers de l'IBM PC. Ashton-Tate recrute Wayne Ratliff en août 1983 afin qu'il développe une version III du best-seller. La compagnie acquiert un deuxième logiciel développé par un ancien membre du PARC, Robert Carr : Framework. Nantie d'une telle gamme, Ashton-Tate semble appelée à une destinée remarquable. Hélas, George Tate disparaît un an plus tard, ce qui amène un homme de trente-deux ans, Ed Esber, à la direction des affaires. Sous la houlette de ce dernier, la compagnie accentue sa dérive vers le marketing : les logiciels sont définis à un niveau exécutif, charge étant donnée aux programmeurs de les réaliser. Wayne Ratliff, Robert Carr ne vont pas tarder à quitter une compagnie qui semble avoir perdu son âme prématurément.

Pour Microsoft, 1985 est l'année de toutes les tensions. Windows est encore loin d'être au point. Lors des démonstrations, il est important de suivre les scénarios de A à Z sans dévier d'un iota, faute de quoi un plantage se produit. Un matin, Bill Gates appelle Steve Ballmer dans son bureau : il a découvert un bug majeur dans Windows et perd patience. Attitude inhabituelle envers son vieil ami, Bill se met à crier que si Windows n'est pas sorti avant la fin de l'année, c'en est terminé de la carrière de Ballmer. Leo Nikora ayant donné sa démission, un nouveau chef de produit est nommé : Tandy Trower. Sa mission consiste à réorienter Windows dans l'optique d'une diffusion au grand public. Trower adopte une mesure salutaire : il relance l'écriture de Write (traitement de texte) et de Paint (dessin), deux logiciels esquissés deux ans plus tôt et s'inspirant de MacWrite et de MacPaint, programmes livrés avec le Macintosh.

Trower déniche également deux logiciels anodins, prévus pour aider à tester Windows : une horloge et un jeu (Reversi), et met en route le développement d'outils de bureau : agenda, calculette, gestionnaire de fiches... Selon une logique similaire à celle de Macintosh, Write, Paint et les autres applications de bureau seront offerts gratuitement aux acquéreurs de Windows. Mais qui dit programmes supplémentaires implique du temps pour les développer.

IBM connaît un revers avec TopView. Le logiciel publié en janvier 1985 est appelé à connaître le destin de VisiOn : ses rares acquéreurs lui reprochent de consommer trop de mémoire. Digital Research publie GEM quelques semaines plus tard. Pour la première fois, une interface graphique pour PC rencontre la faveur du public : 150 000 exemplaires sont écoulés en quelques semaines. Mais l'heure de gloire est brève. Apple, considérant que GEM piétine trop les plates-bandes du Macintosh, brandit la menace d'un procès. Le coup est fatal pour GEM qui est littéralement stoppé dans son élan. Digital Research se voit contrainte de réécrire son interface graphique. Le caractère excessif de la réaction d'Apple s'explique par le fait qu'elle traverse une période noire : John Sculley s'apprête à licencier plus d'un millier d'employés. Il est urgent qu'apparaisse un logiciel irrésistible capable de relancer le Macintosh. Jazz, le produit attendu de Lotus, est en retard. Steve Jobs, après une réticence initiale, commence à trouver un certain charme au tableur Excel de Microsoft. Mais Apple est confrontée à un dilemme. Microsoft développe un environnement que Sculley juge dangereux à terme — Windows reproduit l'aspect du Macintosh sur un PC. Les conseillers juridiques d'Apple sont partisans d'adopter la même attitude qu'avec Digital Research : brandir le spectre d'une attaque en justice.

Informé des intentions d'Apple, Gates décroche son téléphone et cherche à joindre Sculley au plus vite. Il lui demande de confirmer la rumeur selon laquelle un procès serait envisagé. Une réunion est organisée en toute hâte à Cupertino. Bill Gates, sûr de ses atouts, traite Sculley sans aménité aucune. Il émet de grands doutes sur les chances de survie du Macintosh et brandit deux armes implacables : il menace d'arrêter le développement d'Excel, et de retirer la licence du BASIC de l'Apple 2. Le président d'Apple tente de calmer le jeu : si Microsoft abandonne le développement d'Excel, les chances de survie du Mac sont réellement en péril. La perte de licence du BASIC de l'Apple II serait pareillement préjudiciable pour ce micro-ordinateur dont les ventes continuent d'être excellentes. Pour ce qui est de Windows, la position de Microsoft apparaît moins précaire que celle de Digital Research : la licence que Gates a obtenue auprès de Xerox lui donne le droit de réaliser une interface graphique. Apple ne peut revendiquer sa légitimité que sur certains aspects de l'écran, tels que la corbeille qui sert à effacer les fichiers. Par ailleurs, certains éléments distinguent Windows du Macintosh, comme l'affichage de fenêtres juxtaposées — et non pas superposées. Sculley et Gates décident de plancher sur un accord formel qui autorisera Microsoft à réaliser des applications en mode graphique sur PC, tout en protégeant les aspects spécifiques du Macintosh. Steve Jobs et John Sculley désirent aller plus loin et obtenir que Microsoft s'engage à ne jamais adapter Excel à l'IBM PC. Gates propose un compromis. Depuis deux ans environ, Apple œuvre à la réalisation d'un Basic pour le Macintosh. Gates exige qu'Apple arrête purement et simplement le développement de ce Mac Basic. Il demande également à Sculley de céder à Microsoft le droit d'utiliser le nom Mac Basic. En échange, il s'engage à ne pas publier une version PC d'Excel avant au moins deux ans. Le président d'Apple est acculé à une décision douloureuse : Apple perd le droit de diffuser un programme dont le développement a coûté plusieurs millions de dollars. Conséquemment, plusieurs ingénieurs clés décident de donner leur démission. Bill Atkinson déclare au *Wall Street Journal* : *« Gates a insisté pour qu'Apple se débarrasse d'un produit exceptionnel en pointant le fusil sur notre tête. »*

À Boca Raton, Don Estridge a vu son influence se réduire suite à l'insuccès de deux modèles de Big Blue : le PC Junior et le portable. En mars, IBM lui retire la responsabilité du PC et le transfère à la supervision mondiale de la fabrication des produits. Bill Lowe, l'homme qui a été à l'origine du projet *Chess*, lui succède à la tête de la division PC. La promotion de Don Estridge a un arrière-goût de sanction pour celui qui a réussi à mener un projet en dehors des chemins tracés. Gates et Estridge, à défaut d'être toujours en harmonie, entretenaient des relations cordiales. Lowe, quant à lui, entend prendre ses distances vis-à-vis de l'éditeur de Seattle. Le PC commence à susciter des problèmes à la compagnie : la demande a été tellement supérieure aux capacités de production d'IBM que le marché des compatibles est devenu florissant. Les prix des machines connaissent une chute vertigineuse. IBM a dû procéder au cours de l'année 1984 à des baisses de prix surprises afin de rendre la partie plus difficile à ses concurrents. Mais elle ne peut se prêter indéfiniment à ce jeu. D'autres entités, soumises à des frais structurels moindres, peuvent aller plus loin que Big Blue dans cette stratégie. À Taiwan, les ateliers de fabrication de « clones » poussent comme des champignons et leurs PC en pièces détachées se préparent à envahir l'Occident...

Windows est devenu le projet le plus important de Microsoft. Plus de vingt programmeurs travaillent à sa finition, secondés par une équipe chargée de rédiger une documentation qui évolue de semaine en semaine. D'autres, tel Gabe Newell, sont chargés de tester le logiciel. Gabe est arrivé un matin avec son sac de couchage sous le bras et demeure sur place un mois durant, ce qui lui vaut le surnom de *Madman (le cinglé)*. Au total, une trentaine de personnes travaillent jour et nuit avec des contraintes très dures : il faut rendre le programme plus petit, plus rapide, plus fiable, une équation qui est loin d'être simple. Pour alléger la pression, les programmeurs tentent de se divertir régulièrement. Mark Taylor incite ses collègues à acheter des guitares électriques. Tard le soir, des « bœufs » sont improvisés dans les couloirs. Plusieurs programmeurs décident de monter sur le toit du bâtiment de Bellevue. Après avoir réglé les amplis à plein volume, ils improvisent un concert de rock pour les passants, comme l'avaient fait les Beatles dans le film *Let it be*. La police, une fois sur place, ne parvient pas à repérer les perturbateurs : ceux-ci, hilares, ont déjà repris le chemin des claviers. Parfois encore, les mutins envahissent la cuisine pour y effectuer quelques expériences chimiques. Tandis que les ordinateurs analysent le code de Windows vers deux heures du matin, ils fabriquent quelques bombes et fusées à base de salpêtre et de sucre et les lancent dans le ciel aux alentours. Ces phénomènes inhabituels attirent l'attention de la police locale. Lorsqu'elle arrive sur les lieux avec des chiens chargés de retrouver la trace d'explosifs, elle tombe sur un gardien qui explique qu'il ne voit pas d'où proviennent les explosions auxquelles ils font allusion. Les représentants de la loi ignorent que le cerbère de service se trouvait avec les programmeurs au moment où ils ont allumé les mèches. Une autre nuit, l'un des programmeurs a l'idée de mélanger énergiquement le salpêtre et le sucre des fusées. La formule à peine testée produit un effet détonant. La cuisine se retrouve dans un état épouvantable, et une épaisse fumée se répand à l'intérieur du bâtiment. Les développeurs déclenchent l'air conditionné et travaillent dur pour tout nettoyer avant que le personnel du matin n'arrive sur les lieux.

En mai 1985, à l'occasion du Comdex de printemps, Microsoft dévoile Windows de façon discrète en confirmant sa sortie en juin. L'éditeur adopte un profil bas. L'actuelle mouture peut être manipulée à partir du clavier : officiellement, la demande est remontée du réseau de distributeurs, de nombreux utilisateurs ayant manifesté une aversion pour la souris. En réalité, l'exigence est venue de l'Armée, qui pourrait acquérir un très grand nombre de copies de Windows : le recours à la souris n'apparaît pas pratique sur le terrain. Microsoft indique que Windows sera vendu 95 dollars. Entre-temps, Scott McGregor a craqué à son tour et quitté la compagnie : il ne parvient plus à s'entendre avec Steve Ballmer. Gates a tenté en vain de retenir l'ingénieur pour lequel il éprouve une réelle estime. Mais McGregor, s'il demeure en bons termes avec lui, ne désire pas réintégrer l'ambiance tumultueuse qui règne à Bellevue. Le 28 juin, alors que le logiciel comporte encore des bugs majeurs, Microsoft publie une version d'évaluation destinée aux éditeurs de logiciels, aux constructeurs et à la presse.

Cinq mois après sa destitution, Don Estridge, père spirituel du PC, disparaît avec sa femme dans un accident d'avion à l'aéroport de Dallas. Sa mémoire est honorée par Dan H. Wilkie, membre de l'équipe responsable du PC initial. « *Avec Don, si l'on trébuchait, il n'y avait pas de souci à se faire : il n'était pas du genre à vous tirer dessus. Il vous aidait à vous relever, à vous épousseter, et vous invitait à reprendre la course. Nous aurions escaladé des montagnes pour ce type.* » Ironie du sort, Estridge avait été sollicité par Steve Jobs, pour tenir les rênes d'Apple, et avait décliné une offre dorée : un salaire annuel supérieur à un million de dollars. Son successeur Bill Lowe envisage sérieusement d'en rester là avec Microsoft. IBM réfléchit à un nouveau système d'exploitation pour ses futurs PC. L'éventualité d'offrir une interface graphique comme celle du Macintosh est retenue. Mais une chose apparaît acquise : ce ne sera pas Windows. L'occasion est trop belle pour se dégager de la relation avec Microsoft, et pour ce faire, Big Blue n'hésite pas à envisager un abandon pur et simple du MS-DOS. Bill Lowe est intéressé par une interface graphique séduisante réalisée par une petite compagnie californienne, Metaphor, dont le président, David Liddle, est un ancien du Xerox PARC. Le problème vient de ce que le logiciel de Metaphor ne fonctionne que sur les grands systèmes d'IBM. Dans le plus grand secret, Bill Lowe confie à Lotus la mission d'adapter Metaphor afin que cet environnement puisse s'exécuter sur les IBM de type AT. Si Lotus n'a jamais écrit de système d'exploitation, son logiciel 1-2-3 tire ses performances de ce qu'il contourne souvent MS-DOS et pilote directement le microprocesseur 8088. Lotus en gagne une réputation de haute expertise du fonctionnement de la puce d'Intel. L'IBM AT repose sur le microprocesseur 80286, honni par Gates, qui avait tenté de dissuader Estridge de l'adopter. Bill considère que ce processeur est « *endommagé du cerveau* ». S'il se révèle rapide, le 80286 relève d'une conception baroque. De fait, Lotus ne réussit pas à adapter Metaphor sur ce processeur qui n'est pas en mesure de supporter un environnement complexe. Digital Research, également consultée par IBM, voit sa proposition remonter un à un les échelons, et rater le coche à une signature près.

Alerté sur l'éventualité d'une rupture des relations,

Gates fait le siège d'IBM et, contournant Bill Lowe, demande à rencontrer John Akers, président de la compagnie. Il plaide sa cause tant et si bien qu'au cours de l'été 1985, Bill Lowe conclut au nom d'IBM un accord avec Microsoft pour le développement d'un système du futur, destiné à s'appeler OS/2. Toutefois, Big Blue marque son territoire. Alors que le MS-DOS reposait entièrement sur Microsoft, IBM va effectuer le design du système et s'appuiera sur la compagnie de Seattle pour son écriture effective. OS/2 sera multitâche : plusieurs programmes pourront s'exécuter de façon simultanée. Gates tente au passage de persuader Bill Lowe d'abandonner le 80286, lors de la définition de l'OS/2. Le président de Microsoft argumente en faveur d'un nouveau microprocesseur : le 386 d'Intel. Cette puce fonctionne en 32-bits, ce qui permettrait de libérer une puissance considérable. De plus, elle a été conçue dès l'origine dans l'optique d'un fonctionnement multitâche. Bill Lowe réfute cependant la dialectique de Gates. Officiellement, il explique qu'il n'est pas question d'abandonner les clients ayant acquis des AT : la compagnie se doit de les servir. Gates sait combien un tel raisonnement peut être fallacieux : c'est sur la base d'arguments similaires que Microsoft a été incitée par IBM à limiter les capacités de Multiplan — il devait fonctionner sur les PC d'entrée de gamme. Une telle initiative a laissé le champ libre à 1-2-3 qui ne s'embarrassait pas de telles contraintes. En réalité, IBM perçoit le 386 comme une menace : il permettrait de bâtir des micro-ordinateurs offrant des performances comparables aux minis, des machines vendues à plusieurs centaines de milliers de dollars l'unité. Gates essuie également un échec lorsqu'il tente de convaincre IBM des atouts de Windows. Bill Lowe fait savoir à son interlocuteur que la compagnie continue de croire aux chances de TopView.

Windows 1.03 voit finalement le jour en novembre 1985. Le 21, comme pour exorciser ce qui s'est passé, Microsoft fête l'achèvement du développement le plus long de son histoire au cours d'une soirée épique. Le gratin de la micro-informatique a été convié. L'ambiance est à l'hilarité et à l'excitation. Stewart Alsop d'*InfoWorld* ouvre le feu en décernant à Bill Gates le prix du *Golden Vaporware*. John Dvorak de *PC Magazine*, avant de laisser la parole à Steve Ballmer, introduit ce dernier en expliquant que lorsque Windows a été annoncé, Steve avait encore des cheveux. Ballmer enchaîne sur un glorieux numéro d'autodérision. « *Il s'en est passé des choses dans ma vie depuis l'annonce de Windows. Lorsque nous avons mis en route ce développement, je m'occupais des finances. J'ai donné mon accord pour l'investissement qui m'était proposé. Six années/hommes pour Windows ? Pas de problème. Une disquette ? Pas de problème. Nous sommes aujourd'hui quatre-vingts années/hommes plus tard. Nous vendons un produit de cinq disquettes pour 99 dollars ! Vous comprenez pourquoi ils m'ont changé de poste. Je suis devenu le directeur du marketing. Cela sonne bien, n'est-ce pas ? Devinez quelle a été ma première responsabilité ? J'ai fait l'annonce de Windows à la presse. Là encore, on m'a confié un autre poste après cela. Vous savez ce qui m'est alors arrivé ? Je suis devenu directeur du développement de Windows !* » Sous les rires de l'auditoire, Steve entreprend de passer en revue quelques-uns des articles les plus croustillants publiés sur Windows en l'espace de deux ans. Puis il raconte comment s'est déroulée l'année 1985. « *Cette année a été vraiment dure. Même Bill, que je connais depuis longtemps, a perdu patience. Au début de l'année, voilà qu'il m'appelle dans son bureau, et se met à m'incendier ! Je suis rentré et j'ai dit à mes développeurs : "Les enfants, il faut que nous livrions ce produit avant que la neige ne tombe." Nous avons réussi. Dimanche dernier, pour la première fois en dix ans, il a neigé à Seattle.* »

Avant de passer la parole à Bill, Steve Ballmer entonne une chanson et Gates, qui s'est rarement montré aussi guilleret en public, se met à chanter avec lui. Puis le visionnaire se lance dans un discours fervent sur les vertus de l'interface graphique. À la fin du show, déboule sur la scène un caddie de supermarché modèle géant, contenant les cinq cents premières boîtes du logiciel. Elles sont distribuées à la foule dans l'euphorie générale.

Windows apparaît comme le logiciel qui détient le plus de records, à commencer par le retard accumulé, mais aussi le nombre d'heures de développement : 110 000 au total. Il a monopolisé plus de vingt-quatre développeurs, usé quatre chefs de produit et trois directeurs de développement.

Le lendemain de la fête de Windows, Bill Gates et John Sculley signent un accord de licence autorisant l'éditeur de Seattle à reprendre certaines caractéristiques visuelles du Macintosh au sein de logiciels développés sur PC. Sculley a jugé qu'il avait tout à gagner à entretenir de bonnes relations avec Gates : il est essentiel qu'Excel sorte au plus tôt sur le Macintosh. Les ingénieurs d'Apple ne sont pas inquiets : Windows 1.03 apparaît comme une imitation bâtarde et médiocre de l'interface graphique du Mac. Ils n'ont pas tort : la traversée du désert est loin d'être terminée pour Windows. Le public boude cette interface graphique pour deux raisons majeures. La première concerne sa lenteur : en fait, peu de machines sont susceptibles de rendre justice à cet environnement. Si l'on veut se servir de Windows de façon confortable, il faut au minimum acquérir un PC de type AT — la norme introduite par IBM un an plus tôt. Or, à la fin de l'année 1985, les ventes du PC AT ne s'élèvent qu'à 350 000 machines. Sur un PC classique, l'interface graphique se montre d'une mollesse insoutenable. La seconde cause de défection est la quasi-inexistence de logiciels. Les grands éditeurs, lassés des perpétuelles modifications apportées à Windows, se sont désintéressés de cette interface graphique. À court terme, aucun produit majeur n'est prévu pour cet environnement, à l'exception d'un superbe logiciel de publication d'Aldus, *PageMaker*, qui rencontre le succès sur Macintosh. Et aussi, d'un tableur tout aussi populaire sur la machine d'Apple et que l'on songe, d'ores et déjà, à adapter sur les fenêtres bleues : Excel !

CHAPITRE 15

L'introduction en Bourse

Les années 80 ont vu de nombreux entrepreneurs, qui parfois n'avaient pas encore atteint trente ans, se retrouver soudainement membre du club des millionnaires en dollars. À la clé d'un tel enrichissement, se trouve un événement précis : une introduction en Bourse effectuée avec habileté. La fin des années 70 a favorisé l'émergence d'une nouvelle race d'investisseurs : les *venture capitalists*. Hommes d'affaires reconvertis, experts financiers attirés par les gains substantiels résultant d'un placement judicieux, ils tentent de marier plusieurs aptitudes : un flair leur permettant de détecter les technologies promises à un succès majeur, une connaissance du mécanisme des entreprises qui les amène à pouvoir intervenir activement dans la gestion et à suggérer le recrutement de cadres chevronnés et enfin la maîtrise du passage sur le marché public. Par définition, le *venture capitalist* cherche à faire un profit, et se retire bien souvent d'une affaire dès lors qu'il a pu présider à l'introduction en Bourse. À cette occasion, il peut convertir en liquidités les parts acquises lorsque l'entreprise était en formation et dans le meilleur des cas, multiplier par dix ou plus l'investissement initial. Au passage, les fondateurs voient eux-mêmes leur fortune s'accroître de façon exponentielle. Apple a effectué son entrée en Bourse en décembre 1980. Du jour au lendemain, Steve Jobs s'est retrouvé possesseur d'un avoir s'élevant à 256,4 millions de dollars, tandis que Steve Wozniak engrangeait 135,6 millions. Lorsque Ashton-Tate a effectué son introduction sur le marché public en août 1983, ses fondateurs George Tate et Al Lashlee ont vu leur fortune personnelle s'élever à environ 50 millions de dollars. En octobre de la même année, Lotus a fait de même, amenant Mitch Kapor à jouir d'un pactole de 104 millions de dollars. Ben Rosen, l'un des *venture capitalists* impliqués dans le financement de la compagnie, a vu son investissement de 2,1 millions se convertir en 70 millions. Rosen a alors la main particulièrement heureuse : quelques mois plus tard, l'intronisation de Compaq sur la place de Wall Street opère la même transmutation, les 2,5 millions engagés dans l'aventure générant une manne 32 fois plus importante.

En 1986, Microsoft est une des rares compagnies majeures de la micro-informatique qui n'a pas encore cédé au rituel. Il est vrai qu'à la différence d'Apple, Compaq, Ashton-Tate ou Lotus, elle ne subit aucune pression de la part de *venture capitalists* avides de voir leurs apports fructifier à grande échelle. Elle s'est développée pour l'essentiel sur ses fonds propres et le seul investisseur extérieur — David F. Marquardt — ne possède que 6,2% de la compagnie. Financièrement, Microsoft est en pleine santé : elle réalise un bénéfice correspondant à 34% du chiffre d'affaires et n'a nullement besoin de fonds externes. Toutefois, afin d'attirer des cadres et programmeurs de talent, la compagnie de Bellevue a pour pratique de leur offrir, en sus d'un salaire alléchant, des *stock options*, c'est-à-dire des options préférentielles sur les parts de la compagnie. La nouvelle recrue se voit réserver une quantité de parts qu'elle peut acheter à un prix minimal — lequel se situait initialement autour de la valeur dérisoire de 1 dollar. De surcroît, afin que l'employé puisse acquérir un nombre alléchant d'actions, Microsoft lui prête l'argent nécessaire. Steve Ballmer a ainsi emprunté plus de cinq cent mille dollars à la compagnie et se trouve en possession de 1,7 million d'actions. De nombreux cadres se trouvent dans des situations potentiellement rentables. Jon Shirley détient quatre cent mille actions et Charles Simonyi un peu plus de trois cent mille. Toutefois, ces avoirs demeurent virtuels aussi longtemps que Microsoft n'est pas cotée sur le marché public. Jon Shirley et David Marquardt ont plusieurs fois incité Gates à suivre l'exemple d'Apple, Compaq et Lotus. Mais, en dépit du fait qu'il détient plus de 49 % des parts de sa société — 11,2 millions d'actions — Bill manifeste un désintérêt profond pour une telle éventualité et tente de reculer au plus loin cet événement pénible. Mitch Kapor, président de Lotus, lui a dépeint les formalités afférentes à cette opération sous un jour peu réjouissant. Les yuppies qui se pavanent à Wall Street appartiennent à une autre culture : ils se sentent essentiellement concernés par les billets verts, et de ce fait, ne suscitent que mépris chez les passionnés du logiciel.

Le *Securities Exchange Act* édicté en 1934 requiert qu'une compagnie se fasse enregistrer par la *Security and Exchange Commission* (SEC)[1] dès lors qu'elle a distribué des parts à cinq cents employés ou plus. Elle devient alors par la force des choses une société cotée sur le marché public. Une telle introduction forcée est rarement souhaitable, car elle n'est pas maîtrisée. Si elle se produit à un moment où la compagnie souffre temporairement d'une croissance ralentie ou de la menace d'une concurrence, elle peut se retrouver largement sous-évaluée. Au train où

1. Équivalent américain de la Commission des opérations boursières.

évoluent les choses, Microsoft devrait atteindre le seuil des cinq cents employés détenteurs de parts aux alentours de la fin 1986. Bill Gates sait donc qu'il faut entreprendre tôt ou tard l'introduction en Bourse et se résout à une telle éventualité en avril 1985.

Toutefois, la période n'apparaît pas idéale pour l'éditeur du MS-DOS. Microsoft se trouve à la veille de trois événements majeurs. Le tableur Excel pour Macintosh est sur le point d'être annoncé. Sur le PC, Windows voit sa date de sortie reculer indéfiniment sans qu'il soit possible de percevoir le bout du tunnel. Enfin, IBM devrait conclure un nouveau contrat relatif à l'écriture d'un DOS avancé pour le PC[1]. Il est crucial de s'assurer du succès des trois points précités : le titre Microsoft apparaîtra alors sous un jour allègre aux yeux des investisseurs. Faute d'un tel préalable, les spécialistes financiers ne manqueront pas d'attaquer la compagnie sur ces points. Un autre sujet tracasse Bill. Il a jusqu'ici réussi à éviter un trop fort roulement du personnel, à la différence de la plupart des autres éditeurs de logiciels. Dans l'éventualité d'une entrée en Bourse, certains personnages clés pourraient être tentés de délaisser la compagnie après avoir vendu leurs parts au moment opportun. Il désire donc mener sa petite enquête et soumet son accord final à ce qu'il aura décelé.

Le 28 octobre, afin de célébrer les trente ans de Bill, une fête sur patins à roulettes est organisée dans la zone des stocks de Microsoft. Une centaine d'employés présents pour l'occasion observent avec stupeur les prouesses de leur patron glissant d'avant en arrière au rythme de la musique tantôt jazz, tantôt rock. L'orchestre qui joue en fond sonore est mené par un guitariste plus connu pour ses talents de pro-

1. Ce « DOS avancé » a finalement été baptisé OS/2.

grammeur : Paul Allen. Les problèmes de santé rencontrés en 1983 ont contraint le compère des premiers jours à abandonner ses fonctions chez Microsoft. Après son rétablissement, le cofondateur a décidé de se lancer dans une nouvelle aventure et créé sa propre édition de logiciels, *Asymetrix*. Deux des plus anciens programmeurs de Microsoft, Steve Wood et Marc McDonald, l'ont suivi. Paul est détenteur de 38 % des actions de la compagnie — six millions trois cent quatre-vingt-dix mille parts — et la perspective d'une introduction en Bourse n'est pas pour lui déplaire.

Le lendemain, le conseil d'administration se réunit et attend le verdict du fondateur. Gates se montre bien disposé. IBM a signé un accord pour l'écriture en commun du prochain système d'exploitation de ses micro-ordinateurs. Excel fait l'objet d'un très bon accueil. La publication de Windows est l'affaire de quelques semaines. Enfin, après sondage des hommes clés de la compagnie, il ressort que Bill peut compter sur leur fidélité. Chacun d'entre eux s'est engagé à ne pas vendre plus de 10 % de ses parts personnelles. Microsoft est mûre pour devenir une société publique. Elle entend toutefois conserver l'initiative d'un bout à l'autre de la marche des événements.

L'introduction en Bourse est effectuée par un opérateur principal — une banque ou un cabinet de conseil en placements financiers — qui fait deux parts des actions que la société désire mettre en vente. La première correspond aux investisseurs institutionnels — de grands groupes dont la décision d'achat a un effet d'entraînement sur les petits porteurs. La deuxième correspond à une série d'organismes regroupant les opérateurs chargés des transactions auprès des acheteurs finaux — appelés *underwriters*. Frank Gaudette, le directeur financier embauché par Jon Shirley un an plus tôt, reçoit pour mission de repérer les cabinets propres à mener au mieux l'opération. Gaudette apparaît comme le personnage idéal en la matière : ce quinquagénaire rusé, qui pratique un humour caustique à la mode new-yorkaise, a déjà participé à l'introduction sur le marché de trois compagnies. Il suggère de donner la préférence à une firme bien en vue à Wall Street, et de la faire seconder par un cabinet spécialisé en technologie, afin d'attirer l'attention des investisseurs à l'affût de tels titres. Le choix de ce dernier est relativement aisé : seules quatre compagnies se distinguent dans le financement de sociétés du secteur technologique. Parmi elles, Alex Brown part favorite dans la mesure où elle sollicite Microsoft sur ce thème depuis déjà plusieurs années. Les principaux cabinets réputés pour leur rayonnement à Wall Street font l'objet d'une présélection de la part de Gaudette — Gates désire demeurer à l'écart de cette procédure. Les firmes retenues sont alors sollicitées par le directeur financier qui demande à rencontrer le responsable de chacune. Il énonce clairement la règle du jeu : « *Ne tentez pas de me contourner en vous adressant directement à Bill ou à Jon.* » Chaque candidat est alors soumis à un interrogatoire serré. Pour quelles raisons leur nom mériterait-il de figurer à côté de celui de Microsoft ? Comment comptent-ils distribuer les actions ? À qui ? Pourquoi ? Le 21 novembre, Gaudette remet ses conclusions à Gates et à Shirley. Chaque cabinet s'est vu attribuer une note s'échelonnant de 1 à 15 dans dix-neuf catégories différentes. Goldman & Sachs sort vainqueur. Le directeur financier laisse néanmoins entendre qu'un facteur sera déterminant : le *feeling* qui pourra passer entre les hommes de Microsoft et le cabinet sollicité. Gaudette prend alors dix jours de vacances à Hawaii pour célébrer officiellement ses cinquante ans dans le 50ᵉ État des États-Unis ! Pendant ce temps, la fièvre monte dans les cabinets d'investissement, qui supportent mal cette attente. Les bureaux de Bellevue sont assiégés d'appels pour Gates et Shirley.

À son retour d'Hawaii, Gaudette met fin au suspense pour Eff W. Martin de Goldman & Sachs, qui se voit invité à rencontrer les dirigeants de Microsoft au cours d'un dîner, le soir du 11 décembre, à Seattle. La scène qui se déroule au *Club Rainier*, un restaurant sélect, est pour le moins insolite. Dans la pièce réservée spécialement pour les hôtes, la soirée démarre dans une ambiance glaciale. Gates arbore une moue ennuyée, et semble de corvée. Shirley lance à plusieurs reprises des piques à l'encontre de l'équipe de Goldman & Sachs. Pendant une bonne heure, Martin et ses trois associés tentent d'établir le contact. Ils expliquent en long et en large comment ils procèdent pour le financement de compagnies de haute technologie. Mais en dépit de ses arguments savants, Martin ne parvient pas à dérider ses interlocuteurs qui font alterner le mutisme suspicieux et la causticité. Sans laisser transparaître le moindre signe d'impatience, Martin continue son argumentation tout en s'efforçant de demeurer courtois. Il parvient à briser la glace dès lors qu'il évoque l'introduction de Microsoft sur le marché boursier et le prix de vente potentiel de l'action. Gates se met alors à se balancer doucement d'avant en arrière, ce qui traduit ordinairement une montée manifeste de l'intérêt. Martin conclut par une envolée en expliquant que si l'affaire est rondement menée, il est possible de mettre en place « *l'offre publique la plus remarquée de 1986* ». Une fois sur le parking du *Club Rainier*, Gates émet pour ses collègues un avis favorable sur les gentlemen rencontrés. « *Ma foi. Ils n'ont pas renversé leur assiette et ça a l'air de gens biens.* » En clair, il valide le choix de Goldman & Sachs en tant que *cabinet leader*. Alex Brown, la « boutique de technologie », complète le duo prévu. Gates fait savoir aux deux opérateurs sélectionnés qu'il a invité un journaliste de *Fortune*,

Bro Uttal, à suivre pas à pas le chemin qui mènera jusqu'à Wall Street. Devant les protestations émises de la part de Goldman & Sachs et d'Alex Brown, il explique que c'est à prendre ou à laisser [1].

La première réunion rassemblant les principaux intervenants a lieu le 17 décembre dans les bureaux de Bellevue. Gates, Shirley et Gaudette ont invité leurs conseillers juridiques et passent la matinée à attendre les représentants de Goldman & Sachs et d'Alex Brown. L'épais brouillard qui enveloppe la ville de Seattle contrarie les vols aériens. Lorsque la réunion démarre enfin en début d'après-midi, Gates déclare que Microsoft envisage de réaliser environ 40 millions de dollars dans l'opération. Pour ce faire, elle entend vendre environ deux millions de parts. Divers membres de la compagnie entendent se séparer d'une partie de leurs avoirs jusqu'à hauteur de 10% — Gates a érigé cette règle. Il sera ainsi possible de libérer environ six cent mille actions. Les cabinets Goldman & Sachs et Alex Brown, et ceux chargés de la collecte des fonds, auront la possibilité d'exercer une option sur trois cent mille parts supplémentaires. Globalement, 12 % des parts de la compagnie seront placés sur le marché public.

Le prix de vente initial de l'action est estimé en tenant compte du PER [2] moyen de compagnies opérant dans le même secteur. Avec un chiffre d'affaires de 140 millions de dollars au 30 juin 1985, Microsoft se situe entre Lotus et Ashton-Tate — ces trois éditeurs réalisant à eux seuls 30 % des revenus globaux

1. Plusieurs anecdotes rapportées dans ce chapitre sont fondées sur le reportage effectué par Bro Uttal pour l'occasion et publié dans l'édition du 21 juillet 1986 de *Fortune Magazine*.

2. PER : *Price / Earning Ratio.* Le PER est un chiffre qui traduit la confiance accordée aux performances futures d'une entreprise à un moment donné.

du logiciel. Les cabinets de conseil jugent que Microsoft peut opérer à partir d'un PER supérieur à celui de Lotus ou d'Ashton-Tate. Elle réalise de meilleurs profits et dispose d'une gamme de produits plus diversifiée, gage de meilleure stabilité future. Microsoft figure également dans la liste des compagnies américaines connaissant la plus forte croissance, publiée par *INC Magazine*. Goldman & Sachs et Alex Brown suggèrent un PER élevé qui permettrait de vendre l'action jusqu'à 20 dollars. Ils justifient cette approche par le fait que depuis septembre, le marché est à la hausse pour les éditeurs de logiciels. À 20 dollars l'action, l'opération ferait entrer cinquante millions de dollars dans la trésorerie. Gates, encore novice en la matière, ne se sent pas à l'aise avec un tel volume financier et opte pour un PER plus modéré. Après une longue discussion avec les hommes de Goldman & Sachs, il se montre partisan d'un prix de 16 dollars.

Le rituel qui précède une introduction sur le marché public comporte une tournée des investisseurs. Au cours de celle-ci, les dirigeants tiennent des réunions publiques au cours desquelles ils s'appliquent à séduire les investisseurs institutionnels. Bill Gates est fort contrarié à l'idée qu'il lui faudra jouer ce rôle et tente de s'y soustraire par une boutade : « *Nous allons proposer l'action à un prix tellement alléchant qu'elle va se vendre toute seule !* » Les cadres de Goldman le ramènent à la réalité boursière : il se doit d'accompagner Frank Gaudette dans la tournée des banquiers et financiers.

Les affaires légales de Microsoft sont gérées par William H. Neukom, qui est sur le point de quitter le cabinet Shidler McBroom & Gates [1] pour rejoindre la compagnie. Neukom soulève un point : au

1. Shidler McBroom & Gates est le cabinet dans lequel officie le père de Bill.

cours de la période qui précède une introduction, une société ne doit pas donner l'impression de promouvoir son titre d'une façon ou d'une autre. Neukom exige donc que Microsoft adopte provisoirement un profil bas, que ce soit dans les apparitions publiques de Gates ou dans les communiqués de presse. Par ailleurs, la compagnie doit préparer un prospectus dont la rédaction relève d'un art subtil. Il s'agit du seul document sur lequel sont censés se fonder les investisseurs et il se doit donc de renvoyer une image positive de la société, en se concentrant sur les succès obtenus au cours des années précédentes. Il doit expliquer quels sont les efforts entrepris pour continuer l'expansion, sans toutefois mettre la puce à l'oreille de concurrents tels que Lotus et Ashton-Tate sur les orientations actuelles. Dans le même temps, ce document ne doit pas être trop alléchant. Il arrive que des porteurs d'actions déçus intentent un procès à une compagnie coupable d'avoir embelli à l'excès la situation. Les dirigeants de Microsoft apparaissent soucieux de produire un prospectus inattaquable sur le plan légal. La SEC est réputée pour sa propension à couper les cheveux en quatre lorsqu'elle examine la validité des prospectus proposés. Il n'est pas bien vu de devoir refaire sa copie.

Les 8 et 9 janvier, Goldman & Sachs et Alex Brown détachent plusieurs experts à Bellevue afin d'examiner la compagnie d'un point de vue administratif, financier et stratégique. Gates, Shirley, Ballmer et Gaudette sont soumis à l'interrogatoire. Ruth Quindlen, une séduisante analyste opérant chez Alex Brown, tente de repérer les talons d'Achille de la compagnie : il ne faut pas que celle-ci puisse être accusée d'avoir dépeint une situation fallacieuse. Bill apparaît fort inquiet sur deux domaines : les applications développées pour Macintosh n'ont pas encore donné le meilleur d'elles-mêmes, et Windows fait l'objet de critiques dans la presse spécialisée. Steve Ballmer s'amuse à brosser des éventualités singulièrement sombres et la brusquerie de ses propos contraste fortement avec l'attitude distinguée des opérateurs boursiers. Au bout du compte, les hommes du logiciel apparaissent fort modérés sur le plan financier. Bill continue de penser qu'un cours d'introduction de 20 dollars serait excessif. Devant l'insistance des membres de Goldman & Sachs, il accepte d'envisager un prix se situant dans une fourchette de 16 à 19 dollars. La rédaction du prospectus dure tout le mois de janvier, période au cours de laquelle le scribe désigné par Shidler McBroom peaufine la moindre virgule, sous le contrôle de William H. Neukom et des cabinets de conseil. Il est finalement adressé à la SEC au début de février. Goldman & Sachs et Alex Brown procèdent à l'envoi de trente-huit mille exemplaires du prospectus aux investisseurs de tout poil. Le salaire annuel de Bill Gates est rendu public pour la première fois : 133 000 dollars. Il apparaît extrêmement modéré en comparaison d'autres présidents de compagnies des États-Unis couramment rémunérés annuellement au niveau du million de dollars.

En attendant le verdict de la SEC qui doit survenir un mois plus tard, Gates se prépare sans joie à la tournée des institutionnels. Une répétition a lieu dans les bureaux de Goldman & Sachs à New York et s'avère fastidieuse. Neukom a insisté pour que le jeune président refrène sa ferveur naturelle et s'en tienne pour l'essentiel aux informations inscrites sur le prospectus. Il tempête contre une telle épreuve : « *À quoi bon délivrer une allocution, si je dois conserver une bande adhésive sur la bouche ?* » Il s'acquitte de cette douloureuse besogne en adoptant un ton robotique et monocorde. À la suite d'une réunion à laquelle assistent une trentaine de banquiers, un auditeur lui demande pourquoi il ne met pas plus d'ardeur à la tâche. Gates répond d'un ton pincé :

« *Vous connaissez peut-être la recette pour énoncer des choses barbantes de façon attrayante ?* » Frank Gaudette, en revanche, éprouve un plaisir flagrant à s'adresser à un public de banquiers et d'hommes de finance. Il émaille son discours laudatif de plaisanteries, et insiste sur la bonne performance de Microsoft au cours de son histoire ; et son absence totale de dettes. Ruth Quindlen, l'analyste d'Alex Brown, voyage de ville en ville avec Gates, et découvre une facette ignorée de la personnalité de l'homme d'affaires : il est terriblement anxieux à l'idée d'essuyer un échec. Dans un moment de confidence, il lui avoue qu'il ne peut envisager l'idée qu'un autre puisse être meilleur que lui dans le domaine où il sévit.

La tournée des investisseurs amène la troupe à se produire dans plusieurs grandes villes des États-Unis et du Royaume Uni. Au fil des réunions, Gates apparaît plus détendu et s'enhardit même à faire une discrète apologie de ses logiciels. Martin de Goldman & Sachs est ravi : les investisseurs institutionnels se déplacent en masse et tout indique qu'ils vont soutenir en force l'introduction du titre. À Londres, après une soirée au théâtre, Bill Gates, enclin à la fête, danse tout au long de la nuit avec Ruth Quindlen, ce qui ne manque pas d'alimenter murmures et chuchotements.

L'avis de la SEC tombe le 5 mars : la commission a relevé un certain nombre de points litigieux qui ne sont pas de nature à remettre en cause l'essentiel. Elle insiste notamment pour qu'un plus grand nombre d'actions soient mises en circulation. Il ne faut que quelques jours aux conseillers juridiques pour convenir avec la SEC des révisions à apporter. Deux actionnaires majeurs consentent à se séparer de 295 000 parts. Pendant ce temps-là, la Bourse poursuit sa tendance haussière. Eff W. Martin de Goldman & Sachs se rend à Seattle pour annoncer de bonnes nouvelles. Il présente à Gates la liste impressionnante des ordres d'achat émanant d'investisseurs et plaide pour une augmentation du cours initial à 20 dollars : l'action semble partie pour atteindre un cours de 25 dollars au bout de quelques semaines.

La tournée des investisseurs a produit un effet inattendu sur Gates qui s'est familiarisé avec un monde dont il ignorait les mécanismes. Il en perçoit désormais les principes d'un angle plus averti : il paraît injuste que des investisseurs se mettent instantanément dans la poche plusieurs dollars par actions. Il demande à Martin de quitter la salle momentanément. Il pose alors à Shirley et Gaudette une question qui le turlupine depuis plusieurs jours : « *Pourquoi devrions-nous offrir les millions de la compagnie aux clients de Goldman ?* » Alors qu'il s'était battu deux mois plus tôt pour que le cours d'introduction ne dépasse pas 16 dollars, Gates penche à présent pour une augmentation substantielle. Gaudette modère ses prétentions : il ne faut pas hausser la barre jusqu'à un niveau qui rebuterait les investisseurs institutionnels. Les trois hommes s'accordent sur un prix initial de 21 à 22 dollars. Ils appellent le cabinet de New York pour les informer de leur décision.

Eric Dobkin prend l'appel et se déclare écœuré par un tel revirement de dernière minute. Pendant plus d'une heure, il discute âprement avec Gaudette : un dollar de trop et c'est fini : un certain nombre d'investisseurs cruciaux vont se retirer de l'opération et le titre perdra alors une partie de son attrait. Gaudette jubile et se montre cassant, affirmant que Goldman & Sachs sert essentiellement les intérêts de ses clients et qu'il est presque sûr qu'il ne les reverra jamais une fois l'affaire conclue. Dobkin persiste à soutenir son point de vue sans parvenir à fléchir la position d'un Gaudette enclin aux insultes. Déconcerté, Dobkin accepte un compromis aux alentours de 21 dollars, avec une marge de manœuvre d'un point en négatif ou positif. Le lundi suivant, six investisseurs majeurs menacent d'abandonner l'action Microsoft. Fort heureusement, le phénomène est compensé par une hausse exceptionnelle de l'indice Dow Jones. Il apparaît donc possible de s'entendre sur le montant proposé. Le 12 mars, Frank Gaudette et William H. Neukom rencontrent Dobkin et Martin dans les bureaux de Goldman & Sachs à New York. Les nouvelles sont bonnes : la Bourse continue d'être à la hausse et la moitié des investisseurs ont annoncé qu'ils restaient en piste. Le cours de 21 dollars est accepté par les deux parties.

Un dernier point reste à déterminer : la commission allouée aux opérateurs. Elle représente ordinairement 7% du prix de vente de l'action. Gates, dans sa tentation d'être le meilleur, dérive vers l'excès : il désire surpasser Sun, un constructeur californien récemment entré en Bourse, qui a réussi à négocier un niveau de commissionnement minuscule : 6,13%. Gaudette attaque Goldman & Sachs sur la base de 1,28 dollar par action, soit un taux inférieur à celui décroché par Sun. Choqué par cette exigence, Dobkin défend bec et ongles le point de vue de sa chapelle. Il rappelle les efforts effectués par Goldman & Sachs et Alex Brown pour promouvoir le titre Microsoft auprès de ses clients et indique qu'ils sont en partie responsables du bon accueil qui est à présent réservé au titre. Il conclut en affirmant qu'il ne descendra pas au-dessous de 6,5%, soit 1,36 dollar par action. Gaudette se trouve avec un problème : il a reçu des ordres fermes de Bill et n'est pas en mesure de joindre celui-ci pour confirmation. Gates s'est accordé quelques jours de vacances sur les côtes australiennes et ne peut être contacté. La discussion sur les commissions reprend de plus belle et chaque partie consent à modérer sa position. Dobkin réduit ses prétentions à 1,33 dollar, tandis que Gaudette coince à 1,30. Le directeur financier de Microsoft perd son calme et fait mine de vouloir en rester là. Ulcérés par son insolence, les hommes de Goldman se lèvent d'un commun accord et quittent la salle. Quelques minutes plus tard, Eric Dobkin revient seul et demande à s'entretenir en tête-à-tête avec Frank Gaudette. Celui-ci expose alors son problème de fond : il n'est pas autorisé à aller plus loin. Il accepte cependant d'appeler Jon Shirley pour soutirer la permission d'augmenter la commission des opérateurs d'un *cent* supplémentaire. Jon se laisse convaincre. Le taux de 1,31 dollar est accepté de part et d'autre. Dobkin et Gaudette tombent dans les bras l'un de l'autre. Gates dira quelques jours plus tard que, pour sa part, il n'aurait pas cédé.

Le matin suivant, Gaudette assiste à une introduction en Bourse animée. En dépit de la surprise — les analystes s'attendaient à une ouverture avoisinant les 16 dollars — le titre fait immédiatement l'objet d'une demande frénétique : 2,5 millions d'actions sont vendues, ce qui le propulse vers les 27,75 dollars. Au bout de quelques semaines, il atteint 35 dollars, avant d'amorcer une baisse et de se stabiliser aux alentours de 31,25 dollars. La valeur boursière est alors évaluée à 661 millions de dollars, ce qui représente une performance inégalée en matière de logiciel : lorsque Lotus était entrée en Bourse deux ans plus tôt, elle avait réalisé 277 millions de dollars. Étant donné qu'il possède onze millions de parts, la fortune de Bill Gates est évaluée à 350 millions de dollars, ce qui le place d'emblée sur la liste des Américains les plus fortunés. Steven Spielberg, réalisateur des films ayant attiré le plus grand nombre de spectateurs dans l'histoire du cinéma, pèse 225 millions de dollars à la même époque.

L'action de Microsoft progressant de façon rapide, le montant de la richesse de Gates s'élève, moins d'un an plus tard, à plus d'un milliard de dollars. En mars 1987, l'action Microsoft se situe à un cours quatre fois plus élevé que celui de l'introduction initiale : il est passé de 21 à 84,75 dollars. Bill Gates devient milliardaire en dollars et entre dans le cercle restreint des hommes les plus riches du monde, alors qu'il n'a que trente et un ans. Le numéro de *Forbes* d'octobre 1987 le place en 29e position sur la liste des quatre cents personnes les plus riches des États-Unis. Paul Allen se situe à la 87e place du hit-parade avec 640 millions de dollars. Le même mois, Bill apparaît en couverture de *Fortune*. Le magazine indique que « *Gates a apparemment gagné plus d'argent que n'importe qui d'autre à son âge, quel que soit le secteur d'activité* ».

CHAPITRE 16

La redistribution des cartes

Au début de l'année 1986, moins de cinq ans après la sortie du premier PC, la donne est relativement simple. IBM dicte le standard. L'AT a succédé au PC originel, provoquant à son tour l'arrivée d'une myriade de machines compatibles. MS-DOS a permis la création d'un marché du logiciel florissant. Le facteur stabilité apparaît essentiel dans cet épanouissement d'un secteur incroyablement dynamique. L'utilisateur peut acquérir virtuellement n'importe quel logiciel MS-DOS et sait qu'il fonctionnera sur n'importe lequel des PC et compatibles. Toutefois, la paix ne peut durer indéfiniment. Au siège d'Armonk, les dirigeants d'IBM observent une situation qui leur échappe progressivement. Certes le PC, avec 5 milliards de dollars, accapare 10% du chiffre d'affaires global de Big Blue, une part impressionnante compte tenu du fait qu'il s'agissait au départ d'un projet expérimental. Mais la progression des compatibles est patente : si, en 1983, le PC d'IBM représentait 85% des machines MS-DOS vendues, il semble appelé à passer au-dessous de la barre des 50%. Les concurrents les plus perfides sont les fabricants de Taiwan qui proposent des PC à des prix ridiculement bas. Plusieurs cadres supérieurs de la compagnie prônent un retour à une certaine forme d'isolement.

Il semble que la solution définie en haut lieu et mise en œuvre par Bill Lowe ait consisté à récupérer le contrôle en développant un nouveau système d'exploitation. OS/2 sera développé exclusivement en interne, ou par le biais d'alliances différentes de celles pratiquées par le passé : la puissance de Microsoft en matière de système d'exploitation représente une menace pour la capacité d'agir d'IBM. À la fin de l'été 1985, suite à une intervention auprès de la direction d'IBM, Bill Gates a réussi à éviter une éviction qui aurait eu le plus mauvais effet sur l'image de sa compagnie. Toutefois, Microsoft apparaît désormais comme un simple prestataire de service : les spécifications d'OS/2 sont intégralement réalisées par IBM, la programmation étant répartie entre les deux compagnies.

Parallèlement, Bill Gates poursuit une ambition : imposer Windows comme interface graphique des PC. IBM entend-elle remplacer MS-DOS par OS/2 ? Qu'à cela ne tienne. Microsoft espère convaincre Bill Lowe de placer Windows au-dessus du nouveau système. Au cours de l'automne, les deux hommes se rencontrent à plusieurs reprises. Bill Lowe fait la sourde oreille aux plaidoyers de Gates. Les discussions aboutissent à un compromis : IBM pourrait envisager de marier Windows avec OS/2 à la condition qu'il présente une certaine compatibilité avec l'environnement TopView d'IBM.

La crédibilité de Windows est menacée par la défection des principaux éditeurs de logiciels. Fin novembre 1985, Gates lance l'écriture d'une version d'Excel adaptée à cette interface graphique. Un accord établi avec Apple l'autorise à adapter sur PC les applications développées pour la machine d'Apple. Une partie des programmeurs d'Excel Mac sont affectés au projet. Ils sont six au total, supervisés par Jeff Harbers. C'est la première fois que des programmeurs de Microsoft se frottent à la réalisation d'un logiciel pour Windows et ils découvrent que la tâche est bien plus complexe que dans le cadre du Macintosh. Bill Gates suit le développement d'Excel PC d'assez près et pose comme postulat essentiel de surpasser 1-2-3. La vitesse de recalcul — point fort de Lotus — devient la priorité numéro un. Un test qui dure cinq bonnes heures est lancé tous les soirs. Chaque fois qu'une partie du programme semble avoir ralenti, les techniciens s'acharnent à découvrir la source du problème puis à y remédier. Cinq grandes entreprises équipées du programme de Lotus jouent le rôle de site pilote ; parmi elles l'avionneur Boeing et le cabinet de conseil Arthur Andersen.

Afin de faire face à un recrutement en progression exponentielle, Gates et Shirley ont lancé la construction d'un immense campus à Redmond en août 1985. L'installation a lieu en mars 1986, tandis que Microsoft célèbre son entrée en Bourse. Le campus s'étend sur les 214 000 mètres carrés d'un site forestier, place Evergreen. Vue d'avion, la disposition des bâtiments en forme de X évoque une fantaisie structurale du graveur néerlandais M.C. Escher : ils communiquent entre eux tout en dégageant un très large espace central où l'architecte a placé un étang, un jet d'eau, et des pelouses traversées d'allées. Chacun des sept cents employés dispose de son propre bureau équipé d'un PC et d'un Mac et relié aux autres par un système de messagerie interne. Alentour, d'immenses sapins isolent Microsoft du monde extérieur, imposant une sérénité qui contraste avec la frénésie interne.

Un matin de printemps, Bill Gates et Steve Ballmer arrivent au siège d'IBM à Armonk après un vol de nuit depuis Seattle. De mauvaises nouvelles les attendent. Bill Lowe et ses deux collègues, Ed Kfoury et Dick Hanrahan disent non à Windows. Le développement de la future interface graphique de l'OS/2 sera effectué par les laboratoires d'IBM à Hursely en Angleterre. Elle aura pour nom *Presentation Manager*. Opiniâtre, Bill Gates se refuse à accepter cette éventualité. Défendant âprement la cause de Windows, il argue de ce que Microsoft dispose d'une avance de deux ans sur le produit qu'IBM pourrait développer à présent. Bill Lowe réplique qu'IBM a, elle aussi, ses domaines de prédilection, tels que les communications entre ordinateurs, spécialité dans laquelle Microsoft est pour le moins novice. Gates riposte qu'en matière de micro-ordinateurs, il a une meilleure perception de ce qui se passe qu'IBM. Après deux heures d'une argumentation serrée, Gates obtient de Lowe une concession majeure. Les ingénieurs d'IBM et ceux de Microsoft travailleront ensemble sur Presentation Manager, lequel sera cependant conçu selon les desiderata de Big Blue.

Steve Ballmer envisage purement et simplement d'arrêter la mise à jour de Windows. Gates lui exprime son désaccord total. Le tableau Excel est en cours de développement depuis déjà un semestre et pour l'heure s'appuie sur Windows. Par ailleurs, le fait qu'IBM propose Presentation Manager avec OS/2 va conforter la tendance en faveur des interfaces graphiques. Windows va en bénéficier : il apparaîtra comme la solution de choix pour les PC sous MS-DOS. Ballmer réorganise cependant le développement afin de donner priorité à la demande d'IBM.

À la tête de l'équipe OS/2, figure un original : Nathan Myhrvold. Le parcours de cet intellectuel barbu à la tignasse auburn est pour le moins hétéroclite. Au cours de sa carrière de physicien, Myhrvold s'est attaché à résoudre des « *problèmes hypercomplexes, ce qui ne veut pas dire qu'ils soient insolubles* ». Après une maîtrise de géophysique, de sciences spatiales et de mathématiques appliquées à l'économie, l'homme a choisi pour thème de doctorat d'expliquer la gravité dans le contexte de la mécanique quantique. La thèse qu'il a réalisée à Princeton propose une théorie originale sur l'expansion continue de l'univers. Comment un tel personnage s'est-il retrouvé à superviser les interfaces graphiques sous la direction de Steve Ballmer ? Parce qu'il s'est découvert une passion pour les ordinateurs au fil des années et en est venu à développer un logiciel de fenêtrage pour l'IBM PC, au sein de sa société Dynamical Systems Research. Le projet a suffisamment séduit Microsoft pour qu'elle rachète l'ensemble. Myhrvold s'est ainsi retrouvé impliqué dans le développement parallèle d'OS/2 et de Windows 2.0. Il va progressivement devenir l'un des hommes les plus influents chez Microsoft.

À la même époque, Gates est confronté à un autre problème : Kay Nishi, partenaire japonais de Microsoft, semble hors de contrôle et prend des initiatives peu appréciées à Redmond en matière de dépenses. Deux épisodes ont contribué à détériorer les relations. Kay a d'abord investi un million de dollars dans la construction d'un dinosaure électronique destiné à montrer au grand public les bienfaits de la technologie. Gates eût préféré que cet argent soit investi dans des moyens de promotion plus classiques. Par la suite, en 1983, Gates a prêté 275 000 dollars à Kay afin de lui éviter la prison. Son ami japonais avait acheté une grande quantité d'actions d'une compagnie américaine au futur prometteur. Sommé de payer, Nishi, n'étant pas en mesure de faire face, a eu recours à Bill. Ces deux investissements malheureux ont refroidi les relations entre les deux hommes.

Bill rencontre son ancien ami à Tokyo et l'invite à rejoindre la compagnie à plein temps. Après trente heures de discussions passionnées, devant le refus obstiné de l'aventurier nippon, il est décidé de mettre fin aux relations entre les deux entités. Microsoft décide d'ouvrir sa propre filiale dans l'Empire du Soleil levant et détache Chris Larson — camarade du lycée de Lakeside — sur place. La filiale débauche une douzaine d'employés d'Ascii, la compagnie fondée par Nishi, ce qui déclenche l'ire de ce dernier qui se répand en déclarations injurieuses vis-à-vis de son ancien associé. Gates choisit de répliquer à ces attaques dans le *Wall Street Journal* : « *De toutes les personnes que j'ai connues, Kay est probablement celle qui est la plus proche de moi. Mais je pense qu'il a disjoncté. Sa vie est un désastre. Il est dans le rouge de plus d'un demi-million de dollars alors que je pèse X millions. Je suppose qu'il y a là matière à de l'amertume.* »

Du côté de la concurrence, la situation évolue tout autant. Mitch Kapor, l'homme qui a fondé Lotus, démissionne de son poste au début de l'été : la gestion d'une multinationale ne l'amuse plus. Son successeur à la présidence, Jim Manzi, inaugure une nouvelle ère pour la compagnie : indifférent au logiciel en tant que tel, il estime qu'il faut développer ce qui a fait le succès initial de la compagnie : une approche judicieuse du monde des affaires. Lotus accentue son orientation marketing : sa force de vente qui rend régulièrement visite aux mille principales entreprises américaines, est quatre fois plus importante que celle de Microsoft. Les programmeurs n'éprouvent pas de sympathie particulière pour Manzi qui traîne une réputation d'impertinence.

Compaq change les règles du jeu du monde du PC à sa manière. Jusqu'alors, le constructeur texan avait la réputation de produire les meilleurs équivalents de l'IBM PC. Il lui avait fallu un an pour réaliser un compatible parfait du modèle à base de 8088. Lorsque l'AT — à base de 80286 — était apparu fin 1984, Compaq avait été en mesure de le cloner en l'espace de six mois. Entre-temps, Intel avait présenté un microprocesseur 32-bits extrêmement plus performant que ses prédécesseurs : le 386. Chez IBM, l'éventualité de bâtir un PC à base de cette puce n'a pas été envisagée avec bonheur : un tel micro-ordinateur entrerait tôt ou tard en concurrence avec la gamme des minis. Compaq a donc décidé de prendre les devants sans attendre le visa du constructeur d'Armonk. Le PC qu'elle présente en septembre apparaît immédiatement comme le plus puissant du marché : le Deskpro 386. En agissant ainsi, la société présidée par Rod Canyon transmet un message clair : le standard PC échappe désormais à l'emprise d'IBM. Un compatible PC est un micro-ordinateur capable d'exécuter le système MS-DOS et, partant, des logiciels diffusés à plus d'un million d'exemplaires tels 1-2-3, dBASE III Plus, Multiplan, etc. IBM même ne peut envisager de construire un PC s'écartant de ces normes. Pourtant, la grande compagnie vit encore dans le souvenir de son passé glorieux et des méthodes qui lui ont permis de dominer le secteur des grands systèmes, et juge qu'elle peut encore imposer une autre solution : sa puissance est telle que le public devrait suivre.

En octobre, les indicateurs sont au beau fixe pour Microsoft. Pour le premier trimestre fiscal de l'année 1987 — qui va de juillet à septembre 1986 — ses revenus dépassent ceux de Lotus : 66,8 millions de dollars contre 65,6 millions. S'il est trop tôt pour crier victoire, celle-ci commence à poindre. Mais parallèlement, Lotus s'introduit sur l'un des marchés privilégiés de Microsoft : le Japon. Un mois après sa sortie, le tableur de Lotus prend la tête et atteint des ventes cinq fois supérieures à celles de Multiplan. À Redmond, on attribue au laisser-aller de Nishi le fait que 1-2-3 ait ainsi pu détrôner le tableur maison. Les espoirs sont fondés sur Excel, dont une version préliminaire est dévoilée aux clients privilégiés, aux États-Unis comme en Europe. Les spectateurs de la démonstration avouent leur engouement pour l'œuvre en gestation. Mais plusieurs entreprises avouent leur réticence sur l'aspect de la compatibilité avec Lotus 1-2-3 qui n'est pas assez élevée. Excel est donc adapté afin de pouvoir lire et écrire directement les fichiers de ce tableur. Peu avant la fin de l'année, IBM et Microsoft signent l'accord concernant le développement de Presentation Manager. Parallèlement Windows fait l'objet d'aménagements susceptibles d'accroître notablement sa vitesse.

1987 commence sous le signe de l'effervescence : la rumeur selon laquelle IBM prépare un nouveau modèle de micro-ordinateur alimente les débats les plus divers. 1-2-3 domine toujours le secteur du logiciel. En 1986, avec 750 000 copies diffusées, le tableur de Lotus a représenté 17,6 % des ventes de programmes professionnels, toutes machines confondues. Lotus a vendu plus de deux millions de copies de son best-seller et, à court terme, aucun signe d'une concurrence ne semble se dessiner[1]. Le logiciel n° 2, dBASE III Plus d'Ashton-Tate, représente 8,1 % des ventes. Le produit phare de Microsoft, Word, se situe en n° 5 avec 5% du marché global. En revanche, dans le monde Macintosh, Excel jouit d'une popularité comparable à celle de 1-2-3 sur PC (75% des tableurs).

Dans le cercle restreint des grands du logiciel, un nouvel éditeur s'est introduit, Borland, qui se classe désormais en quatrième position avec un chiffre d'affaires de cinquante millions de dollars. Philippe Kahn était titulaire d'une maîtrise d'informatique de l'université de Nice, lorsqu'il a posé le pied en terre yankee en décembre 1982. Sa perception clairvoyante du marché de l'IBM PC l'a amené à penser qu'il existait une demande pour un langage de programmation

1. Sources : *Dataquest* et *Infocorp*.

avancé. L'astuce a consisté à diffuser le Turbo Pascal à un prix réduit, par le biais de publicités dans les magazines. Borland a démarré en mai 1983 avec un capital de 20 000 dollars et son produit a rencontré un succès immédiat : Turbo Pascal est devenu le langage de programmation le plus répandu sur PC. Bill Gates lui-même s'est montré épaté par la qualité du produit de Borland. Greg Whitten, qui dirigeait alors le département programmation chez Microsoft, en a fait les frais : Gates l'a réprimandé pendant plus d'une demi-heure, le sommant d'expliquer pour quelle raison les langages de Microsoft n'étaient pas aussi rapides que Turbo Pascal !

Borland a lancé ensuite Sidekick, un utilitaire destiné à faciliter la vie quotidienne de l'utilisateur de PC : il permettait de prendre des notes à tout moment. 750 000 copies de Sidekick ont été diffusées en l'espace de deux ans. Borland a acquis la réputation d'un éditeur diffusant des logiciels de qualité à des prix accessibles au grand public. Philippe Kahn, pour sa part, se fait remarquer par son non-conformisme. Ses déclarations cinglantes, sur les divers acteurs de la micro, sont parsemées de perles mémorables. Le personnage s'affiche en chemises hawaiiennes là où la faune yuppie donne dans le costume strict. Après minuit, lors des réceptions, il n'hésite pas à s'emparer du saxophone et à entraîner l'orchestre dans les méandres d'un jazz fusion moderniste. Les magazines les plus divers mettent le projecteur sur ce *Frenchie* excentrique dont les interviews hautes en couleur contrastent avec la langue de bois ordinairement de mise. Kahn a des idées sur tout, et se montre doté d'une vision qui n'est pas sans rappeler celle d'un autre prodige, nommé Gates.

Le 2 avril, IBM annonce ses micro-ordinateurs tant attendus, les PS/2. Conçus à partir de techniques de montage sophistiquées, ils sont carrossés avec goût et leurs écrans inaugurent une norme d'affichage plus fine : le VGA. Pourtant, les PS/2 marquent une rupture avec le standard PC et, curieusement, IBM ne fournit aucune passerelle entre les anciennes machines et les nouvelles. Les disquettes sont au modèle 3''1/2 au lieu des 5''1/4 habituellement répandues. De plus les PS/2 n'acceptent pas les cartes d'extension des PC et des AT : ils sont dotés d'un nouveau bus[1] multitâche 32-bits, le MCA[2], aux capacités remarquables. Mais IBM tente au passage de rendre la concurrence moins aisée que par le passé : pour accéder aux spécifications de MCA, les constructeurs se voient dans l'obligation de reverser des royalties de 5% sur chaque clone du PS/2 mais aussi sur chaque compatible construit auparavant. Compaq, Olivetti et consorts sont menacés de poursuites légales s'ils s'avisent de présenter des machines calquées sur le PS/2 sans acquitter les droits précités. Le 2 avril, IBM annonce également qu'elle est en train d'écrire avec Microsoft un nouveau système d'exploitation, OS/2, ainsi qu'une interface graphique *ad hoc* : Presentation Manager ressemble à Windows mais n'est pas Windows. À Cupertino, au siège d'Apple, l'annonce de Presentation Manager est extrêmement mal perçue.

Quelques semaines plus tard, Lotus signale en fanfare qu'elle prépare une version 3.0 de son tableur 1-2-3. Au cours d'une conférence organisée près du port de la très européenne Boston, Manzi fait l'objet d'attaques virulentes de la part des journalistes qui lui reprochent de poursuivre en justice les éditeurs publiant des clones de 1-2-3. Jonathan Sachs, auteur du logiciel originel, observe la scène sans émotion

1. Le bus est un canal qui permet la transmission des données entre le microprocesseur et les éléments extérieurs : cartes, disque dur, etc.
2. MCA : *Micro Channel Architecture*.

particulière. Un monde semble exister entre les développeurs et les cadres fringants de la compagnie, qui semblent dénués de toute compréhension des produits mêmes qu'ils mettent sur le marché. Les *Pointer Sisters*, conviées à la fête, essaient d'apporter de l'entrain à la cérémonie, en faisant reprendre à la foule les accents de « *I'm so excited* ». Mais en privé, les hommes de Boston se montrent préoccupés par l'éventualité de la sortie d'Excel sur PC. Ils se déclarent rassurés par le fait que Windows est un environnement lent et rudimentaire : il apparaît improbable qu'un tableur performant puisse jamais fonctionner au sein de ces fenêtres. Ils ignorent qu'à Redmond, parallèlement au développement d'Excel, la division Système est en train de mettre au point une version 2.0 de Windows qui fonctionne deux fois plus rapidement que la précédente... Ashton-Tate, le n° 3 du logiciel, est en train de vivre une situation proche de celle de Lotus : la distance se creuse entre les équipes de développement et le management. Ed Esber partage le pouvoir avec un individu peu apprécié de ses troupes : Luther Nussbaum. Tandis qu'Esber se plaît à voyager, à donner des conférences, et occasionnellement à absorber d'autres compagnies, Nussbaum gère le quotidien. Il acquiert la réputation d'un individu intimidant et irritant. Les programmeurs sont considérés comme négligeables et interchangeables : l'écriture de code apparaît dérisoire face à la définition des programmes réalisée par le marketing. Wayne Ratliff, auteur originel de dBase, se fâche et quitte Ashton-Tate. En juillet, Borland acquiert une petite société, Ansa, créatrice d'une gestion de fichiers concurrente de dBASE III Plus, Paradox. En diversifiant sa gamme, Borland se prépare à ferrailler avec Lotus, Microsoft, Ashton-Tate et WordPerfect.

Le 16 août, la nouvelle qui apparaît sur la messagerie électronique de Microsoft se montre de bon augure. Les résultats de l'année fiscale indiquent qu'elle est devenue n° 1, devançant Lotus pour la première fois depuis 1983. Bill Gates a rédigé un message, diffusé à tous les membres de la compagnie : MICROSOFT EST N° 1. « *Nous avons tendance à être modérés en matière d'autocomplaisance et de célébration de nos accomplissements. Pourtant, je dois dire qu'aujourd'hui je suis enchanté à l'idée que nous soyons devenus l'éditeur de logiciels numéro 1. Lorsque je pense à la déclaration de Lotus en introduction à son rapport annuel, dans lequel elle est "l'éditeur préféré, l'investissement de choix et l'employeur favori", je pense que Lotus pratique l'autosuggestion. Nous n'avons pas eu des ventes juste un peu plus élevées ; nous la dépassons de 14 millions de dollars, ce qui nous place en tête pour les quatre trimestres (il me semble). Bien sûr, il se peut que son chiffre d'affaires rattrape à nouveau le nôtre et ce n'est pas réellement notre but d'être n° 1. Néanmoins, je me sens stimulé par ce combat, du fait que Lotus ne puisse plus se targuer d'être le plus grand éditeur AVANT MÊME QUE NOUS AYONS COMMENCÉ À RÉLLEMENT ENTRER EN COMPÉTITION. Cela nous paraîtra sans importance d'ici quelques jours mais, en attendant, c'est une grande nouvelle.* » Lorsque Bill fait allusion au fait que la véritable compétition n'a pas encore commencé, il se réfère à la publication prochaine d'Excel sur PC.

Le lancement du tableur Excel pour Windows intervient le 6 octobre 1987. Il a été décidé qu'il fonctionnerait uniquement sur les PC haut de gamme du niveau de l'IBM AT ou du Compaq 386. « *Excel indique dès aujourd'hui où se trouve l'avenir des tableurs* », commente Gates. « *Nous nous attendons à ce qu'il devienne aussi important sur les PC avancés qu'1-2-3 l'a été sur les PC à base de 8088.* » Le marketing se montre modéré relativement à la part de marché convoitée. En coulisse, on dit qu'il serait formidable de capter 15 % des ventes de nouveaux tableurs sur les PC capables d'exécuter Excel. « *Nous ne nous attendons pas à générer de façon immédiate un impact énorme* », déclare Jeff Raikes au *New York Times*. « *Nous détenons une opportunité majeure à long terme. La force de notre concurrent est également son talon d'Achille. Le monde se dirige vers les interfaces graphiques. Lotus vit sur l'espoir que les gens ne voudront pas évoluer.* » Conçu avec un soin extraordinaire, Excel pour Windows apparaît aux yeux des journalistes spécialisés comme l'une des plus belles réalisations techniques que la micro-informatique ait connues jusqu'alors, toutes machines confondues — y compris sur Macintosh. Plusieurs magazines lui accordent leur Oscar, et certains rédacteurs se laissent aller à des dithyrambes enflammés. La surprise vient de ce que, simultanément, est publiée une version 2.0 de Windows, hautement supérieure à la précédente. Chez Apple, ce nouvel empiètement sur le territoire privilégié du Macintosh constitue la goutte d'eau qui fait déborder le vase. Les experts de la compagnie estiment que Windows 2.0 viole un certain nombre des accords de novembre 1985. À titre d'exemple, il affiche des fenêtres superposées. Les juristes d'Apple se penchent sur la question, tandis qu'au niveau du marketing, certains déplorent qu'Excel — le logiciel qui a sauvé le Macintosh — soit disponible sur la machine du concurrent de toujours. Depuis mai, Apple s'inquiète de l'arrivée prochaine de Presentation Manager, l'interface graphique portant label IBM et qui, de l'extérieur, ressemble comme deux gouttes d'eau à Windows. Si le constructeur du Macintosh ne peut décemment attaquer de front Big Blue, il envisage une attaque préventive sur le terrain de l'éditeur de Redmond.

Plusieurs millions de dollars sont investis dans la promotion d'Excel pour Windows. Une vidéo de présentation est généreusement distribuée à tous ceux qui manifestent une curiosité quelconque. Certaines entreprises acquièrent des quantités significatives du tableur, et parmi elles United Airlines, Boeing, American Airlines, Texas Instruments, Procter & Gamble, Coca-Cola Foods et Pacific Northwest Bell. À Boston, au siège de Lotus, Manzi observe les gesticulations de son concurrent d'un regard amusé. La presse vient de faire savoir qu'il est le manager le mieux payé des États-Unis. Salaires, bonus et vente d'actions lui ont rapporté 25,4 millions de dollars. Lotus voit encore l'avenir avec sérénité : elle s'achemine vers un nouveau record de quatre millions de tableurs et travaille sur la version 3.0 de 1-2-3. Chez le n° 3 du logiciel, Ashton-Tate, l'atmosphère est également au beau fixe, du moins en apparence. À défaut d'être la plus performante, la gestion de base de données dBASE III Plus demeure indétrônable. Près de deux millions d'utilisateurs semblent avoir trouvé leur bonheur dans cet environnement prolixe : plusieurs centaines de logiciels annexes sont disponibles. Face aux critiques sur les faibles performances de son programme, Ashton-Tate détient sa réponse avec dBASE IV qui doit être publié en juillet. Pourtant, en interne, les projets 1-2-3 3.0 et dBASE IV s'avèrent pareillement des fiascos : les programmeurs, lassés d'être méprisés par leur hiérarchie, se sont démotivés.

Un matin de mars 1988, Bill Gates reçoit l'appel d'un journaliste qui l'invite à faire un commentaire sur le procès intenté par Apple. « *Un procès ? Quel procès ?* », répond l'intéressé. Il vient juste de rencontrer John Sculley et ce dernier s'est bien gardé de lui souffler mot d'une telle éventualité. Pourtant, la nouvelle ne tarde pas à être confirmée : Apple entame une poursuite en justice contre Microsoft au sujet de Windows 2.0. Hewlett-Packard qui a développé un environnement s'appuyant sur Windows — New Wave — est également la cible des attaques. Bill Gates avoue sa stupeur sur la façon dont procède l'accusateur : « *Apple se sert de la presse pour faire passer son message. Le procès a pour but de semer la crainte et de faire croire qu'Apple a inventé cette technologie, alors qu'en fait elle a été créée par Xerox.* » Plusieurs commentateurs estiment qu'Apple tente de donner un avertissement à IBM concernant Presentation Manager. Le constructeur californien justifie son intervention en arguant qu'il a dépensé des millions de dollars à développer l'interface visuelle considérée comme la caractéristique distinctive du Macintosh. En réponse, Steve Ballmer rend publique une partie de l'accord signé en novembre 1985. Il en ressort que Microsoft a le droit de reproduire sur PC l'aspect visuel de programmes qu'elle a réalisés sur le Macintosh, notamment Excel. Le responsable juridique de la compagnie, William Neukom, affirme que l'accord de 1985 « *couvrait de façon implicite* » la version 2.0 de Windows, tout autant que la 1.0.

Une scission se fait jour au royaume des compatibles PC : neuf constructeurs, menés par Rod Canion de Compaq, déclarent la guerre à IBM. Puisque le PS/2 est proposé avec un bus (MCA) qui est incompatible avec celui des premiers PC, Compaq réplique en édictant une autre norme : EISA. Ce bus offre des capacités similaires à celles de MCA mais de plus peut accueillir les anciennes cartes. Microsoft, de son côté, intensifie l'offensive contre la forteresse Lotus. L'utilisateur en attente de 1-2-3 3.0 est invité à essayer Excel en toute quiétude : Microsoft propose le remboursement intégral en cas d'insatisfaction. Un mois plus tard, Lotus annonce que 1-2-3 3.0 aura du retard.

À Boston, les programmeurs sont confrontés à des difficultés techniques inattendues. Les problèmes du développement de dBASE IV apparaissent au grand jour et Ashton-Tate repousse à son tour la date de sortie de son logiciel majeur à la fin de l'année. Les deux éditeurs entament une traversée du désert qui n'est pas sans rappeler celle qu'a vécue Microsoft trois ans plus tôt pour la mise au point de Windows. En septembre, Lotus annonce un deuxième retard et reporte la sortie de 1-2-3 3.0 au mois de juin 1989. Ashton-Tate, moins prudente, choisit de publier dBASE IV, le logiciel accusant d'ores et déjà deux ans de retard. La décision s'avère catastrophique : le logiciel fait l'objet d'un accueil glacial, plusieurs magazines faisant état de bugs qui rendent l'utilisation de dBASE IV risquée.

La transformation du panorama s'accentue au cours de l'année 1989. Windows 2.0, entraîné par la réussite d'Excel, commence à rencontrer un certain succès, et ce, plus particulièrement en terre de France où plusieurs grandes entreprises l'adoptent comme système standard, insensibles aux prétendus charmes d'OS/2. Aux États-Unis, le colosse 1-2-3 demeure solide — il continue de se vendre à cent mille exemplaires par mois, soit dix fois plus qu'Excel — mais montre des signes de fragilité. Le traitement de texte WordPerfect déloge le tableur mythique et s'installe à son tour à la première place des ventes mondiales. IDC publie des chiffres laissant apparaître que la suprématie de Lotus 1-2-3 en matière de tableur se réduit quelque peu, même si la part d'Excel est encore faible (7,2 %). Ashton-Tate, en revanche, accuse une chute importante : sa part de marché en gestion de fichiers est tombée de 56 % à 45 %. Ed Esber est acculé par les plaintes des clients d'Ashton-Tate à admettre de façon officielle l'existence des bugs de dBASE IV. Tandis qu'il annonce la réalisation d'une nouvelle version, Luther Nussbaum est encouragé à quitter les lieux.

Lorsque, en juin 1989, Lotus publie finalement 1-2-3 3.0, le retard de deux ans a fortement entamé sa crédibilité. Microsoft est devenu le n° 1 incontestable de la micro-informatique avec un chiffre d'affaires supérieur de 200 millions de dollars à celui de la société dirigée par Jim Manzi. Ashton-Tate, qui affiche des pertes de 25 millions de dollars, n'est même plus dans la course. Forte du succès d'Excel, Microsoft met au point la mutation du traitement de texte Word vers les fenêtres accueillantes de Windows. L'avènement des années 90 s'accompagne d'une redistribution capitale des cartes.

CHAPITRE 17

Microsoft Inc.

— Vous sentez-vous investi d'une mission ?
— Oui. Le PC est l'outil de l'ère de la communication. La mission serait un PC sur chaque bureau et dans chaque maison. Utilisant de superbes logiciels. Et les standards de logiciels pour y parvenir.
— Qu'y aurait-il de bon à ce que cela advienne ?
— C'est une question d'ordre théologique, et il y a probablement des gens qui pensent que ce serait mauvais. Il se trouve que j'aime travailler à cette mission. J'ai réussi à m'entourer de collaborateurs exceptionnels et de ce point de vue, ma situation est extraordinaire. Voilà ce que je fais. Libre aux autres de dire si cela leur convient ou non. Cet âge de la communication est une bonne chose. Il va rendre les gens plus forts et le monde plus riche. À chacun de faire son choix. Moi, je pense que c'est bien. Et pas seulement parce que j'aime le faire — selon ma religion, c'est bon !

Ce court extrait d'une interview réalisée par le magazine *Dr Dobbs* vers l'été 1990 permet de mieux appréhender la singularité du fondateur de la plus fantastique des usines à logiciel. Aussi invraisemblable que cela puisse paraître, Gates consacre sa vie à la micro-informatique et s'en trouve bienheureux. L'adulation portée au numérique frise l'idolâtrie et justifie un don de soi quasi monastique. Bill sacrifie loisirs et vacances sans l'ombre d'un regret, s'astreignant à des journées de travail qui dureraient 24 heures s'il n'était biologiquement contraint à dormir un peu. Forcené du travail, Bill a même déclaré un jour au magazine *Chief Executive* — alors qu'il venait d'être nommé « Manager de l'Année » — qu'il déplorait que le temps lui impose tant de limites. « *Je suis obligé de dormir toutes les nuits. Que d'heures gaspillées !* »

Sa passion dévorante envahit l'ensemble de sa vie. Lorsqu'il rentre du bureau — entre 9 heures du soir et minuit — Bill allume son PC, consulte sa messagerie et répond à chacun des communications déposées dans sa boîte aux lettres électronique. Ce faisant, il travaille jusqu'à une heure avancée de la nuit. Pendant de longues années, le pianoteur invétéré a négligé de meubler le salon de sa maison, située au bord du lac Washington. L'acquisition d'une télévision a toujours été exclue — il n'est pas question de laisser l'esprit divaguer vers la futilité. Où se situent ses préoccupations hors de son territoire de prédilection ? Avant tout, dans l'éducation des jeunes Américains, qu'il juge notoirement insuffisante.

L'homme qui réfléchit aux destinées du monde est peu au fait des événements artistiques de son époque. La légende veut qu'il ait été obligé de consulter un ami lorsque le chanteur Sting a souhaité le rencontrer. Le magnat du logiciel ignorait tout du chanteur et bassiste du groupe Police. Cela ne l'empêcha pas d'apprécier l'entrevue avec la rock star qu'il décrivit comme un « esprit vif ». Mais ses goûts personnels sont d'un classicisme surprenant. Gates affectionne la musique et les films des années 40 et 50 et cite davantage Frank Sinatra et Cary Grant que Guns & Roses ou Harrison Ford.

Au cours des années 80, Gates s'est offert une seconde résidence sur le canal Hood dans la péninsule Olympique, non loin de l'endroit où il passait les vacances en famille dans son enfance. Ses parents et ses sœurs ont régulièrement été conviés à partager son plaisir de marcher pieds nus dans l'herbe. Mais les visites étaient de courte durée. Lorsque le grand timonier prenait quelques jours de pause dans sa propriété, il passait l'essentiel de son temps devant son Compaq ou son Mac ; le fruit de ses élucubrations étant noté dans des mémos à l'intention de ses cadres supérieurs. Plusieurs décisions majeures pour le devenir de Microsoft ont été prises au cours de ces semaines traditionnellement dédiées à la réflexion.

La fièvre de la micro-informatique explique en partie la désinvolture dont fait preuve le milliardaire du logiciel vis-à-vis de sa fortune. Il serait difficile de détecter qu'il est l'un des hommes les plus riches du monde sur la simple observation de son mode de vie. Les signes extérieurs de richesse se limitent essentiellement à une demi-douzaine de voitures rapides et coûteuses — il manifeste une prédilection pour les Porsche. Bill s'habille de façon élégante ou décontractée, mais sans ostentation. Si les circonstances ne justifient pas de s'astreindre à une étiquette quelconque, il se nourrit de *junk-food* : pizzas à emporter, cheeseburgers, hot-dog... Lors des voyages en avion, il dédaigne généralement la première classe et préfère voyager en classe affaires, voire même en économique. Une telle attitude relève d'une stricte autodiscipline qu'il s'inflige — Gates craint de dériver vers un mode de vie qui l'amènerait à perdre le sens des choses. À l'aéroport, il se contente d'un taxi, et se hérisse à l'idée d'affréter l'une de ces « *horribles limousines géantes* ».

Les vacances sont rarissimes. Au cours des cinq premières années de Microsoft, le Stakhanov américain ne s'est accordé que deux pauses de trois jours environ. Il aura fallu attendre le milieu des années 80 pour qu'il accepte de prendre une semaine de congé par an. Mais les pauses se doivent s'être productives pour cet homme dont l'esprit est perpétuellement en éveil. Le responsable de la filiale du Brésil racontera comment il avait convié Bill et sa petite amie d'alors, Ann Winblad, à une croisière sur un yacht, le temps d'un week-end. Gates avait accepté l'offre. Mais il avait ensuite décidé que ces deux jours constituaient une occasion rêvée pour se consacrer à la lecture d'ouvrages sur la « biotechnologie ». Malgré les appels du soleil, malgré l'invitation au farniente de l'exotique décor, le studieux vacancier s'en est tenu à sa résolution. Tout au long du week-end, Gates a mis à profit son « temps libre » pour dévorer plusieurs études savantes telle *La Biologie moléculaire des gènes*.

Il est vrai que la lecture a toujours représenté le passe-temps préféré de Bill. Dans les salles d'attente des aéroports ou dans les avions, il dévore livres et magazines tout en prenant régulièrement des notes sur son PC portable. Parmi ses lectures favorites figurent *The Economist*, qu'il parcourt en intégralité, le *Wall Street Journal, Business Week, People* ou *USA Today*. Une scène se répète souvent lors de l'atterrissage : une hôtesse vient lui demander d'éteindre son ordinateur — et il n'obéit jamais !

Ses deux romans favoris sont *Catcher in the Rye* de J.D. Salinger et *A Separate Peace* de John Knowles. « *Ce sont des histoires qui concernent le fait de grandir alors que vous ne le voulez pas. Elles parlent de cette capacité à observer les choses d'une façon incompréhensible pour les adultes.* » Vern Raburn, ancien vice-président de Microsoft, juge que cet aspect est une partie intégrante du phénomène : « *Il existe une facette importante du caractère de Bill qui a toujours 9 ans.* »

De nos jours, Bill affectionne avant tout les biographies de personnages illustres. Leur lecture permettrait de mieux comprendre comment ces individus ont opéré face aux crises auxquelles sont inévitablement confrontés les hommes de pouvoir. Dans son Gotha personnel, figurent Léonard de Vinci, Roosevelt, Edison et surtout le mathématicien allemand Carl Friedrich Gauss. Dans sa prime jeunesse, Napoléon était le héros absolu, et William le — futur — conquérant dévorait tous les ouvrages consacrés à l'empereur français. Plusieurs personnalités contemporaines font l'objet d'une franche admiration ; parmi elles, Andy Grove, président d'Intel, et John Akers d'IBM — au contact duquel il dit avoir énormément appris.

En matière de gestion d'entreprise, son modèle ultime n'est autre qu'Alfred Sloan, le patron de General Motors qui fit mordre la poussière à Ford, autre géant de l'automobile. Si Bill a placé la photographie jaunie d'Henry Ford dans son bureau, c'est pour ne jamais tomber dans le travers qu'il attribue à ce dernier : une autosatisfaction qui finit par être fatale à la compagnie. Afin de se vacciner contre toute tentation de relâchement, il va jusqu'à conserver en permanence avec lui un mémo intitulé : « Les plus grandes erreurs de Microsoft. »

La rencontre avec le surdoué est une expérience marquante. Posez-lui la question la plus anodine et deux choses peuvent se produire. S'il ne connaît rien au sujet, il décochera une boutade espiègle, signe d'un esprit rapide comme un microprocesseur de la dernière génération. S'il est versé en la matière, il répondra avec une rare sagacité, dévoilant une vision originale et puissante, embrassant chacune des facettes du problème sans en rien négliger. La mécanique intellectuelle est secondée par une mémoire prodigieuse qui inclut les moindres détails. La connaissance qu'il entretient de ses propres programmes — mais aussi des produits concurrents — paraît surhumaine. Où trouve-t-il le temps d'explorer ainsi les logiciels ?

L'appréciation du caractère de Bill est sujette à controverse. Ses proches amis dépeignent une personnalité souriante, dotée d'un sens du jeu inaltérable. Au restaurant, le gai luron n'hésite pas à monter sur la table pour raconter une histoire et adopte au passage les mimiques théâtrales qui s'imposent. Sa nature le conduit également à tenter toutes sortes de paris, donnant l'occasion de constater l'étendue stupéfiante d'informations emmagasinées dans ses fichiers mentaux. Dans un même ordre d'idées, Gates demeure un individu qui a su adroitement éviter les pièges de la réussite : il est aisé de l'approcher, de converser, plaisanter ou débattre avec lui. Sur le campus Microsoft, il s'arrête fréquemment pour discuter avec un employé, perpétuellement attiré par les échanges intellectuels. Comme il le dit lui-même : « *J'aime m'entourer d'individus intelligents, capables de découvrir de nouveaux concepts. Je n'aime pas perdre mon temps là où il n'y a ni nouveauté, ni créativité.* »

Mais il existe également un autre Bill, que certains représentent comme tyrannique, blessant et dédaigneux. L'amitié qu'il éprouve pour ses collaborateurs ne l'empêche pas de les traiter sans ménagements lors des réunions de discussion où s'entrechoquent avec violence les idées les plus diverses. Gates est célèbre pour une formule que de nombreux employés avouent avoir pris en pleine figure : « *C'est l'idée la plus stupide que j'aie jamais entendue.* » Faut-il voir une pointe de sadisme dans cette attitude de dénigrement ? Pas du tout, répond l'intéressé qui laisse penser que ce serait bien mal le connaître. « *J'emploie cette expression plusieurs fois par jour.* »

Il n'empêche qu'il est réputé pour ses emportements sans retenue. Supérieurement exigeant envers ceux qui l'entourent, Bill peut se révéler impérieusement acerbe s'il s'estime déçu. Plusieurs employés de Microsoft le décrivent comme passionné, provocateur et tendant à la confrontation. « *Une certaine accoutumance est nécessaire lorsque l'on commence à travailler auprès de Bill. Le niveau de performance attendu est élevé. Si quelqu'un n'est pas à la hauteur, il le lui fera certainement savoir* », confie Jeff Raikes. Les réunions peuvent se révéler houleuses, le souverain n'hésitant pas à décocher des piques intentionnellement blessantes. Selon Karen Fries, qui s'occupe du recrutement pour la compagnie, l'essentiel consiste à ne jamais se laisser démonter. « *Bill adore les gens qui lui tiennent tête. Il déteste au plus haut point les béni-oui-oui.* »

Le développeur Jeffrey Harbers explique que le fait de travailler avec Bill l'a endurci. Il lui arrivait initialement de se sentir profondément abattu après avoir été réprimandé par Gates. Mais il a appris à contre-attaquer. « *Si vous vous dégonflez, il ne vous respecte plus. Cela fait partie du jeu.* » Gates minimise le caractère excessif de ses emportements en expliquant qu'il pratique un type de communication à fréquence très élevée avec ses pairs, et que l'agressivité n'est qu'apparente ; il manifeste la plus haute estime pour ses collaborateurs. S'il s'emporte, c'est au sujet d'une situation particulière, et non vis-à-vis d'un individu. Mike Slade affirme d'ailleurs que Gates est capable de reconnaître qu'il a tort, même s'il faut se battre ardemment pour le convaincre d'une telle possibilité. « *Il n'y a pas beaucoup de gens avec tant de passion et de qualités nécessaires au succès, qui aient dans le même temps la capacité à mettre leur ego de côté* », confirme Steve Wood, l'un des premiers programmeurs employés par Microsoft.

Plusieurs signes permettent aux familiers de décoder l'humeur du patron. Lorsque ses mains reposent sur ses genoux, l'heure est au scepticisme. S'il pose ses coudes sur la table, il est manifestement intéressé. En vient-il à couvrir son menton de sa main ? C'est qu'il apprécie hautement ce qu'il entend. Quoi qu'il en soit, rien n'est perdu tant qu'il n'a pas prononcé la phrase assassine : « *Vous vous attendez réellement à ce que je vous paie pour cela ?* » S'il lance cette flèche venimeuse, la bataille est définitivement perdue. Un autre aspect du personnage s'avère amusant : lorsqu'il se lance dans l'une de ses envolées lyriques sur les vertus de Windows ou des interfaces graphiques, Bill effectue un balancement régulier d'avant en arrière sur sa chaise, comme s'il cherchait par cette danse initiatique à mener son auditoire sur la route du nirvâna logiciel.

Le maître des lieux possède son propre critère d'appréciation de ses salariés. Le chef de produit qui parvient à traverser une séance d'évaluation sans être déconcerté ni laisser apparaître de lacunes dans son projet est jugé *smart* (futé). Toutefois, le compliment suprême consiste à être qualifié de *technology guy* (expert technologique). Celui qui reçoit un tel éloge est assuré d'une temporaire mais réelle béatitude.

Le visiteur qui arpente les allées de la place Evergreen à Redmond a réellement l'impression de se trouver sur un campus d'université, comme en témoigne cet épisode insolite survenu à l'aube de l'hiver 1988. Steve Ballmer, vice-président de la division Système, et Mike Maples, vice-président de celle des Applications, s'étaient lancé un défi. L'association United Way était venue collecter des dons pour ses œuvres caritatives et Ballmer et Maples avaient parié que la contribution la plus importante viendrait de leurs divisions respectives. Afin d'ajouter du piment à l'événement, ils avaient décrété que le perdant devrait nager une longueur entière du lac Bill situé au centre du campus. Il se révéla complexe de désigner le gagnant : l'une des deux divisions était arrivée en tête pour le don global, tandis que l'autre présentait un niveau plus élevé de contribution par individu. Devant l'impossibilité de départager les compétiteurs, il fut décidé qu'ils avaient pareillement perdu et que les deux vice-présidents devraient en faire les frais.

À l'heure de midi, une foule se forme auprès du théâtre des événements. Considérant que la température de 4° n'est pas suffisamment frisquette, quelques facétieux programmeurs balancent des cubes de glace dans le lac. Steve Ballmer, jovial escogriffe, se déshabille lentement, laissant apparaître un splendide bermuda à rayures, puis plonge dans la mare en prenant soin d'éclabousser les spectateurs hilares. Le quinquagénaire Mike Maples, qui a rejoint la compagnie après vingt-trois années chez IBM, s'adapte aux vicissitudes d'un environnement potache. Il enlève sa montre, retire sa veste et ses chaussures, laissant apparaître une combinaison d'homme-grenouille, puis entre à son tour dans le bain, sous les huées et vivats de l'assistance.

Ça se passe comme ça chez Microsoft ! La haute productivité et le très haut niveau d'efficacité imposés à chacun sont compensés par une intense liberté de comportement, d'horaires, d'habillement, et une ambiance enthousiaste et informelle. Chacun s'appelle par son prénom, et peut, avec la messagerie électronique interne, adresser un message à n'importe qui, y compris à Bill, qui répond personnellement. Trois règles d'or définissent la mentalité maison : pas de code vestimentaire, pas de contrainte d'horaire et surtout, pas de conversation avec les concurrents !

Les différences hiérarchiques sont estompées au maximum. Quel que soit son rang, chacun possède un bureau de taille identique à celui de ses voisins et peut le décorer au gré de sa fantaisie. Dans un joyeux patchwork, jeux de fléchettes, poupées gonflables, cerceaux et synthétiseurs cohabitent avec PC et Macintosh. Au cours des pauses, les programmeurs jouent au football, au frisbee ou au squash. La présence de natifs d'autres contrées — tous les logiciels sont traduits sur place — ajoute à l'ensemble un caractère cosmopolite. Les orchestres improvisés au détour d'une allée combinent des instruments exotiques à la traditionnelle guitare acoustique, dont les accords sont égrenés par d'authentiques émules de Neil Young. Joggers et adeptes du monocycle complètent le tableau en perturbant la sieste des canards et faisant fuir les écureuils.

Les rares moments de décontraction sont le pendant d'une productivité prodigieuse. Gates énonce clairement la règle du jeu : « *Si vous n'aimez pas travailler dur, de façon intense et faire de votre mieux, vous êtes à la mauvaise adresse.* » Une profession de foi qui a ses adeptes. « *C'est extraordinairement amusant et gratifiant de travailler ici* », avoue Jeff Harbers. « *Il y a toujours de nouveaux défis et des choses à apprendre.* » D'autres se montrent moins emballés. La pression de l'exemple serait telle qu'ils se sentent obligés de demeurer sur place tard le soir ou de venir le week-end afin de ne pas apparaître moins zélés que leurs confrères. « *Je comprends parfaitement qu'un de nos employés puisse avoir d'autres priorités dans la vie que notre compagnie. Dans le même temps, lorsque quelqu'un fait preuve d'un grand dévouement, il faut le reconnaître et le récompenser* », juge Charles Simonyi. Chaque année, les employés sont passés à la « revue », un système consistant à noter les subordonnés et à les récompenser en conséquence sous forme d'augmentation de salaire, actions et bonus.

L'expansion ayant donné lieu à des embauches massives, Microsoft dépense des sommes considérables afin d'attirer en son sein les éléments les plus adaptés. L'une des tactiques consiste à dénicher des individus « hors du commun » indépendamment de leur cursus, puis à les former à la programmation. Même bardé de diplômes et nanti de recommandations, chaque candidat est soumis à une série d'épreuves destinées à tester ses capacités de connaissance et de raisonnement. Quinze écoles américaines, quatre canadiennes et six japonaises forment l'essentiel du creuset. Si Harvard, Princeton et Yale sont abondamment sollicitées, l'université qui produit le plus de recrues est celle, canadienne, de Waterloo, dans l'Ontario. Malgré l'afflux régulier de ce sang neuf, l'âge moyen des employés a largement dépassé la trentaine alors qu'il était plus proche de la vingtaine au début des années 80.

L'informatique est une activité qui attire les individus de sexe masculin et Microsoft n'échappe pas à la règle : 64 % des employés sont des hommes, et le pourcentage se rapproche de 90 % pour ce qui est des postes à caractère technique. Interrogé sur cet état de fait, Bill estime que sa compagnie se retrouve au bout d'une très longue chaîne qui veut que, très tôt dans leur scolarité, les garçons expriment une forte inclination pour les ordinateurs. Mais quelle est l'attitude du président vis-à-vis de l'évolution du couple ? Si des employés masculins désiraient réduire leurs horaires de travail afin de passer plus de temps à la maison à s'occuper de leurs enfants, comment le prendrait-il ? Réponse de l'intéressé : « *Si certains sont intéressés, ils n'ont qu'à s'exprimer. Jusqu'ici, personne ne l'a fait.* » Une déclaration qui n'est pas de nature à susciter des vocations.

Du côté des cadres, la compagnie affectionne une typologie particulière, celle des managers ayant essuyé puis surmonté un échec de taille. « *Embaucher des individus ayant le niveau d'énergie et de dévouement nécessaire pour persévérer à travers les inévitables périodes de désastre et voir au-delà, c'est un atout inestimable* », juge Bill. Deux des principaux dirigeants ont suivi un tel parcours. Tom Cordry avait connu un revers de taille avant d'entrer chez Microsoft, passant de la position de chef d'entreprise à celle de vendeur de tickets pour les ferry-boats. Un parcours cahotique mais suffisamment révélateur de potentiel pour intéresser le n° 1 du logiciel. En 1989, Microsoft lui demande d'étudier la réalisation d'une encyclopédie sur CD-ROM. La recherche, qui coûtera plus d'un million de dollars, se traduira par un best-seller au cours des années 90 — Encarta. Cordry est devenu le directeur de création de la Division des Produits grand public.

Craig Mundie avait fondé en 1982 Alliant Computer, une firme fabricant des ordinateurs surpuissants destinés à des applications telles que les simulateurs de vol. Après un démarrage en trombe, la demande pour de telles machines avait chuté à partir de 1986 et conduit à une faillite six ans plus tard. Peu de temps après, Microsoft a embauché l'infortuné président d'Alliant Computer. Le trait de caractère décisif ? Il avait été capable de se battre bec et ongles pour l'accomplissement d'une vision. Un atout essentiel pour une société dont la longévité repose sur la capacité à expérimenter de nouvelles voies, tout en sachant qu'un certain nombre d'entre elles pourraient s'avérer infructueuses.

En dépit de la pression exercée par les cadres dirigeants sur l'ensemble du personnel et d'un niveau de salaire plutôt inférieur à la moyenne des éditeurs de logiciel, Microsoft enregistre un taux de départ réduit, aux alentours de 10 %. Il est vrai que la compagnie dispose d'un système extraordinaire pour motiver ses troupes : l'actionnariat. Que ce soit lors de son entrée, ou pour récompenser une performance, les employés reçoivent des options d'achat de parts de la compagnie à un prix préférentiel. La règle instituée veut qu'après quatre ans, un individu puisse racheter ses actions au prix du marché qui était en vigueur lorsqu'il les a reçues. À titre d'exemple, celui qui aurait reçu des parts au moment de l'introduction en Bourse pouvait les racheter à 21 dollars l'unité — leur cours de l'époque — et les revendre à 84 dollars en

1990. Cette façon de procéder a permis à la plupart des employés ayant cinq ans de maison de s'enrichir de façon remarquable : ils seraient des milliers à avoir accumulé une fortune en actions supérieure à un million de dollars. Un comble pour Steve Ballmer, puisque selon ce dernier l'opération avait initialement pour but essentiel d'aider les employés à s'acheter leur maison. Aujourd'hui, nombreux sont ceux qui se mordent les doigts d'avoir placé un peu trop tôt leurs parts dans la pierre — ils envisagent alors avec vertige quelle serait la somme de leurs avoirs s'ils avaient laissé dormir ce trésor en constante expansion.

CHAPITRE 18

La magie de Windows 3.0

Que retentissent les trois coups ! Windows 3.0 se prépare à effectuer une entrée théâtrale... La mise en scène est impressionnante autour de l'environnement graphique new-look. Que ce soit sur l'écran vidéo qui reproduit celui d'un PC, et sur lequel les icônes viennent se dessiner une à une, annonciatrices d'une nouvelle ère de convivialité, ou sur la scène du Manhattan City Center de New York, où Bill Gates préside le lancement, jamais dans l'histoire du PC un produit n'a été annoncé ainsi en fanfare avec un sens aussi aigu du spectacle.

14 heures 45. Un jazz synthétique aux accents californiens baigne l'atmosphère. La musique s'estompe discrètement tandis que les lumières progressivement s'éteignent. Le film qui présente Windows 3.0 aux cinq mille spectateurs présents à New York ce jeudi 22 mai 1990 semble avoir été conçu avec autant d'attention que le logiciel lui-même. Le message est clair : le moment est historique. On traverse les années de genèse de la micro-informatique, depuis l'apparition des premiers microprocesseurs sur fond de Watergate jusqu'aux années 90. Des éclairs laser jaillissent de toutes parts sous les applaudissements. À présent, la vidéo présente un utilisateur passablement étonné devant son PC « ancienne mode » recouvert du MS-DOS. À la façon d'Alice qui péné-

trait de l'autre côté du miroir, il enjambe l'écran qui s'est transformé en fenêtre et s'introduit à l'intérieur du PC. Il se retrouve dans une pièce colorée, décorée de palettes géantes, où l'on voit défiler les titres de logiciels appelés à entrer dans la légende : Excel, PageMaker... Un mot clé emplit l'écran, symbolisant le nouvel esprit qui doit présider à la micro-informatique sur PC : COOL !

Le film d'introduction se conclut sur une déclaration éclatante : IL EST LÀ ! AUJOURD'HUI ! Lui, c'est Windows 3.0, et son architecte, le maître Gates, apparaît sur la scène, accueilli comme un réalisateur qui viendrait de rafler plusieurs Oscars. Il parle avec simplicité et un charme intact. « *Windows 3.0 est prêt. Il représente un événement majeur pour l'industrie du PC.* »

Le chef des magiciens évoque MS-DOS et rappelle que sans lui, la croissance de l'industrie micro-informatique n'aurait pas été telle. Mais il ajoute que l'arrivée de machines toujours plus puissantes a augmenté la complexité. Or, il rêve d'un micro-ordinateur sur chaque bureau et pour atteindre cet objectif, il faut généraliser l'interface graphique. Il rend hommage aux chercheurs du Xerox PARC pour avoir créé le concept et à ceux d'Apple pour l'avoir popularisé. Il concède que les précédentes versions de Windows n'étaient pas à la portée de tous. La conception de la version 3.0 a été le fruit de larges enquêtes auprès de milliers d'utilisateurs. « *Son développement a duré deux ans et demi, et nous avons effectué des percées techniques incroyables.* »

Vient l'heure de la démonstration. La luxuriance des couleurs, la profusion des icônes et le pittoresque des fonds d'écran annoncent le nouvel ordre des choses : convivialité, gaieté, harmonie. Gates, emporté par son enthousiasme, se laisse aller à quelques singulières saillies telles que : « *L'effet de relief des icônes amène un supplément d'âme.* » Il est visiblement fier de sa création et s'amuse à changer les fonds d'écran. Comme un adolescent qui viendrait de jouer sa première pièce devant un parterre d'adultes, il apostrophe la foule médusée : « *Alors, qu'en pensez-vous ?* » Pour toute réponse, il reçoit une salve d'applaudissements ponctuée de cris joyeux. Businessmen, analystes financiers et hauts responsables oublient leur réserve habituelle et manifestent leur allégresse. Les artisans de cette mutation du DOS sont au nombre de vingt-cinq. Lors de la conclusion du show, ils montent sur scène à l'invitation de Bill. Sur les tee-shirts de ces programmeurs, on peut lire : « *Nous croyons en la magie.* »

La fête se poursuit dans les couloirs du théâtre, où s'alignent les stands de démonstration. Aucun éditeur majeur ne manque à l'appel. Des pin's sont distribués à la volée. Ils arborent un slogan ensorceleur : « *Soyez témoin de la grande transformation.* » Le mutant auquel il est fait allusion n'est autre que le bon vieux MS-DOS qui grâce à Windows relègue sa grisaille aux oubliettes, se montre étincelant, pétillant et bon vivant. Les commentaires vont bon train parmi la foule. Certains responsables de la micro-informatique de grandes entreprises expliquent que cette fois, il n'y a pas de doute, ils sont acquis à Windows. « *Cet événement signifie essentiellement une chose*, confie un éditeur de logiciels. *Nous allons pouvoir jouir de l'interface du Macintosh sur la moitié des micro-ordinateurs existants, et non plus seulement sur dix pour cent d'entre eux.* » Microsoft veille à la large diffusion d'une étude qu'elle a commandée quelques mois auparavant et qui conclut que les interfaces graphiques rendent les utilisateurs « *de 58 % plus productifs* ». La foule compacte rend difficile la circulation entre les stands, et oblige à s'agripper au sac qui comprend, outre une version du logiciel, les communiqués de presse des éditeurs ralliés en masse au nouveau standard. Une dame d'allure distinguée s'approche de moi et demande sans ambages : *« Vous êtes Daniel ? »* Je salue Mme Mary Gates et découvre à sa suite son fils prodige, arborant un air éternellement juvénile. Il tente de faire comprendre à sa mère qu'il s'agit d'une journée importante et qu'il doit s'occuper de ses nombreux invités...

Des manifestations similaires ont lieu dans sept villes d'Amérique du Nord, reliées par satellite à la scène de New York, et un peu plus tard dans douze capitales majeures du monde, parmi lesquelles Paris, Londres, Amsterdam et Mexico. Trois millions de dollars sont investis dans la promotion de l'environnement à fenêtres, ce qui inclut la distribution de 250 000 disquettes gratuites de démonstration. Windows 3.0 fait immédiatement l'objet d'un accueil enthousiaste : dès la première semaine de disponibilité, il occupe la tête des ventes de logiciels, toutes catégories confondues.

CHAPITRE 19

Divorce d'avec IBM

« Unis pour le meilleur et pour le pire... » Quelle compagnie a jamais prononcé de tels vœux à l'égard d'une autre ? La logique capitaliste est dénuée de romantisme ; les alliances sont éphémères, tactiques et intéressées. Comment pourrait-il en être autrement ? Toute défaillance est impitoyablement sanctionnée par la Bourse et se traduit dans une baisse des avoirs de la compagnie et, partant, de sa capacité à investir et à se développer. La situation s'avère plus complexe lorsque le talon d'Achille d'une entreprise provient d'une union qui s'est détériorée. Elle est plus difficile encore à gérer lorsque le partenaire indésirable est celui qui vous a généreusement doté au temps de la mémorable lune de miel, une dizaine d'années plus tôt.

Avec le temps, l'union IBM-Microsoft a fini par ressembler à celle d'un vieux couple curieusement assorti. Le fringant Bill Gates avait épousé la richissime douairière Big Blue qui, en guise de dot, lui avait donné les clés d'un royaume doré. La présence du système d'exploitation MS-DOS sur les IBM PC avait permis au gigolo de Seattle d'amasser les dollars par millions. Oui, mais voilà : l'union était devenue invivable, car forte de sa richesse soixante fois supérieure à celle de Bill, Madame se croyait tout permis. IBM voulait lui imposer des décisions qu'il savait pertinemment erronées et absurdes !

Dès 1989, Bill Gates est clairement tenté par le divorce. Il est même probable que l'idée ait insensiblement fait son chemin depuis de longues années. Mais on ne se sépare pas impunément de Big Blue. Trop d'intérêts sont en jeu. Constructeurs de compatibles PC ou d'accessoires, éditeurs de logiciels, magazines spécialisés, tous tirent parti de l'image idyllique renvoyée par le couple. Bill a manqué de courage et préféré une sortie discrète, graduelle et furtive. Avait-il le choix ? Pas si sûr. Mais lorsque la divorcée découvrira le pot aux roses, elle aura mille raisons de se sentir bafouée. Quant aux amis de la famille, ils auront le sentiment d'avoir été trahis. Persuadés que Microsoft exécutait sans rechigner les volontés d'IBM, ils ont naturellement inscrit leur parcours sur la trace de celle-ci. Et comme IBM criait « OS/2 », ils ont suivi la route d'OS/2, alors que dans le plus grand secret, Bill se tournait délibérément vers Windows...

Bill Gates avait pourtant prévenu Lowe, responsable de la division des PC chez IBM, de l'ineptie du design initial d'OS/2. Ce nouveau système d'exploitation appelé à succéder au MS-DOS avait été conçu en dépit du bon sens. Lowe avait insisté pour qu'OS/2 fonctionne sur le i286, un microprocesseur intermédiaire qu'Intel n'avait jamais destiné aux PC. Gates ne s'était pas privé d'expliquer à Lowe que le i286 était un « cerveau fêlé ». Il fallait oublier ce modèle et se concentrer sur le nouveau microprocesseur 32-bits d'Intel, le i386. Son interlocuteur avait sèchement rejeté ces arguments.

En 1985, à l'heure où de telles discussions prenaient place, IBM était en proie à des tensions contradictoires. La mission de Lowe, aussi absurde semble-t-elle, était double : augmenter la part de marché d'IBM dans le domaine des PC, tout en empêchant ces mêmes machines de devenir trop puissantes !

L'explication de ce paradoxe ? L'aventure du PC était ressentie comme une erreur fondamentale par la direction d'IBM. Il paraissait stupide d'avoir laissé se développer un marché des micro-ordinateurs compatibles PC. Toute une horde de constructeurs avaient profité de l'aubaine pour proposer des modèles concurrents. Construire un PC était à la portée de n'importe quel fabricant disposant d'un atelier au fond d'une arrière-cour. Il suffisait d'assembler des pièces importées de Taiwan, et d'intégrer deux éléments essentiels : un microprocesseur Intel et le système d'exploitation MS-DOS de Microsoft. Un tel micro-ordinateur pouvait se targuer du prestigieux label « compatible IBM », sans qu'un seul centime atterrisse dans l'escarcelle de Big Blue. En outre, comme les frais des petites structures étaient minimes, de tels PC étaient vendus beaucoup moins chers que les originaux, avec pour conséquence une érosion des parts de marché d'IBM. D'où la nécessité urgente de reprendre en main le secteur des micro-ordinateurs.

Mais le deuxième objectif était contradictoire. Dans la mesure où IBM vendait toutes sortes de machines, des plus petites aux plus grandes, il fallait à tout prix empêcher que les PC ne deviennent trop puissants. Le microprocesseur i386 d'Intel, celui qu'affectionnait Bill Gates, avait un défaut majeur aux yeux de Lowe. Les PC construits à partir d'un tel moteur de calcul pouvaient représenter une menace pour l'une des branches les plus florissantes de Big Blue : les mini-ordinateurs.

La solution aux maux et angoisses d'IBM résidait dans une savante combinaison : de nouveaux micro-ordinateurs, les PS/2, et un système d'exploitation flambant neuf et multitâche, l'OS/2. Et comme il avait été décrété que le cœur des PS/2 serait un i286 — la bête noire de Bill Gates — il en résultait qu'OS/2 devrait être développé pour ce même microprocesseur sans éclat.

Bill Gates avait eu beau débattre et s'époumoner à dépeindre l'inanité d'un tel choix, Lowe s'était montré intransigeant : c'était à prendre ou à laisser. Peu désireuse de perdre un contrat de développement pour IBM, Microsoft avait cédé. Pour le pire...

Le développement d'OS/2 a été mené sous la supervision d'IBM, avec des équipes extraordinairement nombreuses : mille sept cent programmeurs au total, travaillant sur trois sites différents. Les programmeurs de Microsoft affectés au projet ont découvert une réalité totalement inconnue. À Seattle, si l'un d'entre eux était traversé par une idée brillante, il lui suffisait d'emprunter quelques couloirs pour en faire part à son directeur de projet. Si nécessaire, il pouvait même adresser un message à Steve Ballmer ou même à Bill Gates lui-même. En quelques heures, la décision d'aller de l'avant ou non était prise. En revanche, à Boca Raton, dans les laboratoires d'IBM, le projet OS/2 était dirigé de façon bureaucratique par une hiérarchie de comités. La prise de décision pouvait s'étaler sur plusieurs jours ou semaines, le temps qu'une proposition gravisse un à un les échelons du commandement.

Pour ajouter au malaise, la prédiction de Bill Gates s'est avérée cruellement juste. Le i286 d'Intel était bel et bien un microprocesseur défectueux, inapte au support d'un système d'exploitation multitâche. Les programmeurs d'IBM comme de Microsoft ont eu beau jongler : ils ne sont pas parvenus à compenser les limites structurelles de ce moteur vicié. Publié fin 1987, OS/2 a rencontré l'indifférence générale.

Bill Gates s'est toutefois montré beau joueur et a pris la défense du nouveau système, arguant qu'il fallait laisser le temps agir. Les utilisateurs, à n'en point douter, seraient tôt ou tard convaincus des vertus d'OS/2. D'ailleurs, les principaux éditeurs — Lotus, WordPerfect, Borland, Ashton-Tate et SPC, sans oublier Microsoft — avaient unanimement déclaré qu'ils soutiendraient ce système d'exploitation multitâche en développant des logiciels OS/2. Mais tandis que Gates se démenait à faire l'éloge d'un produit apparemment invendable, un étrange phénomène se produisit. Le succès du nouveau tableur Excel entraînait dans son sillage Windows 2.0, l'environnement graphique cher au cœur de Bill. Or, malgré les essais répétés de Gates, Lowe avait toujours refusé d'envisager Windows comme interface graphique des PS/2.

Au cours de l'été 1989, l'arrivée de James Cannavino à la direction de la division PC d'IBM, en remplacement de Bill Lowe, a redonné bon espoir à Gates. Deux ans après sa sortie initiale, OS/2 n'avait pas effectué la percée attendue. Windows, en revanche, était devenu une réalité avec laquelle il fallait compter — Microsoft en écoulait cinquante mille exemplaires par mois. Il était temps pour IBM d'arrêter de mépriser Windows et d'intégrer officiellement cet accessoire graphique du MS-DOS dans son offre. Cannavino avait été convaincu par son fougueux interlocuteur.

C'est en novembre 1989, lors du salon Comdex de Las Vegas, tandis qu'à des milliers de kilomètres s'écroulait le Mur de Berlin, que Microsoft et IBM ont joué une version moderne de *La Grande Illusion*. Au cours du dîner qui précédait l'ouverture du salon, Gates et Cannavino ont pris la parole devant les trente principaux dirigeants de l'édition du logiciel. Ils ont alors déclaré qu'ils étaient parvenus à s'entendre sur les rôles respectifs de Windows et d'OS/2. Tous deux avaient une raison d'être, et loin de s'opposer, ils s'avéraient complémentaires. IBM conseillait Windows pour ses ordinateurs d'entrée de gamme et réservait OS/2 pour ses PC les plus puissants. Windows se voyait présenté comme une étape intermédiaire entre le présent (MS-DOS) et le futur (OS/2). Le communiqué de presse conjoint indiquait de manière explicite que les capacités de Windows seraient limitées, et qu'OS/2, « *la plate-forme de choix des années 90* », offrirait des performances plus étendues.

Tout semblait aller pour le mieux dans le meilleur des mondes. Pourtant, la cérémonie du Comdex fut mal vécue par les concurrents majeurs de Microsoft. Tous, sans exception, escomptaient la disparition prochaine de Windows. Tous avaient superbement ignoré l'environnement graphique de Microsoft, confortés dans une telle attitude par le rejet catégorique de Windows par Bill Lowe, mais aussi par les discours de Bill Gates qui n'avait cessé de clamer qu'à terme, le futur des PC tenait en un seul mot : OS/2. Tous avaient dépensé des millions de dollars pour produire des versions de leurs best-sellers respectifs : 1-2-3 pour OS/2, WordPerfect pour OS/2, dBase pour OS/2... Le fait qu'IBM reconnaisse la validité même temporaire de Windows contrecarrait les plans de la plupart d'entre eux. Car ni Lotus, ni WordPerfect, ni Ashton-Tate, ni Borland ne disposaient d'un seul logiciel Windows dans leurs gammes. Pour la première fois, Jim Manzi de Lotus manifesta publiquement sa colère et laissa entendre qu'il soupçonnait Microsoft d'agir de façon déloyale. Tandis que Steve Ballmer tentait de calmer le jeu, en coulisse, certains allaient jusqu'à envisager la constitution d'un front anti-Microsoft.

Jusqu'à l'hiver 1989, Microsoft a continué de faire cause commune avec IBM, dans la croisade visant à persuader les entreprises qu'il fallait évoluer vers OS/2. C'est alors que le doute est venu s'insinuer dans l'esprit de Gates...

En cette fin d'année, Bill effectue sa traditionnelle retraite de réflexion. Une nouvelle décennie va s'amorcer. Elle verra la micro-informatique embrasser de nouveaux territoires, avec le développement du multimédia qui va apporter le son et l'image animée aux PC. Pour partir à l'assaut de ces nouvelles montagnes, OS/2, le mal-aimé, apparaît comme un fardeau inutilement pénible à porter. Nathan Myhrvold, qui supervise les équipes de développement, a confié à Bill son désespoir devant un système par trop bancal. « *J'ai fait ce que j'ai pu. Mais nous sommes arrivés à un point où il faut se rendre à l'évidence : OS/2 ne fonctionne pas. Il est temps de l'abandonner.* » Gates lui-même ne peut s'empêcher de penser que la médiocrité des performances d'OS/2 est due aux erreurs de conception que lui a imposées Bill Lowe en décrétant qu'il fallait choisir le microprocesseur i286. Il sait enfin que ses programmeurs ne sont pas en cause. Comme la mauvaise qualité d'OS/2 rejaillissait sur l'image des compagnies, Bill a insisté pour qu'un audit soit mené par des experts indépendants afin de comparer les mérites respectifs des équipes de développement. Il en est ressorti que le code réalisé par Microsoft était jugé « correct », voire dans certains cas « brillant » ou « remarquable ». Les portions attribuées à IBM était souvent jugées « ternes », « lentes » ou « inopportunes ». La perspective d'être libéré du travail en commun sur ce système lourdaud serait bien attrayante.

Du point de vue de Microsoft, la comparaison entre OS/2 et MS-DOS est effarante. Le premier monopolise quarante programmeurs maison — ce qui représente un coût énorme sans générer de profit — alors que le second continue de générer la majorité des revenus de la compagnie. Pour un exemplaire d'OS/2, Microsoft vend deux cents copies de MS-DOS. Pourquoi s'acharner sur un *looser* alors qu'il serait plus cohérent d'améliorer MS-DOS ? La solution apparaît alors limpide : il faut faire évoluer Windows de façon à étendre les capacités du MS-DOS et, ce faisant, en prolonger le règne !

Microsoft travaillait depuis 1987 sur une version 3.0 de Windows. Du jour au lendemain, ce projet devient stratégique. Les programmeurs reçoivent pour mission d'intégrer dans Windows 3.0 la majorité des atouts du système d'IBM. La légende veut que parallèlement, les équipes de développement affectées à OS/2 aient délibérément ralenti la cadence...

Au printemps 1990, la rumeur s'amplifie à propos de Windows 3.0. Les articles réalisés par les journalistes qui ont eu le loisir de tester une pré-version de l'interface graphique sont unanimes. Windows promet d'être rapide, convivial, accessible à tous... Il apparaît évident que le nouveau venu connaîtra un énorme succès. En avril, trois responsables du marketing de Lotus se retrouvent lors d'un cocktail en compagnie d'un Bill Gates que la griserie de l'alcool a rendu inhabituellement prolixe. Lorsque ses interlocuteurs le taquinent au sujet du tableur 1-2-3 pour OS/2, lequel, à les entendre, devrait balayer Excel, Gates contre-attaque au risque de se laisser aller à la confidence. « *Pour quelle raison Microsoft devrait-elle publier la future version d'OS/2 avant Windows 3.0 ? Six mois après la sortie de Windows 3.0, nous aurons acquis une part de marché supérieure à celle qu'OS/2 pourra jamais obtenir. Les applications développées sous OS/2 n'auront aucune chance.* » Dans la conversation, Gates déclare qu'IBM n'en a plus que pour dix ans et qu'il n'a pas l'intention de la laisser entraîner Microsoft dans sa chute. Les hommes de Lotus partagent volontiers ce moment d'ébriété avec Bill. Mais une fois dégrisés, ils s'alarment des propos qu'ils ont entendus. Un rapport détaillé aboutit sur le bureau de Jim Manzi, président de Lotus.

En public, Gates continue de soutenir OS/2. Au cours du lancement de Windows 3.0 à la fin mai, il propose une analyse qui suit au pied de la lettre la ligne définie lors du Comdex de novembre avec James Cannavino. « *Windows 3.0 appartient à la famille des systèmes de Microsoft. Dans cette gamme, le système le plus puissant est OS/2. Il a le même aspect que Windows, ce qui facilite la coexistence des deux systèmes dans une même entreprise. OS/2 nécessite un matériel plus important, mais en échange, il offre un multitâche véritable, une gestion de fichiers plus sophistiquée et d'autres caractéristiques dont les développeurs sauront tirer parti. Les utilisateurs de Windows et d'OS/2 cohabiteront.* » La démonstration paraît limpide. Mais quelques minutes plus tard, avec un sourire à la Bugs Bunny, Gates apporte une précision : « *Je crois que Windows sera installé sur la majorité des PC d'ici à deux ans.* » Il vient d'annoncer on ne peut plus clairement ses intentions.

Dès sa publication, le succès de Windows 3.0 est époustouflant — il devient immédiatement le n° 1 des ventes de logiciels, toutes catégories confondues, devançant WordPerfect et 1-2-3. La plupart des grands constructeurs le pré-installent sur leurs nouveaux modèles, instituant de manière indiscutable le nouveau standard pour les PC des années 90.

Du côté des éditeurs de logiciels, la panique est générale. Le décollage de Windows est une bénédiction pour Microsoft qui voit s'envoler les ventes d'Excel et du nouveau traitement de texte Word pour Windows, sans l'ombre d'un concurrent. Chez Lotus, qui vient de publier 1-2-3 pour OS/2, les cadres constatent avec effroi qu'ils vendront fort peu de ce nouveau logiciel — la faiblesse des ventes d'OS/2 est criante, comparée à la déferlante Windows. WordPerfect, qui était sur le point de terminer la version OS/2 de son traitement de texte, annule immédiatement le projet et transfère les programmeurs en toute hâte sur l'écriture d'une version Windows. Philippe Kahn, président de Borland, découvre que ses craintes sont devenues réalité : « *Nous avions tous boudé Windows de peur de voir Microsoft prendre le contrôle du système d'exploitation des PC* », explique-t-il. Deux ans plus tôt, lors d'un débat épique, le même homme avait publiquement raillé Windows et déclaré : « *Borland ne fera jamais de fenêtres !* » (« *Borland will never do Windows.* ») Ce à quoi Gates avait perfidement rétorqué que lorsque Windows percerait, il ne resterait à Kahn « *que les essuie-glaces !* ». La métaphore acide d'hier ressemble tout à fait à la réalité présente.

Pour IBM, un problème plus grave se dessine à l'horizon : plusieurs grandes entreprises qui envisageaient une migration vers OS/2 optent pour Windows ! Tandis que Microsoft devient le premier éditeur de logiciels à passer le cap du milliard de dollars, le géant d'Armonk observe impuissant son partenaire absorber un marché qu'il entendait accaparer. Et comme une copie du mémo des hommes de Lotus va atterrir sur le bureau de James Cannavino, la fin de la lune de miel avec IBM est inévitable.

Mais comment deux compagnies dont le destin est aussi intimement lié peuvent-elles se séparer ? Nul ne peut gagner à un affrontement ouvert. Pendant de nombreux mois, la stratégie des deux titans semble confuse. Des rumeurs de scission qui surgissent ici et là sont aussitôt démenties par les porte-parole autorisés.

La première prise de position officielle est présentée en septembre par un communiqué de presse lénifiant. Les partenaires expliquent à qui veut les entendre qu'en dépit des apparences, tout va pour le mieux. Pour preuve, les deux compagnies claironnent la reconduction des accords de développement sur OS/2. Toutefois, des signes avant-coureurs de la brouille apparaissent. Le texte précise que les deux sociétés se sont entendues « *sur un partage des responsabilités et sur un accord d'échange de licences* ». Dans la pratique, IBM reprend l'essentiel du développement d'OS/2 sous sa coupe. Elle entend réaliser — mieux vaut tard que jamais — une version exploitant la puissance des processeurs 32-bits d'Intel i386 et i486. Microsoft se voit cependant confier le développement d'une version spéciale d'OS/2 adaptable sur d'autres microprocesseurs que ceux d'Intel. Il ressort du nouvel accord que chaque compagnie aura accès aux travaux de l'autre. IBM disposera du code de Windows dans ses laboratoires de Boca Raton et Microsoft de celui d'OS/2.

Mais le succès de Windows va enhardir Bill Gates dont le discours devient plus agressif. À la fin de 1990, trois millions d'exemplaires ont déjà été diffusés — du jamais vu ! Au cours d'une conférence des développeurs, Bill indique que « *la stratégie de Microsoft pour les années 90 repose désormais sur Windows* ». Il affiche ouvertement son intention d'élaborer une solution ayant des caractéristiques supérieures à celles d'OS/2. Plusieurs cadres d'IBM présents à cette réunion se montrent surpris face à l'ampleur d'une telle réorientation. En parallèle, des articles publiés dans la presse spécialisée jettent de l'huile sur le feu, affirmant que Microsoft a l'intention d'abandonner OS/2 : à Redmond, cent soixante programmeurs censés travailler sur ce système ont été réaffectés aux équipes Windows. La réplique d'IBM est avancée : Big Blue va développer une version 2.0 d'OS/2 qui intégrera un « *Windows meilleur que Windows* ». Steve Ballmer déclare qu'IBM est en train de déterrer la hache de guerre.

Big Blue n'est pas seule à s'inquiéter de l'effarante progression de Microsoft. Apple est à son tour gagnée par l'appréhension. Face au raz de marée Windows, John Sculley, président d'Apple, estime que l'heure est venue de s'allier avec d'autres constructeurs. Il envisage dans un premier temps un rapprochement avec Sun, constructeur californien de stations de travail. Au printemps de 1991, Sculley et McNealy, président de Sun, se rencontrent à plusieurs reprises afin d'étudier les modalités d'une telle union. Mais alors qu'une alliance paraît sur le point de se concrétiser, le président d'Apple change de cap. Le relâchement des liens avec Microsoft apparaît de bon augure pour lier amitié avec IBM.

Au même moment, Bill Gates prend une initiative particulièrement mal perçue chez IBM, qui s'appelle ACE. Sous ce sigle figure un consortium formé par Microsoft, Compaq, DEC, Olivetti et plusieurs dizaines d'autres constructeurs. L'objectif d'ACE consiste tout simplement à définir une plate-forme matérielle susceptible de succéder au PC. Le système d'exploitation autour duquel s'accordent les partenaires d'ACE n'est autre qu'une version avancée de Windows. OS/2 semble devenu le cadet des soucis de Gates.

Dans le plus grand secret, une réunion est organisée à Cupertino, au siège d'Apple. Devant les yeux éberlués de huit responsables techniques d'IBM, John Sculley effectue une étonnante démonstration : un PS/2 qui tourne sous une interface graphique en tout point similaire à celle du Macintosh ! Le président d'Apple invite alors les hommes en bleu à une alliance historique. Sculley explique qu'il a réalisé qu'Apple ne pouvait survivre à long terme qu'en adaptant l'interface graphique du Macintosh sur d'autres matériels. Son rival est donc le même que celui d'IBM : l'omniprésent Windows de Microsoft. Les discussions se poursuivent dans la plus grande discrétion au cours des semaines suivantes. Afin de conserver une totale confidentialité sur les tractations, les officiels d'Apple se font enregistrer sous de faux noms dans les hôtels soigneusement sélectionnés où ils rencontrent leurs homologues d'IBM.

Côté jardin, une énorme campagne marketing est mise en route par IBM afin de vanter les avantages du futur OS/2 2.0. Quarante millions de dollars sont investis dans la promotion du nouveau système dont la sortie est prévue pour novembre. Le slogan se veut tonitruant : « *Meilleur DOS que DOS, meilleur Windows que Windows, meilleur OS/2 qu'OS/2.* » Le futur OS/2 est censé accueillir tous les systèmes l'ayant précédé — y compris lui-même — et bonifier chacun d'entre eux. En se targuant d'offrir de telles performances sur la future version de son système, IBM se montre étonnamment confiante. En public, Akers, président d'IBM, se porte garant des performances d'OS/2 2.0, allant jusqu'à lier sa place au succès de ce système. En interne, toutefois, le bilan paraît catastrophique : près de 850 millions de dollars ont été investis dans le développement d'un système qui n'a généré qu'une centaine de millions de revenus.

S'il existait le moindre doute sur la détérioration des relations entre Microsoft et IBM, il se dissipe à l'aube de l'été. Plusieurs magazines de micro-informatique publient alors des extraits d'un document saisissant. Il s'agit d'un mémo confidentiel rédigé par Gates le 16 mai, à la suite d'une semaine de réflexion, et adressé aux vingt principaux responsables de sa société. Nul ne sait pour quelle raison des copies de cette profession de foi ont atterri sur le bureau de plusieurs rédacteurs en chef. D'aucuns vont jusqu'à parler de fuite savamment orchestrée. Une chose est sûre : le mémo établit de façon claire quelle est la disposition d'esprit de Gates vis-à-vis d'IBM.

La cible majeure du pamphlet n'est autre qu'OS/2 2.0. Gates indique qu'il faut « *attaquer* » le système d'IBM par tous les moyens. « *Notre priorité essentielle consiste à faire en sorte que Windows devienne le système gagnant.* » Il explique que si Microsoft y arrive, elle sera libérée des nuisances produites par la relation avec IBM : « *un système aux ternes performances, de piètre conception, amenant une surcharge de travail démesurée* ». Il ajoute qu'il faut frapper vite et fort, car les clients qui seront séduits par OS/2 2.0 pourraient être irrémédiablement perdus par Microsoft. Un peu plus loin, le président se montre plus sévère, accusant IBM de vouloir se servir d'OS/2 pour favoriser ses propres machines. « *Pourquoi IBM est-elle disposée à perdre autant d'argent sur son système d'exploitation ? Parce qu'elle projette de remodeler OS/2 pour l'adapter spécifiquement à ses PS/2.* »

Le mémo a pour effet de déclencher un tir généralisé des éditorialistes. Gates devient la cible d'articles virulents. William Zachman, un célèbre chroniqueur de *PC Week*, habituellement connu pour son opposition à IBM, tourne casaque et s'en prend ouvertement à celui qu'il compare à Saddam Hussein. « *L'histoire du fils qui se rebelle tragiquement contre le père est aussi vieille que l'humanité. Elle se joue dans la mythologie et la littérature tout comme dans la vie. Est-ce que nous assistons à un événement de même nature dans le cas présent ?* »

Le symbole le plus frappant de la rupture intervient en juillet 1991, lorsque IBM et Apple font connaître leur alliance. Fin juin, quand la rumeur s'est précisée, les commentateurs ont eu bien de la peine à lui accorder crédit. Tout semble séparer les deux sociétés. L'une symbolise l'informatique cool et créative, en jean et tee-shirt, l'autre le monde des grandes entreprises, avec une approche plus conservatrice. La négociation manque d'ailleurs de capoter. Dans son rapport à la direction d'IBM, James Cannavino déplore qu'Apple se montre par trop exigeante. Mais John Akers lui répond par un ordre sans ambiguïté : « *Retournez voir Apple et décrochez un accord coûte que coûte !* » Le pacte officialisé en juillet donne naissance à plusieurs filiales communes dont l'une, Taligent, va développer un nouveau système d'exploitation, baptisé Pink.

Un seul élément lie encore Microsoft à OS/2 : l'éditeur de Seattle est censé développer une version de ce système portable sur d'autres microprocesseurs que ceux d'Intel. Mais Microsoft donne le coup de grâce en informant la presse que ce projet a été rebaptisé Windows NT (Nouvelle Technologie). Gates affirme que « *Windows est désormais considéré comme un système à part entière* ». Affranchi des contraintes imposées par son partenaire d'hier, l'éditeur de Seattle déploie une stratégie tous azimuts. Windows sera capable de reconnaître l'écriture manuscrite, d'intégrer le multimédia (son et image animée). Il sera également adapté sur des systèmes de téléphones numériques et de télévision haute définition.

La brouille est désormais totale entre les partenaires de jadis. Steve Ballmer présente la scission tendancieusement : « *Nous nous serions attelés à une mise à jour d'OS/2 si IBM s'était montrée un peu plus coopérative.* » Lee Reiswig, qui supervise le développement d'OS/2 2.0, se déclare consterné par cette attitude : « *Microsoft n'a pas respecté ses engagements initiaux.* » Gates conteste la revendication d'IBM, qui aurait diffusé six cent mille OS/2. Puisque Big Blue se vante ainsi, elle doit alors reverser à Microsoft les royalties correspondant à de tels volumes — le montant s'élève à cinq millions de dollars. Le constructeur s'acquittera de la somme due. Au cours d'une démonstration effectuée à la gloire des vertus d'OS/2, IBM dénigre Windows en montrant publiquement combien il est aisé de planter cet environnement. La réplique ne tarde pas : Gates, irrité, convoque plusieurs analystes du marché boursier afin de leur dévoiler qu'il est tout aussi facile de planter OS/2.

La déferlante Windows se traduit par une expansion accélérée de Microsoft. Les résultats publiés de son année fiscale arrêtée au 31 juin 1991 sont au beau fixe : 1,8 milliard de dollars, soit une croissance de 55 %. La filiale française a passé la barre du milliard de francs. En août, l'action atteint son cours le plus élevé, engendrant des analyses dithyrambiques des investisseurs financiers, qui parlent d'un titre aux performances records. L'action frôle les 90 dollars et Windows 3.0 approche les sept millions de copies vendues. Il est présent en standard sur 40% des PC livrés.

La santé éclatante de Microsoft contraste avec les performances des acteurs principaux de l'informatique. Le bilan de l'année 1991 sera sombre pour la plupart d'entre eux, qu'ils soient éditeurs, distributeurs, constructeurs de micro-ordinateurs ou de grands systèmes. La concurrence impitoyable a entraîné des chutes de prix qui ont réduit les marges comme peau de chagrin. DEC et Compaq, naguère choyés par les analystes boursiers pour leur croissance ininterrompue, affichent des résultats négatifs. Même IBM est frappée par la vague et pour la première fois de son existence se retrouve déficitaire avec une perte de 2,8 milliards de dollars.

Au cours de février 1992, Microsoft assure la formation de plus de huit mille distributeurs, consultants et revendeurs sur la nouvelle version de Windows — numérotée 3.1 — et met en place la plus vaste opération logistique de l'histoire de la micro-informatique. Cent sept semi-remorques et quinze Boeing 747 Cargo sont chargés de l'acheminement de quelque deux cent mille produits. Windows 3.1 manque de provoquer une pénurie de disquettes : il en monopolise neuf millions à lui seul. Lorsque Microsoft annonce sa disponibilité le 18 mars, les pré-commandes s'élèvent à 1,25 million d'exemplaires : le nouveau venu commence déjà à battre des records.

Au même moment, un plan dévoilé par l'irascible John Akers vise à réduire la bureaucratie chez IBM en divisant la compagnie en plusieurs unités indépendantes. Il inclut le licenciement de trente mille employés, une décision qui laisse nombre de ses cadres en état de choc : la compagnie avait eu pour principe d'éviter pareil recours.

Le commentaire de Gates quant à la crise que traverse Big Blue est sans appel : « *IBM a renvoyé plus de gens que nous n'en employons à ce jour, et leurs pertes dépassent notre chiffre d'affaires.* »

CHAPITRE 20

Enquête sur un empire du logiciel

Grâce à Windows, Microsoft connait une croissance exponentielle. Un véritable empire du logiciel prend forme. Le revenu annoncé à la fin de juin 1992 s'élève à 2,7 milliards de dollars et traduit à nouveau une progression de 50% avec un bénéfice net de 708 millions de dollars, en amélioration de 55%. Windows 3.1 s'achemine vers des ventes records d'un million d'exemplaires par mois. Par un remarquable effet boule de neige, il tire Excel et Word vers les sommets — ces applications sont devenues les plus vendues au monde. Microsoft pèse désormais aussi lourd que ses quatre principaux concurrents réunis : Lotus, Novell, WordPerfect et Borland.

L'expansion démesurée de l'empire de Seattle fascine et inquiète à la fois. Microsoft est-elle en train de perdre son âme ? Le gigantisme modifie les règles du jeu. Pour les nouveaux arrivants, l'équation est désormais réduite à une alternative : s'accrocher tant bien que mal à la locomotive ou tenter de se ménager une niche discrète.

Face à une telle force de frappe, les concurrents d'hier n'ont souvent pour issue que de tenter de réduire les percées de Microsoft par tous les moyens possibles : commerciaux, médiatiques, légaux, pression auprès des parlementaires... Les témoignages les plus ahurissants vont s'amonceler sur le bureau des juges et investigateurs. Ils seront rarement suivis d'effet.

Quelle est la part de vérité ? Quelle est la part de jalousie, de rancœur, de coup médiatique ? Il est impossible de le déterminer. Ce qui est sûr, c'est qu'il aurait été déraisonnable, de la part des survivants du raz de marée, de négliger la plus infime possibilité d'attaquer les fondations du nouveau colosse.

À partir de 1990, l'administration gouvernementale va entrer dans la danse et s'immiscer dans les rouages d'une industrie en ébullition, au sein de laquelle le produit de l'intelligence se négocie à coups de milliards de dollars.

Par une savante facétie du destin, c'est une annonce fallacieuse qui va mettre en mouvement la machine judiciaire et l'emmener sur une piste imprévue.

En novembre 1989, au salon Comdex de Las Vegas, l'heure est à la fête. Microsoft et IBM sont parvenus à accorder leurs visions. Jusqu'alors, le premier ne jurait que par Windows tandis que le second claironnait qu'il n'y avait d'avenir que pour l'OS/2. Officiellement, les deux partenaires ont donc abouti à un accord. OS/2 sera le système d'exploitation des PC haut de gamme. Il est même appelé à devenir — *dixit* Gates — la « *plate-forme de choix pour les années 90* ». Windows n'est pas pour autant voué aux gémonies. Mais son rôle apparaissait plus transitoire. IBM reconnaît sa raison d'être pour les PC bas de gamme, ce qui n'est pas une mince victoire pour Bill. Toutefois, Microsoft s'engage à en restreindre les capacités afin de faciliter la percée d'OS/2.

Tandis que la ville des casinos célèbre l'entente cordiale dans les bulles de champagne, une tout autre musique se fait entendre dans les couloirs d'une administration de l'État de Washington, chargée de veiller au respect de la libre concurrence — la Federal Trade Commission (FTC), commission de contrôle des opérations commerciales. L'agence gouvernementale est plus que jamais à l'affût : sa nouvelle présidente, Janet D. Steiger, entend montrer que l'administration Bush sera plus sévère que la précédente en matière de lutte antitrust.

C'est un juriste de la FTC, Norris E. Washington, qui tire la sonnette d'alarme après avoir découvert le compte rendu de la conférence de presse de Las Vegas. Il lui semble détecter dans cette annonce une manœuvre qualifiée de « collusion » — deux compagnies opérant sur le même secteur s'entendent pour annihiler toute concurrence. Norris Washington attire l'attention de Marc Schildkraut, directeur assistant du Bureau de la Concurrence à la FTC, sur l'apparente connivence entre Microsoft et IBM. Entré à la FTC dix-sept ans plus tôt, Schildkraut est un quadragénaire rompu aux investigations commerciales. La situation lui paraît suffisamment équivoque pour justifier l'ouverture d'une enquête.

Avant de pouvoir lancer officiellement une investigation, la FTC doit soumettre une proposition au ministère de la Justice américain et obtenir son feu vert. En attendant l'autorisation — qui mettra près de six mois à venir — Norris Washington et Marc Schildkraut n'ont le droit de donner aucun coup de téléphone relatif à l'enquête. Ils se consolent en découpant soigneusement tous les articles publiés sur Microsoft. Marc Schildkraut ira jusqu'à acheter une copie de Windows qu'il installera sur un PC afin de mieux comprendre comment fonctionne ce logiciel.

Ce qu'ignorent alors Norris Washington et Marc Schildkraut, c'est qu'une réelle tentative d'établissement de monopole a été amorcée lors du Comdex. Bill Gates a profité de sa présence à Las Vegas pour rencontrer Ray Noorda. Cet homme de 69 ans, habitant de l'Utah, dirige l'un des principaux bastions de résistance à Microsoft, la société Novell. Celle-ci s'est hissée au premier rang des éditeurs de logiciels de « réseau ». Le best-seller de Novell, Netware, permet à plusieurs Macintosh ou PC de travailler ensemble. Cette activité est devenue suffisamment florissante pour permettre à Novell d'être le numéro trois du logiciel à la fin de 1989.

À la suite d'une conférence organisée au Comdex, Bill Gates et Ray Noorda se retrouvent en tête-à-tête. D'emblée, Bill explique le motif de sa demande d'entrevue : il désirerait absorber la compagnie de l'Utah. Le domaine des réseaux est devenu essentiel pour la micro-informatique des années 90 et Microsoft accuse une faiblesse dans ce domaine.

Le président de Novell tombe des nues. L'agressivité de son interlocuteur le désarçonne et l'amène à prendre ses distances. Les différences de mentalité entre les deux compagnies lui paraissent criantes : dans une relation commerciale, Gates adopte volontiers une attitude combative qui contraste avec le caractère bon enfant que cultive le sexagénaire. En tout état de cause, dit Noorda, le rapprochement de deux géants du logiciel serait de nature à éveiller les craintes des agences antitrusts du gouvernement américain !

Après la réunion de Las Vegas, Gates continue d'œuvrer en faveur d'une fusion avec Novell. Plusieurs réunions sont organisées entre Noël et le Nouvel An afin d'étudier les détails d'un éventuel rapprochement. Pourtant, au sein de Microsoft, l'initiative de Bill est loin de rallier tous les suffrages — les principaux cadres émettent des réserves quant au bien-fondé d'une telle opération. La question demeure finalement en suspens.

Le 10 janvier, Noorda appelle Gates, étonné de n'avoir eu aucune nouvelle depuis plus d'une semaine. Il apprend par la voix du vice-président Michael

Murray, que Microsoft bute sur trois points. En premier lieu, Bill Gates doute que les développeurs de Novell acceptent jamais de migrer de l'Utah à Seattle. Or, l'idée de gérer une équipe de programmeurs à distance lui est inacceptable. « *Il aime rôder dans les couloirs* », explique Murray. Ensuite, marier deux gammes de logiciels poserait inévitablement des problèmes techniques. Enfin, rapporte Murray, « *Bill n'aime pas spécialement les acquisitions* ». Noorda se déclare heureux de l'apprendre, d'autant que ce n'est pas lui qui avait émis cette idée ! Peu de temps après, le président de Novell reçoit une lettre de Steve Ballmer spécifiant que le rapprochement n'a pu se concrétiser car « *le risque était grand de voir le gouvernement désapprouver une telle transaction* ».

Jusqu'à cet épisode, Ray Noorda vivait sa position à la tête de Novell avec sérénité. La micro-informatique lui apparaissait comme un secteur suffisamment dynamique pour permettre une cohabitation harmonieuse entre plusieurs éditeurs. Il envisageait même des coopérations entre acteurs du logiciel sur des secteurs particuliers. Les discussions entamées avec Microsoft lui ont laissé un goût étrange — Bill Gates, tel qu'il l'a perçu, semble animé d'un appétit de pouvoir hors du commun.

Le salut à long terme ne pouvant exister que dans la recherche d'alliances, Noorda s'en va à son tour frapper à la porte des principaux acteurs du marché du logiciel. Son credo : il est urgent de se rapprocher afin de combattre la machine de guerre installée à Redmond. Sa requête ne rencontre que peu d'échos auprès de la voisine WordPerfect — également située dans l'Utah ; n° 1 incontesté du traitement de texte, la société que dirige Bruce Bastian se refuse alors à envisager des relations belliqueuses avec qui que ce soit, y compris Microsoft. Bastian est persuadé que

WordPerfect continuera d'être le n° 1 du traitement de texte avec l'avènement d'OS/2. Toute référence à Windows ne lui inspire que des bâillements. En revanche, Jim Manzi de Lotus, adversaire traditionnel de Gates, accueille Noorda à bras ouverts. Une fusion des sociétés Novell et Lotus créerait un bloc d'une importance légèrement supérieure à Microsoft en terme de chiffre d'affaires. Comment résister au plaisir de reprendre la position dominante, désertée depuis bientôt trois ans par Lotus ?

La nouvelle du rapprochement de Lotus et de Novell est annoncée en fanfare en avril. Gates la commente d'une boutade en demandant ce que peut bien faire l'addition de « 1 » plus « 1-2-3 ». Mais à cette époque, tous les projecteurs sont déjà braqués sur la prochaine sortie de Windows 3.0, dont la presse vante les mérites. Par une coïncidence troublante, le 22 mai, le jour même de l'annonce de Windows 3.0 à New York, un communiqué de rupture tombera sur les téléscripteurs : la fusion Novell-Lotus est à l'eau, Noorda et Manzi n'ayant pas réussi à s'accorder sur la question du dirigeant d'une future société commune.

Pendant ce temps, à la FTC, Norris Washington et Marc Schildkraut continuent d'examiner dans le moindre détail les dépêches et reportages consacrés à Microsoft et à IBM. Quelques jours avant la fin mai, le ministère de la Justice donne son feu vert à la demande d'enquête présentée en septembre. Une équipe de cinq économistes et juristes est mise sur pied. Elle est présidée par Schildkraut et Kevin Arquit, directeur du Bureau de la Concurrence. En vertu d'un rituel immuable, l'équipe chargée de l'investigation devra remettre ses conclusions et recommandations à un comité de sages, chargé d'entériner ou de rejeter les mesures proposées.

L'avocat de Microsoft, William Neukom, est informé de l'ouverture d'une enquête de la FTC par une lettre que lui adresse Kevin Arquit. L'objet exact de l'investigation demeure toutefois mystérieux. Le département juridique de la firme de Seattle fournit les documents demandés, sans empressement particulier. De temps en temps, Bill Gates apprend par un éditeur que ce dernier a reçu la visite des enquêteurs du gouvernement, mais peu d'éléments permettent de se faire une idée de ce que recherche la FTC.

Tout au long de l'année 1990, la FTC concentre ses recherches sur la tentative de collusion entre IBM et Microsoft. Mais en la matière, le butin est maigre. D'autant plus maigre, qu'il apparaît progressivement que Microsoft dénigre ouvertement OS/2, afin de mieux soutenir Windows. Entre IBM et Microsoft, le torchon brûle. L'annonce de Las Vegas, loin d'indiquer une quelconque complicité entre les deux acteurs majeurs de la micro-informatique, a masqué une scission grave. Windows est un succès majeur et Microsoft, seul éditeur à offrir une gamme complète de logiciels pour cet environnement, en recueille les fruits. Les versions de Word et d'Excel adaptées à Windows triomphent, faute de rivaux — WordPerfect et Lotus, qui avaient pareillement concentré leurs efforts sur OS/2, n'ont encore aucun logiciel à proposer sous Windows.

Ce que découvre pourtant la FTC au fil de ses auditions, c'est qu'il pourrait bel et bien exister une situation de concurrence déloyale engendrée par Microsoft. Plusieurs éditeurs l'accusent de tirer avantage de sa position de concepteur du DOS et de Windows pour favoriser ses développeurs d'application. Pendant de nombreuses années, la compagnie a évoqué la présence d'une « muraille de Chine » entre ses deux principales divisions. Dès 1983, Steve Ballmer avait déclaré : « *Il existe une ligne de démarcation claire entre nos deux activités : le Système et les Applications. Elle est analogue à la séparation de l'Église et de l'État. Si nous ne nous comportions pas de manière irréprochable, il nous serait impossible de mener longtemps notre activité.* » Pourtant, ce mur virtuel est contesté par plusieurs éditeurs — parmi eux Lotus, SPC, Borland et Quarterdeck.

Vers la fin de l'année 1990, l'équipe de Kevin Arquit et de Marc Schildkraut se rend à l'évidence : la « collusion » entre IBM et Microsoft n'était qu'un leurre. Un poisson bien plus gros se dissimule en profondeur. Se pourrait-il que Microsoft ait agi de manière déloyale en vue d'établir un monopole dans son secteur ? L'enquête élargie portera désormais sur ce point.

Le 12 mars 1991, l'enquête de la FTC est rendue publique et Microsoft en prend acte par le biais d'un communiqué de presse officiel. « *L'investigation a pour but d'examiner les allégations selon lesquelles Microsoft aurait monopolisé ou tenté de monopoliser le marché des systèmes d'exploitation du logiciel et des périphériques pour micro-ordinateurs.* » Les dirigeants de la firme de Seattle clament leur bonne foi tout en manifestant un indéniable agacement devant la couverture médiatique accordée à l'événement. Steve Ballmer suggère que la manœuvre vise à déstabiliser une compagnie à laquelle on reproche son succès : « *Nous avons effectué un audit sur la façon dont nous conduisons nos affaires et voilà ce qui en est ressorti. Avons-nous agi de manière incorrecte ? Non. Y a-t-il des gens qui se plaignent ? Oui.* » Gates va plus loin et dénonce la campagne de désinformation, tout en prédisant que le soufflé ne tardera pas à retomber. Deux choses l'irritent au plus haut point. Il ne supporte pas de voir la presse entamer le procès de Microsoft avant même que l'affaire ait été jugée. En outre, il est ulcéré d'apprendre que, dans leur très grande majorité, les accusations qui ont abouti à l'enquête de la FTC ont été proférées de manière anonyme par des éditeurs qui craignent d'apparaître au grand jour. « *Lorsqu'on me parle de cette affaire, je réponds toujours de la même manière,* déclare Gates. *Je demande qu'on me cite une seule personne qui ait le courage de signer ces mensonges par écrit. Car ce ne sont que d'odieux mensonges. Il est facile de calomnier les gens lorsqu'on opère dans les coulisses. Mais quelqu'un finira bien par être pris en flagrant délit d'affabulation.* » À d'autres moments, il se montre plus sarcastique quand on lui parle d'éventuels plaignants : « *Donnez-moi la liste de leurs noms et je leur enverrai des fleurs.* »

Pour l'heure, Microsoft se voit contrainte de produire des documents remontant jusqu'à 42 mois en arrière et doit mettre à contribution une batterie de conseillers juridiques externes pour aider à satisfaire les exigences de la commission d'enquête.

La thèse de la « muraille de Chine » est entamée par les témoignages de dizaines d'éditeurs, qui dénoncent la façon dont ils seraient traités par Microsoft. Ils n'obtiendraient pas toujours les informations techniques nécessaires à l'écriture de logiciels. Comme le confie en catimini un développeur de l'équipe Windows : « *Il est certain qu'il est plus facile de se montrer obligeant envers le gars du bâtiment d'à côté qu'envers celui qui appelle de Boston.* » Plus grave encore, Microsoft irait jusqu'à modifier certains aspects du système afin de compliquer le travail d'autres éditeurs. QEMM, un logiciel utilitaire de Quarterdeck, était en tête des ventes quelques semaines avant la parution de Windows 3.0, qui s'est avéré incompatible avec QEMM ! Il a fallu plusieurs mois à Quarterdeck pour faire évoluer son utilitaire de façon à ce qu'il cohabite avec Windows.

Un autre grief émerge : certains éditeurs dénoncent un prétendu « vol de technologie » — Microsoft aurait pour habitude d'évaluer les logiciels innovateurs d'autres éditeurs sous prétexte d'envisager une coopération, puis de reprendre les concepts originaux à son compte. Deux éditeurs affirment à visage découvert que Microsoft aurait « volé leurs idées » : Micrografx et Go.

La deuxième affaire fait couler beaucoup d'encre dans les magazines spécialisés. Jerry Kaplan, président de Go, raconte qu'il avait dévoilé à Microsoft des éléments de sa technologie de reconnaissance de l'écriture manuscrite, afin d'inciter l'éditeur de Seattle à écrire des applications pour le système de Go. Peu après, Microsoft aurait décidé d'intégrer la reconnaissance de l'écriture dans Windows en s'appuyant sur ses ressources internes. À nouveau, Steve Ballmer monte au créneau : « *Nous n'avons jamais volé quoi que ce soit à quiconque. Mais nous agissons de la même manière que n'importe quelle compagnie intelligente. Nous examinons le travail des autres et tentons de comprendre ce que préparent nos compétiteurs ! Qui ne le ferait pas ?* »

Un mémo interne, rédigé par Bill Gates le 16 mai à l'intention de ses cadres et qui, par le biais de fuites, a atterri sur le bureau de plusieurs rédacteurs en chef, suggère que le président de Microsoft est persuadé de son innocence. « *Je sais très bien que nous ne bénéficions d'aucun avantage inéquitable dans tous les secteurs où nous intervenons. J'espère que nous serons rapidement en mesure de faire comprendre à la FTC les réalités de notre profession.* »

Cependant, le tollé médiatique soulevé par les accusations ouvertes ou voilées est tel que Steve Jobs, l'ancien fondateur d'Apple, se fait publiquement l'avocat d'un démantèlement de Microsoft. L'idéal, suggère l'ancien fondateur d'Apple, serait que les divisions Système et Applications deviennent deux sociétés indépendantes et géographiquement éloignées l'une de l'autre. Au sein de la FTC, cette éventualité est sérieusement envisagée par deux des enquêteurs. Pourtant, malgré des discussions acharnées, Kevin Arquit et Marc Schildkraut préfèrent écarter une telle recommandation — ils doutent que le comité des sages appelé à statuer ait jamais le courage d'adopter une mesure aussi extrême.

Parmi les éditeurs majeurs, seul Novell ne s'est pas joint au chœur des plaignants. En février 1991, Noorda a trouvé un allié de poids — IBM — et rien ne semble en mesure d'affecter la domination de Novell dans le domaine des réseaux. La compagnie de l'Utah envisage même de concurrencer Microsoft sur son terrain de prédilection : le système d'exploitation.

Le 17 juillet, Novell déclare publiquement son intention de racheter Digital Research. En soi, une telle nouvelle est anodine : la société fondée dans les années 70 par Gary Kildall est devenue un acteur mineur du logiciel. Son chiffre d'affaires annuel n'est que de cinquante millions de dollars à une époque où les géants du secteur pèsent dix fois plus. Toutefois, dans les cartons de Digital Research, figure un logiciel que Novell estime stratégique — DR-DOS. Ce clone du MS-DOS n'a jusqu'alors capté que 5% du marché des systèmes d'exploitation pour PC. Une fois sous la houlette de Novell, DR-DOS pourrait représenter une sérieuse menace pour la rente de situation que constitue MS-DOS pour Microsoft.

Deux jours après l'annonce du rachat de Digital Research, Noorda reçoit un appel personnel de Gates. Le président de Microsoft propose de reprendre les discussions relatives à une éventuelle fusion... Noorda croit d'abord à une plaisanterie — voilà plusieurs mois que Bill n'a pas donné signe de vie ! Lorsqu'il suggère que l'appel pourrait être lié au rachat de Digital Research, Gates affirme qu'il n'en est rien. Il désire tout simplement prendre position dans le domaine des réseaux, domaine où Microsoft ne parvient pas à contrer la mainmise de Novell.

Le week-end suivant, Gates et Noorda se rencontrent dans le salon du Club Amiral d'American Airlines à l'aéroport de San Francisco. Le fondateur de Microsoft réitère sa proposition de fusion mais pose désormais une condition préalable : « *Abandonnez le rachat de Digital Research.* » Son analyse ? Le gouvernement s'opposerait à ce que Microsoft s'allie avec le seul éditeur proposant une offre concurrente du MS-DOS. David Bradford, avocat de Novell, juge qu'en tout état de cause un rapprochement n'est pas opportun, aussi longtemps que Microsoft demeure sous le coup d'une enquête de la FTC. Gates répond qu'il sera aisé d'argumenter en faveur de la fusion, puisqu'elle créera des emplois et renforcera la position des États-Unis en matière de technologie.

Comme à l'accoutumée, Noorda se tient sur la réserve. Toutefois, il estime qu'il est de son devoir d'informer les actionnaires de Novell de la proposition de Gates. Par le biais d'un échange d'actions, la fusion ferait entrer plusieurs milliards de dollars dans la compagnie. David Bradford se montre plus inquiet et livre ses préoccupations dans un mémo qu'il communique à Noorda. Le bruit court que le gouvernement américain n'est pas très à l'aise quant à l'enquête de la FTC. À Washington, les cabinets de conseil recrutés par Microsoft s'évertuent à plaider la cause d'une entreprise qui réalise la majorité de son chiffre d'affaires à l'exportation et qui, en dépit de sa contribution à la santé de l'économie américaine, subit les tracasseries de l'Administration. Se pourrait-il que le prodige de l'informatique mise sur la sympathie qui lui est témoignée en haut lieu ? « *Je me demande si Microsoft n'est pas en train de se servir de nous pour faire annuler l'enquête dont elle est l'objet*, écrit Bradford. *Si la FTC s'oppose à la fusion*

Microsoft-Novell, le gouvernement Bush pourra alors déclarer qu'une sanction a été prise contre Microsoft, et qu'il est désormais nécessaire d'en rester là. En d'autres termes, clore l'enquête. »

Le 1er novembre, Novell concrétise le rachat de Digital Research. Cependant, Noorda retarde l'intégration de sa nouvelle filiale afin de ne pas gêner les négociations toujours en cours avec Microsoft — une erreur qu'il qualifiera de « majeure » par la suite.

Vers la fin de l'année 1991, le moral est au plus bas chez les membres de la FTC. En dépit d'un nombre important de témoignages, Arquit et Schildkraut ne disposent que de rares preuves d'abus de position dominante. Le dossier paraît nettement insuffisant pour que le comité des sages se prononce jamais en faveur d'une action en justice contre Microsoft. Un détail va cependant relancer la machine.

En décembre, au cours d'une conférence par téléphone, Ray Noorda est interrogé par Norris Washington, dans le cadre de l'enquête concernant Microsoft. Le sexagénaire dévoile alors à son interlocuteur que les deux compagnies sont actuellement en pourparlers de fusion. « *Il y a eu un long silence à l'autre bout du fil. Un très long silence...* » rapportera Noorda. La révélation recharge les batteries de l'équipe d'Arquit et relance l'enquête de plus belle.

Il s'avère que la tension monte chez le n° 1 des réseaux. Suite au rachat de Digital Research, Novell a découvert qu'il était quasi impossible de vendre le DR-DOS aux principaux constructeurs d'ordinateurs, car ils sont totalement liés par les contrats passés avec Microsoft.

C'est à la suite d'une visite chez le constructeur Dell que les commerciaux de Novell ont découvert le pot aux roses. Michael Dell leur a expliqué qu'il proposerait volontiers le DR-DOS sur ses PC. Mais il ne peut le faire, car le contrat qui le lie à Microsoft l'oblige à verser une redevance sur chaque PC vendu ! S'il s'avise de placer le DR-DOS sur ses machines, il lui faudra donc payer deux fois le système d'exploitation — une fois à Microsoft et une fois à Novell. Or, ses marges sont trop réduites pour qu'il puisse se le permettre. La même scène se répète avec plusieurs constructeurs de PC.

Quel est le principe ? En moyenne, les constructeurs payent entre 13 et 14 dollars (environ 70 francs) pour chaque copie de MS-DOS. À partir de 1988, afin de faciliter la gestion des gros contrats, Microsoft a développé une formule alléchante. Elle consent un rabais très important aux constructeurs acceptant de verser des royalties sur la base de chaque PC vendu — qu'il comporte ou non le MS-DOS !

Pour le géant de Seattle, une telle procédure simplifie les comptes. Dell, Compaq ou Hewlett-Packard se contentent d'envoyer un relevé de leurs ventes. Une simple multiplication produit alors le montant dû à Microsoft.

Novell découvre également que Microsoft a fait signer à plusieurs constructeurs de PC des contrats s'étalant sur une durée de deux à cinq ans. Une telle pratique relève d'une gestion avisée de la clientèle : plus un constructeur s'engage sur une longue période et plus il bénéficie d'une remise substantielle. IBM, Hewlett-Packard ou Digital agissent ainsi vis-à-vis de leurs clients. Mais comme le découvre Novell à son grand dam, les règles établies par Microsoft barrent le chemin à toute concurrence dans le domaine du DOS.

Les tactiques utilisées pour anéantir la concurrence iraient même parfois plus loin. Un constructeur — qui ne souhaite pas dévoiler son identité — raconte comment il s'est trouvé contraint d'abandonner le DR-DOS. Il avait décidé d'offrir le système d'exploitation de Novell sur 10% de ses micro-ordinateurs

— le MS-DOS demeurant la norme sur les 90 % restants. La réponse de Microsoft aurait alors été de doubler le prix de vente du MS-DOS pour ce constructeur. Ce dernier a jeté l'éponge et annulé la commande faite à Novell.

Mark Ursino, un ancien directeur des ventes de Microsoft, témoignera que Gates aurait déclaré que tout était bon pour contrer ses rivaux en matière de systèmes d'exploitation. « *Si quelqu'un était assez nigaud pour se laisser persuader d'offrir DR-DOS en remplacement du MS-DOS, nous avions pour mission d'emporter l'affaire coûte que coûte. Nous arrivions sur place et demandions au constructeur de poser ses conditions. Peu importait le niveau de la remise, nous nous devions de gagner de tels contrats.* » Certains constructeurs tels qu'Atari tireront parti d'une telle compétition pour obtenir des tarifs substantiellement inférieurs à la moyenne dans leurs commandes de MS-DOS.

Au sein de Novell, la bataille du DOS prend des allures de guerre sainte. Le paisible Noorda se métamorphose en samouraï, prêt à en découdre avec Gates. À partir de mars 1992, la compagnie de l'Utah rejoint la coalition anti-Microsoft et apporte une collaboration active à l'enquête de la FTC.

Noorda révèle dans le détail comment se sont déroulées les discussions visant à établir un monopole dans le domaine des réseaux. Mieux encore, il fournit quantité de documents relatifs à la fameuse « taxe MS-DOS » qui rend quasi impossible la vente du DR-DOS aux fabricants de PC. Cette nouvelle piste est accueillie avec euphorie par les membres de la FTC, qui estiment avoir enfin trouvé un angle décisif. Informé de la polémique, Gates élude la question : « *Est-ce que vous suggérez que nous devrions augmenter le prix du MS-DOS pour aider ces pauvres gars de chez Novell ?* »

Désormais suspicieux à l'extrême, Noorda va jusqu'à affirmer que Microsoft aurait cherché à entrer en relation avec sa compagnie essentiellement pour mieux connaître les plans de développement de Novell. Interrogé sur le sujet, Gates nie catégoriquement : « *Qu'est-ce que vous croyez ? Que les cadres de Novell ne savent pas tenir leur langue ? Nous n'avons obtenu aucune information qui n'était pas déjà publique à l'époque.* » Novell ira jusqu'à affirmer que des « pièges » auraient été intentionnellement inclus dans Windows afin de rendre cet environnement graphique incompatible avec DR-DOS.

La présence de Novell dans le camp des opposants enhardit un grand nombre d'éditeurs qui étaient jusqu'alors demeurés muets. Les témoignages affluent à la FTC. Vers la fin de l'année, la commission dispose de deux cents cartons emplis de documents incriminant Microsoft. La plupart des sociétés refusent toujours d'apparaître au grand jour, inquiètes des représailles qu'elles pourraient subir de la part de l'éditeur de Windows.

Parmi les témoignages rendus publics figurent celui de Logitech, constructeur d'accessoires pour les PC. Jusqu'en juin 1992, affirme son président Pierluigi Zappacosta, il bénéficiait d'une licence permettant de vendre Windows avec la souris Logitech. Microsoft a brutalement annulé ce contrat, prétextant qu'elle perdait de l'argent sur de telles affaires, liées à des accessoires bon marché. Zappacosta a réagi en révélant le problème à la presse. Inquiète des retombées négatives, Microsoft est alors revenue sur sa décision, mais a exigé un tarif supérieur de 30% pour la licence de Windows. Selon Zappacosta, cette situation aurait fait perdre 20 millions de dollars de chiffre d'affaires à Logitech.

Le 10 décembre 1992, les conclusions de la FTC sont rendues publiques dans un document de 250 pages assorti d'une série de recommandations à soumettre au vote du comité des sages. Les enquêteurs ont interrogé plus de soixante responsables et clients de l'industrie micro-informatique et déclarent détenir des documents secrets qui accablent le n° 1 du logiciel, coupable d'étouffer dans l'œuf toute concurrence. La commission d'enquête gouvernementale a retenu cinq chefs d'accusation essentiels.

Le premier concerne la « taxe DOS », la pratique consistant à vendre le MS-DOS aux constructeurs à un prix très réduit s'ils acceptent de rémunérer Microsoft sur la base du nombre de PC vendus — avec ou sans le MS-DOS. Elle aurait permis à la compagnie de Redmond d'acquérir 95% du marché des systèmes d'exploitation pour PC.

La deuxième pierre d'achoppement concerne la « guerre des prix ». Étant donné qu'elle tire près de la moitié de ses revenus de la vente des systèmes MS-DOS et Windows, Microsoft peut pratiquer des tarifs plus bas que la concurrence. Bruce Bastian, président de WordPerfect, explique pourquoi une telle situation n'est pas équitable. « *Nous ne nous battons pas à armes égales avec Microsoft. Nous n'avons pas la latitude de perdre de l'argent pendant plusieurs mois sur un logiciel en sachant que nous le compenserons par les revenus du DOS et de Windows. WordPerfect doit tirer ses revenus de la vente de son traitement de texte. Nous ne pouvons pas le brader.* » Borland aurait fait les frais d'une telle tactique. Le développement de Microsoft Access, une gestion de base de données de Microsoft, lancée fin 1991, a coûté 60 millions de dollars, un montant supérieur au budget global de développement chez Lotus. Pour le lancer, Microsoft a « cassé les prix » pendant une durée limitée et vendu Access l'équivalent de 500 francs, soit le sixième des tarifs habituellement pratiqués. En retour, Microsoft a écoulé 700 000 exemplaires en l'espace de trois mois alors que les ventes totales de bases de données sur l'année 1992 n'ont atteint que 1,2 million d'unités. Cette pratique du discount sauvage serait partiellement à l'origine des difficultés rencontrées par Borland, un éditeur de bases de données qui a licencié deux mille deux cents employés en décembre de cette année-là.

Troisième chef d'accusation : les programmeurs d'applications telles qu'Excel et Word seraient mieux informés des subtilités de Windows, ce qui leur permettrait d'écrire de meilleurs logiciels. Certains éditeurs auraient le plus grand mal à obtenir des informations vitales pour leurs développements. Cet état de fait pourrait expliquer pourquoi Microsoft a conquis plus de 60% du marché des logiciels Windows (73% pour Excel et 53% pour Word). Les défenseurs de la compagnie ont cependant beau jeu de faire remarquer que Word et Excel sont également n° 1 des ventes dans l'environnement Macintosh — un domaine dans lequel Microsoft ne contrôle absolument pas le système d'exploitation.

Le quatrième point est le « *vaporware* », c'est-à-dire l'annonce prématurée de produits afin de freiner la compétition, une pratique traditionnellement reprochée à IBM et qui semble devenue monnaie courante. En mai 1990, Digital Research — que Novell n'avait pas encore absorbée — avait publié une version de DR-DOS plus performante que le MS-DOS. Afin de geler les commandes de la société rivale, Microsoft avait alors annoncé en fanfare une version 5.0 du MS-DOS aux capacités similaires, qui n'était apparue en fait qu'un an plus tard. Face à une telle accusation, il est aisé de faire observer que la plupart des éditeurs s'adonnent, volontairement ou non, au « *vaporware* ». Lotus et Ashton-Tate ont pareillement connu des retards de deux ans sur des versions de leurs produits vedettes, 1-2-3 et dBase.

Enfin, certains éditeurs, tels Micrografx, Go et Stac, accusent Microsoft de pratiquer le « vol des idées ». La compagnie entamerait des relations avec de petits éditeurs sous prétexte d'une collaboration, alors que, en fait, elle se contenterait d'étudier leurs projets pour s'en inspirer.

Pour finir, la commission d'enquête recommande que le comité des sages prononce une injonction préliminaire ordonnant la cessation immédiate des pratiques incriminées en attendant l'ouverture d'un procès officiel. La raison d'un tel empressement ? L'un des enquêteurs affirme qu'un grand nombre des compagnies rencontrées n'existeront plus si l'on attend jusqu'à l'aboutissement d'un procès.

En l'attente du verdict du comité des sages, le président de Microsoft se répand en déclarations rassurantes. « *Je tiens à réaffirmer que nous n'avons pas agi de manière illégale ni malhonnête. Notre succès est fondé sur un seul facteur : de bons produits. Ce n'est pas compliqué. Nous ne sommes pas suffisamment puissants pour déterminer la vente de produits qui ne seraient pas excellents.* » Gates va jusqu'à suggérer — non sans raison — que la présence de Microsoft a agi comme un aiguillon vis-à-vis de Lotus et de WordPerfect, obligés d'améliorer leurs logiciels pour répondre à la pression d'Excel et de Word. Il se défend de pratiquer la rétention d'informations, et déclare que sa compagnie dépense quatre-vingt millions de dollars chaque année pour diffuser des renseignements aux développeurs externes.

Le destin va une fois de plus jouer en faveur de Bill Gates. L'un des cinq membres du comité des sages, Roscoe Starek III, se récuse suite à la révélation d'un conflit d'intérêts financiers — dont le détail n'a pas été indiqué. La situation inquiète Arquit et ses accolytes au plus haut point. Le comité appelé à statuer en dernier ressort se divise désormais en deux partis distincts : les « durs » et les « doux ». Dans le premier camp figurent Janet Steiger, présidente de la FTC, et Dennis Yao. Dans le deuxième, se trouvent Mary Azcuenaga et Deborah Owen, deux républicaines bon teint, favorables à la liberté d'entreprise. Pour compliquer les choses, les membres du comité sont soumis à une loi interdisant à plus de deux d'entre eux de se rencontrer à un moment donné — l'intention étant d'éliminer la possibilité d'accords secrets. Les débats préliminaires soulèvent d'intenses rixes verbales, la recommandation de la FTC — une « injonction préliminaire » — étant d'une sévérité sans précédent.

Le 5 février 1993, le comité de la FTC se retrouve en situation de blocage. Selon un scénario prévisible, Janet Steiger et Dennis Yao votent « oui » tandis que leurs collègues Azcuenaga et Owen se prononcent pour le « non ». Après une heure de prise de bec, il faut bien se résoudre à informer la presse que la FTC ne parvient pas à un accord sur l'affaire. Il est entendu que le comité se réunira ultérieurement pour sortir de l'impasse. Microsoft accueille la nouvelle avec soulagement, ses dirigeants ne dissimulant pas leur joie de cette « victoire ».

Kevin Arquit ayant démissionné en novembre 1992, c'est un autre vétéran de la FTC — vingt ans d'ancienneté —, Mary Lou Steptoe, qui reprend le flambeau. La nouvelle dirigeante du Bureau de la Concurrence prépare immédiatement une nouvelle audience. Steptoe attribue l'indécision du comité à la trop grande complexité du dossier. Pareille mésaventure était advenue lors de l'enquête ouverte contre IBM à la fin des années 60, qui avait été abandonnée au bout de treize ans de bataille, le comité des sages n'ayant pas été convaincu de la validité d'un procès. Un spécialiste en affaires juridiques, Stephen Newborn, est chargé de simplifier le dossier et de le réécrire en éliminant le langage informatique. Les accusations sont concentrées sur un seul élément : la tentative d'établissement d'un monopole. S'il paraît difficile de faire basculer la conservatrice Deborah Owen, Schildkraut ne désespère pas d'influer sur le vote de Mary Azcuenaga.

Une pièce importante est apportée au dossier peu de temps après l'audience de février. Andrew Schulman, un consultant du Massachusetts, auteur d'un livre de référence sur Windows, avait été approché par la FTC afin d'apporter un jugement d'expert sur l'un des griefs de Novell : Microsoft aurait inclus dans Windows des « pièges » destinés à empêcher son fonctionnement avec DR-DOS. Après plusieurs mois d'examen minutieux du code de Windows, Schulman a trouvé les chausse-trappes en question. Le résultat de sa recherche parvient à la FTC sous la forme d'un fax de plusieurs pages. Lorsque le bruit parvient aux oreilles de Bill Gates, celui-ci nie farouchement toute manipulation intentionnelle de Windows ! La vigueur avec laquelle le président de Microsoft récusera d'un bout à l'autre les accusations amènent même à se demander si certaines initiatives condamnables n'auraient pas pu être prises à son insu.

L'heure est aux actions de « lobby » auprès du comité des sages. Les principaux protagonistes (Novell, Lotus, IBM...) recrutent des spécialistes des affaires gouvernementales, notamment d'anciens membres de la FTC. Gates rencontre Deborah Owen en privé, et l'entrevue se révèle idyllique. La reaganienne est clairement déterminée à aider l'entrepreneur prodige à éviter une action en justice. Ray Noorda n'hésite pas à faire entrer en scène ses amis politiques. Ayant soutenu financièrement la campagne du sénateur républicain de l'Utah Orrin Hatch en 1988, et celle du Parti républicain de l'Utah pour l'élection de 1992, il juge opportun qu'on lui renvoie l'ascenseur.

En avril, une femme ambitieuse, Ann Bingaman, a été nommée à la tête de la Division antitrust du ministère de la Justice. Le sénateur Hatch, en tant que membre du sous-comité des affaires de « monopole, trust et droits des entreprises », écrit à Ann Bingaman pour suggérer que le ministère de la Justice prenne le relais de l'enquête au le cas où la FTC se démettrait de ses fonctions. De l'autre côté de l'échiquier politique, Howard Metzenbaum, sénateur démocrate de l'Ohio et président du même sous-comité, émet une déclaration similaire.

À l'aube de l'été 1993, Novell dépose une plainte contre Microsoft auprès de la Direction générale européenne de la Concurrence. Gates accuse alors Noorda d'attiser la controverse dans son propre intérêt. « *Novell est devenu parano. Ils essayent de nous nuire par tous les moyens.* » Il rappelle à qui veut l'entendre que la compagnie de l'Utah est fort mal placée pour dénoncer un monopole — Novell détient 70% du marché des réseaux. L'avocat de Novell, David Bradford, penche désormais pour un procès de nature privée au cas où la FTC se retrouverait à nouveau dans l'incapacité de prendre une décision. Les conseillers de la compagnie rejettent une telle éventualité, arguant qu'un tel procès serait pour Novell un enlisement, et ferait penser que le leader des réseaux agit sous l'impulsion de la rancœur.

Vers la mi-juillet, à une semaine du vote final, Mary Lou Steptoe se prononce en faveur d'un décret d'accord amiable qui permettrait à chaque partie de s'en tirer la tête haute. Si Microsoft accepte de modifier ses règlement concernant la licence du MS-DOS, la FTC en restera là. Une réunion est organisée avec Bill Gates et ses principaux cadres. Sûr de son fait, le président de Microsoft se montre intraitable et refuse catégoriquement d'envisager un tel accord. Les entrevues avec Steiger et Yao — qui ont voté « oui » en février — se révèlent particulièrement houleuses. Lorsque la présidente du Bureau de la Concurrence évoque l'existence d'incompatibilités de Windows avec DR-DOS, Gates répond sèchement : « *Vous ne savez même pas de quoi vous parlez !* » Yao suggère une solution de compromis : Microsoft pourrait fournir des copies préliminaires de Windows à Novell afin que celle-ci puisse vérifier qu'aucune incompatibilité (intentionnelle ou non) avec DR-DOS n'y figure. Gates se braque, assimilant une telle pratique à du « *communisme* ». L'affaire en reste là.

Le 21 juillet, un nouveau vote est organisé à la FTC et le résultat est rigoureusement identique à celui de février : deux contre deux. Mary Azcuenaga, la seule qui eût permis de faire pencher la balance en faveur du « oui », déclare qu'elle n'a pas trouvé dans le dossier suffisamment de preuves pour attaquer Microsoft en justice. Plus idéologique, Owen ira jusqu'à plaider pour que la FTC retire purement et simplement son financement à l'équipe qui enquête sur Microsoft. Écœuré, Marc Schildkraut annonce son intention de quitter prochainement la FTC.

Selon un scénario longuement mûri, Ann Bingaman, la nouvelle responsable de la Division anti-trust au ministère de la Justice, entre en scène. Le soutien de deux sénateurs, l'un démocrate, l'autre républicain, l'a convaincue qu'elle pourrait gagner à reprendre le dossier sous sa coupe. Prévoyante, l'altière Bingaman est entrée en contact avec les membres du comité plusieurs semaines avant le vote final, afin de proposer que le ministère de la Justice prenne le relais. Elle ne s'est heurtée qu'à une seule opposition, celle de Deborah Owen, qui veut à tout prix voir le dossier enterré. La républicaine déniera à Bingaman tout droit de reprendre l'affaire, suggérant — ce qui n'est pas faux — que celle-ci n'agit que pour des raisons de publicité personnelle.

Mary Lou Steptoe se montre plus positive à l'idée de donner le dossier à Bingaman — une telle décision éviterait qu'une enquête de trois ans ait été menée en pure perte. Sa position à la tête du Bureau de la Concurrence lui donne le pouvoir d'aller de l'avant, à moins que les membres de la commission ne récusent son autorité. Elle adresse donc un mémo à ses collègues et les informe de son intention. Comme prévu, elle se heurte à l'opposition d'Owen, qui réplique qu'il est crucial de « *résister par tous les moyens, pour des raisons d'intégrité institutionnelle, à une telle décision* », assimilée à un acte « *d'ingérence politique dans le fonctionnement indépendant de l'agence* ». La militante conservatrice n'obtiendra pas gain de cause.

En août, Ann Bingaman annonce qu'elle lance sa propre enquête, en reprenant là où la FTC s'était arrêtée. Plusieurs membres de l'équipe de Schildkraut lui sont affectés. Janet Reno, ministre de la Justice, déclare qu'elle laisse carte blanche à Bingaman pour mener à bien une affaire qui irrite chaque jour un peu plus Gates, fâché de voir les extrémistes de l'administration se placer en travers de son chemin.

CHAPITRE 21

La civilisation du multimédia

McDonald's, Coca-Cola, Sony, Philips, Disney, Marlboro... Certaines marques ont un tel rayonnement qu'on ne saurait passer plus d'une semaine sans rencontrer leur label sur une affiche, une enseigne, une page de magazine, un écran de télévision, voire un objet créé ou sponsorisé par la compagnie. Il devient de plus en plus difficile d'échapper à cette présence de la civilisation. Le chanteur Sting raconte qu'il était parti se recueillir dans l'Himalaya. Approchant d'un sommet montagneux, le voyageur en quête d'harmonie a alors entendu, du fond d'une cabane en bois, un transistor qui diffusait la chanson *Walking on the Moon*, par lui-même composée...

Microsoft semblait vouée à envahir les écrans des ordinateurs de bureau, et peut-être aussi ceux de la maison. Mais l'idée selon laquelle l'homme du XXIe siècle serait environné du matin au soir par des créations émanant de Bill Gates aurait paru saugrenue au début des années 90. Il était entendu que les logiciels, ces étranges entités d'un univers parallèle, vivaient leur vie au sein des ordinateurs. Une fois éteint le PC du bureau ou le Macintosh du salon, l'informatique disparaissait sans rémission. Allégorie moderne de la supériorité de l'Homme sur la Bête, un simple bouton suffisait pour plonger les machines à penser dans un sommeil absolu.

Le XXIe siècle dévoile pourtant un tout autre paysage dans lequel l'ordinateur s'introduit dans les objets les plus courants de la vie quotidienne. Il est présent dans les automobiles, les lave-vaisselle, les ascenseurs, les avions de combat, les missiles... Il est caché dans le téléviseur du salon, dans la montre que l'on porte au poignet, dans le téléphone jeté nonchalamment dans une poche de veste, et va même se nicher dans les lunettes, la cravate ou la ceinture ! Tous ces objets incorporent des puces semblables à celles qui animent les ordinateurs. Ces microprocesseurs, dont la taille est tellement infime qu'ils en deviennent invisibles, effectuent des milliers de calculs afin de doter d'intelligence l'appareil dans lequel ils viennent s'incruster. Telle puce intégrée au sein d'un reflex permet des photographies impeccables, avec un viseur qui s'adapte automatiquement à l'ouverture de la pupille. Telle autre, qui officie dans le lecteur CD, corrige par un savant calcul toute imperfection à la surface du disque.

Les ordinateurs sont partout, et fonctionnent vingt-quatre heures sur vingt-quatre aux quatre coins de la planète, communiquant entre eux par le biais des lignes de téléphone, de satellites, de la fibre optique, des relais hertziens ou cellulaires. Avec l'entrée dans l'ère du « tout numérique », les puces sont appelées à échanger de plus en plus d'informations en temps réel.

Qui dit ordinateur et microprocesseur sous-entend la présence de logiciels. En 1993, ce secteur est dominé par une compagnie dont le siège se trouve à Redmond, dans la ville de Seattle, à quelques centaines de kilomètres de la frontière du Canada. Signe particulier : une expansion phénoménale et continue depuis sa création. À l'heure où les plus grands industriels prennent conscience de la naissance d'un monde nouveau, animé par les microprocesseurs, il paraît naturel de se tourner vers le grand maître du logiciel :

Messire Gates et ses damoiseaux électroniques. Les nouveaux amis de Bill s'appellent AT&T, Philips, Sega, Sony, TCI, pour n'en citer que quelques-uns.

La vision de Bill Gates a évolué en conséquence. Le credo originel, « *un micro-ordinateur sur chaque bureau et dans chaque foyer, avec du logiciel Microsoft* », a été revu afin de prendre en compte ce nouvel ordre des choses. Le visionnaire évoque désormais la perspective d'un « *micro-ordinateur sur chaque bureau, dans chaque foyer, dans chaque automobile, et dans chaque poche* ». Quant à son ambition, elle est on ne peut plus claire : « *être l'acteur majeur de cette nouvelle civilisation.* »

Le pouvoir d'anticipation dont est doté Bill Gates lui avait fait percevoir dès 1985 qu'une page était en train de se tourner. Déjà à cette époque, il avait pressenti que le rôle du micro-ordinateur allait s'étendre aux secteurs les plus divers : photographie, musique, cinéma, télévision, vidéo... Il était même appelé à devenir l'élément central du foyer, une sorte de super-téléviseur vers lequel seraient acheminées des informations de toutes sortes — texte, image, films, sons... Pour symboliser la convergence de l'audiovisuel, des télécommunications et de l'informatique en une même discipline, un mot avait été forgé : « multimédia ».

Microsoft a organisé la première conférence mondiale du Multimédia en 1986. Avec une verve étonnante, Bill avait décrit dans le détail comment fonctionnerait le CD-ROM, un petit disque laser de cinquante grammes conçu par Philips et appelé à devenir le support des titres interactifs de demain. « *Dans une encyclopédie, lorsque vous pointerez sur Beethoven, le CD-ROM proposera d'écouter l'une des neuf symphonies. Interrogez-la sur Humphrey Bogart et vous pourrez alors visualiser un extrait du film* Casablanca. *Si vous regardez une carte des États-Unis, vous pourrez opérer un zoom sur une ville et demander quels hôtels s'y trouvent. Sur un titre consacré aux sports, vous obtiendrez la liste des records avec les photographies des athlètes...* » Gates entrevoyait déjà la présence de CD-ROM dans chaque foyer ou chaque automobile. « *Il suffira d'introduire ce petit disque dans son lecteur pour voir s'afficher les diverses routes accompagnées de la mention des lieux méritant une visite.* »

Afin d'anticiper l'avènement de la civilisation multimédia, Gates avait créé en 1989 une compagnie distincte de Microsoft, Continuum, qui sera par la suite rebaptisée Corbis. De quelle mission avait été investie cette nouvelle entité ? Celle d'acquérir les droits de reproduction sous forme numérique de peintures, gravures, photographies et documents sonores relatifs à la culture : enluminures du XIIe siècle, toiles originales de Klimt ou de Modigliani, saynètes de Méliès, prestations phonographiques de la Callas... Selon la vision de Bill, il sera courant au troisième millénaire de louer la reproduction d'une œuvre telle que *La Madeleine au miroir* de Georges de La Tour pour l'afficher sur le panneau mural de son salon. Chacun pourra renouveler à loisir les lithographies dont il aime s'entourer.

Sous l'impulsion de Gates, Continuum avait entrepris de contacter la majorité des musées détenant des chefs-d'œuvre du patrimoine artistique mondial. Les gardiens de la culture avaient d'abord accueilli avec réserve les prêcheurs de l'ère numérique et rejeté une telle intrusion dans leur pré carré. Mais le musée d'Art de Seattle avait finalement cédé aux arguments de Bill et donné son accord pour la reproduction d'un millier d'œuvres d'art. D'autres institutions avaient suivi : la National Gallery de Londres, les Archives Nationales des États-Unis, la Fondation Barnes...

Invité d'honneur du Comdex de Las Vegas en novembre 1990, Bill Gates avait consacré son allocution à la civilisation multimédia et proposé un slogan *ad hoc* : « *L'information au bout des doigts.* » Les panégyriques longtemps dédiés aux bienfaits de Windows ont fait place aux évocations de lendemains qui chantent, par la grâce du multimédia. Il avait évoqué une « *nouvelle Renaissance* » en matière de communication dans un monde où chacun pourrait recevoir quotidiennement un bulletin d'informations personnalisé, bénéficier d'un enseignement à distance, ou obtenir la synthèse colorée et animée des éléments vitaux pour la conduite d'une entreprise...

Une nouvelle entité est créée au sein de Microsoft, la division Grand Public. Supervisée par Nathan Myhrvold, elle est dotée d'un budget colossal : l'équivalent de 600 millions de francs par an. C'est au sein de ce laboratoire que doivent être conçus les CD-ROM aptes à séduire les consommateurs de demain. Pour mieux les séduire, Myhrvold embauche des sociologues, des musicologues, des linguistes, des experts en effets spéciaux débauchés à Hollywood... En 1993, la gamme de CD-ROM pour le grand public est déjà impressionnante, avec des titres tels que l'encyclopédie *BookShelf*, une analyse de la neuvième symphonie de Beethoven, *Cinémania* — un dictionnaire interactif du cinéma —, ou encore *Instruments de musique* qui permet d'entendre le son de chaque instrument sur lequel on clique. Plusieurs dizaines de titres sont en chantier : *Animaux dangereux, Civilisations antiques* ou encore la remarquable encyclopédie *Encarta*. Dès l'an 2000, Gates s'attend à ce que la division Grand Public soit la plus rentable de Microsoft.

En inventant le slogan « *L'information au bout des doigts* », Bill pensait avoir trouvé la formule qui résumait à merveille la révolution numérique. C'est alors qu'il s'est fait voler la vedette par Albert Gore, nouveau vice-président des États-Unis, à quelques jours de l'investiture de Bill Clinton à la magistrature suprême.

Le 11 janvier 1993, à Los Angeles, Al Gore réunit les principaux dirigeants de l'audiovisuel et de la communication à l'Académie de la Télévision. Il annonce alors le démarrage d'un projet d'une envergure titanesque : les « Autoroutes de l'Information ». Son ambition ? « *Que chaque foyer, chaque école, chaque bibliothèque... puisse accéder à la connaissance sous toutes ses formes.* »

Pour que le nouveau rêve américain se concrétise, il est nécessaire de câbler le territoire avec de la fibre optique, seul support capable de faire transiter d'immenses quantités d'images numérisées à très haute vitesse. Ce projet nécessite un investissement d'une centaine de milliards de dollars et, une chose est sûre, le gouvernement n'est pas en mesure de le financer. Mais qui va débourser des sommes aussi folles pour construire des autoroutes électroniques qui ne seront rentables que dix ou vingt ans plus tard ? « *Vous-mêmes* », dira de manière détournée Al Gore à ses invités de marque. L'homme d'État invite les géants de l'audiovisuel, des télécoms et de l'informatique à se rassembler autour de « *grands projets multimédia* ».

Pour inciter les industriels à investir, Gore propose une solution : la déréglementation. Afin de faciliter les opérations à grande échelle dans le cadre des Autoroutes de l'Information, la Maison Blanche entend assouplir les règles en matière d'audiovisuel, de télévision et de communication. À terme, les câblo-opérateurs pourront offrir le téléphone à leurs abonnés, les géants des télécoms seront autorisés à produire des programmes pour la télévision, et ainsi de suite.

Le discours d'Al Gore a un effet immédiat. Du jour au lendemain, le projet des Autoroutes de l'Information est sur toutes les lèvres. Les magazines du monde entier font leur une sur la révolution numérique en reprenant la métaphore du vice-président américain. Lorsqu'on l'interroge sur les Autoroutes de l'Information, Bill Gates répond alors souvent avec une pointe de regret : « *Je n'aime pas le concept d'autoroutes pour désigner un ensemble d'éléments qui vont s'interconnecter et fonctionner ensemble. J'avais inventé une formule qui me semblait plus appropriée : l'information au bout des doigts. Mais puisque tout le monde parle désormais des Autoroutes de l'Information, il faut nous satisfaire de cette expression.* »

L'un des vœux exprimés par Gore lors de son discours-programme était de voir les industriels de l'audiovisuel, des télécommunications et de l'informatique s'unir pour réaliser les infrastructures, créer les spectacles et les services de la nouvelle civilisation numérique et communiquante. Le message est passé. Des alliances à très grande échelle sont amorcées. Bell Atlantic (télécom) s'allie avec Oracle (logiciel) et Silicon Graphics (ordinateurs) ; Time Warner (audiovisuel) s'associe à US West (téléphone) et Turner Broadcast System (télévision), AT&T flirte avec Viacom (câble), laquelle se prépare à absorber Paramount (cinéma), etc. Tous sont désormais conscients que les vainqueurs de la bataille multimédia seront virtuellement les maîtres de la civilisation.

Loin d'être en reste, Gates investit ses deniers dans tous les coins et recoins de l'autoroute de l'information et entame des rapprochements tous azimuts.

Trois mois après le discours d'Al Gore, un accord est institué avec Intel et General Instruments — fabricant d'équipement de télécoms — en vue de produire un décodeur pour la télévision interactive. Le poste du futur va apporter dans le salon un véritable eldorado d'images. Au catalogue des réjouissances figurent des dizaines de milliers de films, des jeux vidéo comme s'il en pleuvait, des émissions et des reportages pour tous les goûts, du télé-achat... Ils arriveront par le ciel (les satellites), par la terre (la fibre optique) ou plus traditionnellement par les airs (par voie hertzienne), mais ce qui est sûr, c'est qu'ils se préparent à déferler sur le monde entier. Pour naviguer sur un tel océan de programmes, une télécommande high-tech permettra de pointer sur une option de menu (films, voyages, shopping, jeux...) et de sélectionner, selon son caprice du moment, *Un tramway nommé Désir*, une pizza aux quatre fromages, une réservation d'hôtel à Honolulu... La petite lucarne se pliera aux désirs du téléspectateur parce qu'elle abritera un ordinateur, invisible mais capable de communiquer avec de gigantesques serveurs de vidéo numérisée.

Microsoft développe une version de Windows adaptée à la sélection des programmes par le téléspectateur. Mais elle travaille également à la définition de serveurs de films à la demande — à partir, là encore, d'une version avancée de Windows. Les discussions engagées en parallèle entre le n° 1 du logiciel et AT&T, géant américain des télécoms, aboutissent à la création de plusieurs sociétés communes vouées à la télévision interactive. Bill va également s'associer avec son ami John Malone, qui préside TCI (Tele-Communication Inc.), n° 1 du câble aux États-Unis, et entreprendre une expérience-test de télévision interactive sur des foyers sélectionnés de la ville de Seattle.

En matière de téléphonie, Microsoft se rapproche de Mtel, première entreprise de radiocommunication aux États-Unis, en vue de développer un réseau de messagerie sans fil, et débourse 150 millions de dollars au passage. Les discussions avec NTT, opérateur des télécoms au Japon, aboutissent à la décision de créer ensemble des programmes multimédia interactifs. En mars 1994, Gates va même jusqu'à investir ses propres deniers — cinq millions de dollars — dans un projet de transmission de données par satellite qu'il lance avec son ami Craig McCaw. Créateur de la société McCaw Cellular, cet homme est devenu le plus gros exploitant de téléphonie cellulaire aux États-Unis, avant de revendre son entreprise à AT&T pour treize milliards de dollars. L'accord qui lie Gates et McCaw porte sur un projet du nom de Teledesic et vise à développer un réseau de communication multimédia (son et images vidéo) s'appuyant sur la bagatelle de 840 satellites qui arroseront 95% de la surface de la planète.

L'année 1994 s'est ouverte avec l'acquisition de Softimage, une société de logiciels d'animation en images de synthèse — les dinosaures plus vrais que nature de *Jurassic Park* ont démontré les potentiels inouïs de cette technologie. La société anglaise Next-Base, qui réalise des logiciels de gestion d'itinéraires routiers et de cartographie, est absorbée à son tour. Afin d'établir sa présence dans le secteur suprêmement rentable des jeux vidéo, Microsoft prête son concours à Sega pour définir le système d'exploitation d'une nouvelle console de jeu — la Saturn. La banque à domicile, autre domaine prometteur, n'est pas oubliée : Microsoft se rapproche de la National Payment Clearing House, en vue de développer une application qui permettrait d'effectuer les transactions bancaires à partir d'un ordinateur. Des discussions sont entamées avec Visa afin de développer une technologie qui rendrait sûres les transactions financières sur les réseaux télématiques multimédia tels qu'Internet. Enfin, Gates convoite le rachat de l'éditeur n° 1 des logiciels de gestion des finances personnelles, Intuit.

L'un des projets les plus fous de Gates et de son acolyte Nathan Myhrvold est un objet électronique miniature qui, à les entendre, pourrait devenir le compagnon inséparable de l'homme du XXIe siècle. D'un poids de cinquante grammes environ, le « Wallet PC » servira de portefeuille électronique, de porte-cartes, d'accessoire de repérage routier, de ticket pour le train et l'avion... Il pourra afficher cours boursiers ou résultats sportifs en temps réel, repérer les meilleurs hôtels de São Paulo, réserver une chambre, etc. Selon Gates, d'ici l'an 2005, cet appareil, qui tiendra dans une poche, semblera aussi naturel que les actuels portefeuilles de cuir ou billets d'avion.

Tandis que l'année 1994 voit exploser le marché des CD-ROM — plus de dix mille titres apparaissent à la manière d'une génération spontanée — le micro-ordinateur prend le chemin de la maison. Pour la première fois, les achats des particuliers dépassent ceux des entreprises. Un autre phénomène apparaît au cours de cette même année : celui d'Internet et des services « en ligne » (en anglais : *on-line*).

En attendant la généralisation de la fibre optique à toute la planète, Internet représente la meilleure illustration des Autoroutes de l'Information. À partir d'un simple ordinateur équipé d'un modem — appareil reliant un Mac ou un PC au réseau téléphonique — chacun peut se brancher sur un immense réseau international d'échanges d'informations électroniques. On trouve tout sur Internet : des extraits de *Basic Instinct*, une visite guidée de la Maison Blanche, la dernière chanson de Madonna en avant-première, des images d'Indonésie... Parmi les fournisseurs d'informations figurent la NASA, le Vatican, la Maison Blanche, les plus grandes universités et les principaux centres de recherches du monde, des entreprises d'envergure internationale telles que Sony ou Nestlé... Les passionnés d'un sujet débattent sans réserve de leur marotte, qu'il s'agisse de l'écologie, du surf ou des animaux domestiques. En 1994, cette gigantesque foire télématique regroupe déjà 30 millions d'aficionados. Par un effet de mode lié aux fameuses Autoroutes de l'Information, Internet fait la une des magazines les plus divers.

D'où provient une telle fourmilière électronique ? D'une initiative de l'armée américaine qui, en 1969, cherchait un système de communication informatique capable de résister à une attaque nucléaire. La destruction d'un ou plusieurs ordinateurs du réseau ne devait pas empêcher les informations d'être acheminées à bon port en empruntant un autre itinéraire.

Si Internet a d'abord eu vocation militaire, il a rapidement été détourné par les universitaires, qui ont commencé à se brancher sur le « Net » pour s'échanger thèses et rapports. Des forums de libre discussion sont apparus sur les thèmes les plus divers : science-fiction, cuisine chinoise, astrologie... Au fil du temps, Internet est devenu un curieux *melting pot* où l'on trouve tout et n'importe quoi : thèses de physique nucléaire, œuvres de Shakespeare, *Encyclopedia Britannica* dans son intégralité, reproductions de toiles de Matisse...

Jusqu'en 1993, la connexion avec Internet était trop complexe pour les non-informaticiens et d'un tarif rédhibitoire pour les particuliers. Seuls les chercheurs et universitaires profitaient alors du réseau. Mais deux phénomènes ont changé la donne. Des logiciels tels que NetScape, fonctionnant sous Windows ou sur Macintosh, ont rendu la consultation d'Internet plus aisée. Les conditions d'accès ont été assouplies et les frais d'accès ont chuté.

Plusieurs millions d'utilisateurs, alléchés par les articles des médias, ont soudainement investi le réseau, qui à la recherche de Claudia Schiffer, qui en quête d'un serveur sur les Rolling Stones ou le basket-ball. Les vétérans ont souvent mal vécu cette invasion des nouveaux venus qui, à les entendre, se comporteraient à la manière de pique-assiette, sans égard pour les règles de bon comportement développées au fil des années. Il n'empêche que le grand public a pris goût à cette possibilité d'interroger, à partir d'un simple micro-ordinateur, les bases de données de la connaissance mondiale.

Parallèlement à Internet, plusieurs entités fournissent à leurs abonnés l'accès à des serveurs d'informations dits « en ligne ». Ils fonctionnent sur le même principe qu'Internet en proposant des informations politiques ou financières, des forums de discussion, une messagerie électronique, des jeux, etc. En 1994, les services en ligne tels que Compuserve, America Online et Prodigy ont le vent en poupe et enregistrent quotidiennement des milliers de nouveaux abonnés. La plupart offrent une ouverture à Internet.

Il paraît impossible pour Bill Gates de demeurer à l'écart d'un secteur en telle expansion. L'idée de lancer un service concurrent d'America Online et de Compuserve va progressivement faire son chemin. Il s'appellera Microsoft Network...

Le combat a changé de nature : il s'agit de se retrouver au cœur de la distribution des informations aux milliards d'habitants de la planète. Le tout-numérique préfigure inéluctablement une société dans laquelle le pouvoir effectif sera détenu par une dizaine de consortiums maîtrisant l'intégralité de la production et de la diffusion de l'information. Une situation suffisamment alarmante pour qu'Internet devienne l'objet de maints débats sur le devenir de l'Homme face aux puissances d'argent qui s'évertuent à lui construire un « meilleur des mondes » à leur image : dollars, publicité ciblée et divertissements adaptés aux frémissements d'un audimat asservi à la demande du plus grand nombre.

Une préoccupation se fait jour dans les éditoriaux des magazines comme dans les libres forums d'Internet ou de Compuserve. Les divers investissements opérés par Gates vont dans le sens de la stratégie que le président de Microsoft affectionne depuis toujours — se rendre incontournable. Le seigneur du logiciel place des maillons dans tous les points stratégiques de la chaîne numérique. Ambitionnerait-il de devenir le maître du monde ?

Le grand enfant qui joue avec ses méga-dollars se défend catégoriquement d'avoir des visées sur la vie des individus. Tout au plus rêve-t-il de contrôler le système d'exploitation inhérent aux échanges électroniques du monde de demain. Si tout se passe comme il l'entend, les appareils le plus couramment usités du troisième millénaire, qu'il s'agisse du PC-téléviseur, du téléphone ou même du portefeuille, tourneront sur du logiciel Microsoft. Avec, dans tous les cas de figure, un système d'exploitation qui ressemblerait comme un frère à Windows... Toute la question étant de savoir s'il sera éventuellement permis aux gens d'y échapper.

CHAPITRE 22

Bill Gates intime

« Mais pendant combien de temps va-t-on m'ennuyer avec cette histoire ! Je n'aime pas penser à ma fortune personnelle. Seul un tout petit pourcentage m'est nécessaire pour mener naturellement ma vie ! » La voix est plaintive et le visage dénote une profonde exaspération. Aurions-nous abordé un sujet tabou ? Sans aucun doute. La moindre évocation de son immense fortune a le don d'agacer Bill. *« L'argent ne me rapporte rien, si ce n'est des questions indiscrètes »*, a déclaré un jour ce milliardaire original qui, pour un peu, présenterait sa situation comme peu enviable.

Un seul domaine se trouve nanti d'un rempart plus épais encore : celui de la vie sentimentale de l'un des partis les plus recherchés au monde. *« Je préfère demeurer dans l'ombre »*, jette le président, longtemps réputé comme séducteur. *« Je n'ai aucun secret à cacher mais j'entends préserver ma vie privée »*, proteste Gates lorsqu'on essaye de percer l'armure. Il va jusqu'à parler de *« voyeurisme »* si l'on insiste.

Pourtant, depuis le 5 octobre 1992, il est devenu difficile pour Bill d'échapper aux inquisitions médiatiques sur les sujets les plus triviaux qui soient. En ce jour, le natif de Seattle est passé en tête de la liste des 400 Américains les plus riches, publiée par le magazine *Forbes.* À trente-six ans, il est le plus jeune à avoir atteint cette place, avec une fortune évaluée à 6,3 milliards de dollars.

L'événement est suffisamment exceptionnel pour que la presse et les télévisions du monde entier braquent soudain leurs projecteurs sur l'homme le plus riche des États-Unis. Gates devient du jour au lendemain un sujet de reportage idéal pour des magazines dont les préoccupations sont parfois fort éloignées du logiciel et des Autoroutes de l'Information. Certains mettent en valeur de manière indirecte la réussite de son entreprise en affirmant qu'il est à l'informatique ce que John D. Rockefeller a été au pétrole, Henry Ford à l'automobile et Andrew Carnegie à l'acier. D'autres insistent sur l'étendue de sa fortune, expliquant que si Bill Gates décidait de s'arrêter de travailler et vivait encore une quarantaine d'années, il pourrait se permettre de dépenser plus de 500 000 dollars (2,5 millions de francs) par jour jusqu'à la fin de sa vie.

Peu disposé à disserter sur les frasques et prodigalités qu'amènerait une existence de nabab, Bill prend un malin plaisir à édulcorer et diluer toute allusion à sa fortune. Il rappelle volontiers que celle-ci est pour l'essentiel virtuelle — elle n'existe que sous la forme de parts de l'entreprise qu'il a fondée. Sur les 269 millions d'actions en circulation, Bill Gates détient 33 % des parts. Ce que traduit avant tout un tel fait est la progression exponentielle de Microsoft depuis l'introduction en Bourse. Entre mai 1986 et novembre 1992, la valeur du titre a augmenté de 1 200 %. Plusieurs divisions en cascade expliquent une telle évolution, la compagnie ayant décidé à plusieurs reprises que chaque action en valait désormais plusieurs.

Le fondateur de Microsoft est loin d'être le seul bénéficiaire d'une telle manne boursière. Paul Allen, le deuxième actionnaire principal, possède 14 % des parts et pèse ainsi trois milliards de dollars. Un tel avoir lui vaut de figurer en quatorzième position sur la liste *Forbes* de 1992. Si diverses institutions financières détiennent 31 % des actions, les 21 % restants sont répartis entre divers membres de la compagnie. Deux mille deux cents employés de Microsoft sont ainsi devenus millionnaires — un tiers d'entre eux dépassant la barre des 3 millions de dollars. Celui qui avait reçu un millier de dollars en 1986 a vu ce pécule multiplié par 25 en l'espace de six ans. Les parts de Steve Ballmer représentent plus d'un milliard de dollars.

Bill échappe à la plupart des clichés relatifs aux hommes d'argent. Tout d'abord par son apparence. Il n'est que d'observer la couverture d'un magazine affichant les Crésus de la planète pour s'en apercevoir : que vient faire cet étudiant attardé au milieu d'une galerie d'individus plutôt austères ?

L'homme le plus riche des États-Unis déteste dépenser son argent et met un point d'honneur à ne pas dériver vers ce qu'il interprète comme les travers d'un mode de vie opulent. Sur le plan vestimentaire, sa seule excentricité concerne des pulls en V en cashmere, une matière dont il raffole. Pour ses déplacements en avion, il voyage la plupart du temps en classe économique et se refuse le confort de la première classe. Commentaire de l'intéressé : « *Voyager ainsi ne me pose aucun problème. On arrive à destination aussi rapidement qu'en première classe.* » Il écarte sans ambiguïté la possibilité d'acquérir un avion personnel qui rendrait ses déplacements plus faciles.

Mais pourquoi se prive-t-il des privilèges qui rendent ordinairement enviable la vie des grands de ce monde ? Pour quelles raisons résiste-t-il ainsi à la tentation d'un mode de vie opulent ? « *Pour ne pas m'habituer à ce genre d'attitude qui coupe de la vraie vie de manière négative. Cela fait partie de ma discipline.* » Le développeur Jeff Harbers propose une interprétation : « *Bill est soucieux de l'opinion de ceux qui l'entourent : s'il se comporte de façon différente, il pense qu'ils ne le respecteront plus.* » Ann Winblad, une ancienne amie de cœur, affirme que l'une des façons de le mettre en rogne après un repas en ville, consiste à présumer qu'il va prendre la note. Bill n'aime décidément pas être jaugé à l'aune de sa surface financière. Il en tire une simplicité de comportement qui est demeurée inchangée au fil des années. Certes, l'aisance permet tout de même de temps à autre de céder à l'un de ses caprices. Ainsi, lorsque Paul Allen l'appela en 1989 pour lui demander de signer au plus vite un chèque de 380 000 dollars, Gates s'exécuta sans sourciller. Il est vrai que son ami d'enfance avait mis la main sur deux objets adulés : des Porsche 959 qu'un citoyen allemand était en mesure de leur procurer. Paul hérita d'un modèle à la carrosserie blanche, tandis que Bill jeta son dévolu sur la 959 argentée. L'homme pressé prit un malin plaisir à pousser le véhicule — qu'il conduisait lui-même — jusqu'à des pointes de 270 km/h.

Jusqu'en 1993, la blague qui courait sur le campus de Redmond était la suivante : « *Le jour où Bill se mariera, cela ira un peu mieux.* » Mais le diable d'homme qui imposait des horaires inhumains à ses collègues ne semblait pas pressé de se passer la corde au cou. Même s'il se montrait farouchement discret sur sa vie privée, il était notoire qu'il avait eu de nombreuses compagnes au fil des années. Ce qui l'attirait chez les femmes ? Qu'elles soient intelligentes et indépendantes. Souvent instable, Gates était attiré par les relations fortement « romantiques » et peu enclin à la fidélité.

L'attirance pour la gent féminine s'était particulièrement développée dans les années 80. Au temps de ses études, ses condisciples de Harvard ne se souviennent pas l'avoir vu fréquenter une petite amie. Le mathématicien attiré par les ordinateurs n'était pas du genre à se joindre aux soirées-rencontres vouées au rapprochement des sexes. Bill était cependant connu pour l'ampleur de sa collection de magazines *Playboy* et *Penthouse* et aurait effectué plusieurs visites dans la Combat Zone de Boston, célèbre pour ses repères de prostituées et ses films X. Mais l'étudiant studieux se contentait de manger une pizza, de lire des livres et d'observer ce qui se passait autour de lui.

La première idylle d'importance commença au cours de l'été 1983, lors d'une soirée organisée sur le bord d'un lac à Madison Park. Bill fut présenté à la responsable des ventes de Prime Computer, Jill Bennett. Extérieurement, cette grande blonde arborait une stupéfiante ressemblance avec Libby, la sœur cadette de Bill. Sa première question au président de Microsoft avait été on ne peut plus formelle : « *Pourquoi ne développez-vous pas les logiciels pour les ordinateurs 32-bits ?* » À la suite d'une telle entrée en matière, Bill l'affublera du surnom « *32-bits* ». Il n'empêche qu'il fut attiré par le caractère combatif de la blonde jumelle de Libby. Le hasard voulait qu'elle soit née dans le même hôpital de Seattle que lui, à une journée d'intervalle. Outre les ordinateurs, ils partageaient une passion pour le tennis et se connaissaient des amis communs.

Bill se distinguait autant par sa timidité que par une concentration de tous les instants sur ses activités, accompagnée d'une inquiétude permanente. « *Il était toujours préoccupé de donner le meilleur exemple à ses employés, en arrivant tôt, en étant là tard dans la soirée, en donnant le rythme...* », se rappelle Jill Bennett. Cette polarisation avait deux effets connexes : une distraction pathologique pour les choses de tous les jours, doublée d'une forte propension à l'insomnie. À en croire l'ancienne amie de Bill, celui-ci pouvait oublier de l'argent dans une veste qu'il envoyait à la blanchisserie ou des vêtements dans sa chambre d'hôtel. Comme il avait le plus grand mal à dormir pendant la nuit, il lui arrivait fréquemment de s'écrouler brutalement sous un bureau ou sous les sièges d'un aéroport pour sombrer dans le délice d'un sommeil réparateur. Leur principale pomme de discorde concernait la vitesse à laquelle le Fangio de la technologie aimait conduire et qui dans certaines situations a réellement donné l'impression à Jill Bennett d'être en danger. Après une année de relations tumultueuses, elle s'est séparée de Bill, lassée du manque d'attention que lui accordait celui qu'elle ne pouvait voir qu'entre une heure et sept heures du matin.

Peu après avoir noyé son chagrin dans le saké, Bill est tombé amoureux d'une autre blonde, Ann Winblad. Intelligente et déterminée, cette femme d'affaires de Minneapolis avait tout pour plaire à Bill ; elle était devenue millionnaire suite à une série d'investissements éclairés dans l'univers du logiciel. Leur rencontre au printemps de 1984, lors d'un dîner-débat organisé par l'éditorialiste Esther Dyson, avait donné lieu à une âpre discussion sur les vices et vertus de Steve Ballmer. Devant les éloges de Bill à l'égard de son collègue et ami d'université, Ann Winblad avait répliqué qu'elle avait rarement rencontré individu plus détestable. Il n'en fallait pas plus pour séduire un homme perpétuellement attiré par les individus capables de lui tenir tête.

La relation entre Gates et Winblad va durer plusieurs années et les partenaires iront jusqu'à envisager de sceller leur union. L'âme sœur de Bill peut se targuer d'avoir eu temporairement une influence sur ses habitudes culinaires : le garçon naguère si négligent sur la qualité de sa nourriture, s'est converti pendant trois ans à la cuisine végétarienne indienne et thaï. Ann a également réussi à le convaincre de prendre quelques vacances en amoureux, étant entendu qu'il pourrait vouer ces moments de détente à la lecture. « *Nous avons eu un séjour consacré aux livres de physique, un autre à F. Scott Fitzgerald et un autre à la biotechnologie* », se souvient-elle.

Depuis leur séparation en 1987, Ann et Bill sont demeurés bons amis. Elle décrit son ex-boy-friend comme un individu qui aime être placé dans des situations extrêmes, évoquant un séjour en Californie du Nord au cours duquel il s'était mis en tête d'apprendre le deltaplane, faisant fi des recommandations de prudence de son instructeur. Son admiration demeure intense pour l'homme dont elle a longtemps partagé la vie. Plusieurs amis de Bill affirment que leur relation avait quelque chose de « magique » et certains évoquent cette période avec une pointe de nostalgie.

Peu après sa rupture avec Ann Winblad, Gates renoncera à toute discipline alimentaire pour laisser libre cours à son penchant pour les hamburgers. Il existe cependant un domaine dans lequel l'influence de la blonde intellectuelle s'est prolongée : la passion pour la biotechnologie.

C'est à la suite d'un week-end au Brésil avec Winblad que Gates a découvert cet étrange domaine qui marie étonnamment la connaissance cellulaire et l'informatique. Deux livres ont été à la base de son engouement. Le premier, *Engines of Creation* (Les Moteurs de la Création) d'Eric Drexler, a été le grand déclencheur. « *Ce livre est incroyable ! incroyable !* », témoigne Bill. « *Drexler explique pourquoi la révolution de l'informatique et la biotechnologie font partie d'un même mouvement.* » *Engines of Creation* décrit une époque où, grâce à la « nanotechnologie », des ordinateurs infiniment minuscules pourront réparer l'ADN et réinventer la façon dont les humains se comprennent. Le second livre, *The Selfish Gene* du zoologue d'Oxford Richard Dawkins, avance le concept des « *memes* » ; des pensées et modes de comportements élaborés et reproduits afin de survivre à travers le temps, pour la simple raison qu'ils seraient plus efficaces que les idées ordinaires. Gates se plaît à comparer les « memes » à des programmes qui pourraient apprendre par eux-mêmes et s'auto-organiser. De tels logiciels pourraient accélérer et améliorer le niveau de compréhension que nous avons de nous-mêmes et peut-être aider à rectifier les anomalies biologiques de la vie. Il s'avoue également intrigué par la perspective de pouvoir déchiffrer les codes génétiques — « *le logiciel le plus sophistiqué qui ait jamais été développé* ».

Fin 1992, l'université de Washington reçoit une donation de 12 millions de dollars, destinée à la création d'un département de biotechnologie moléculaire. Si Bill a déboursé une telle somme, c'est afin que l'université locale puisse attirer en son sein Leroy E. Hood, un pionnier en matière de bio-technologie, âgé de cinquante-trois ans. Lorsqu'il était chercheur à l'Institut de Technologie de Californie, Hood s'était mis en tête de créer des ordinateurs capables de déchiffrer et de reproduire la structure moléculaire des gènes. Pour mener à bien ses recherches, il avait fondé une société au nom évocateur, Darwin Molecular, avec pour objectif de découvrir des remèdes aux maladies génétiques et au sida, et de développer un « tueur de gènes » qui serait programmé pour attaquer les tumeurs. Gates ne pouvait que se sentir attiré par de telles perspectives. En mai 1994, il investira cinq millions de dollars — conjointement avec Paul Allen — dans Darwin Molecular. Microsoft sera amenée à collaborer au logiciel destiné à analyser les montagnes de données relatives aux séquences génétiques.

Gates deviendra également l'actionnaire majoritaire d'une autre compagnie de biotechnologie, ICOS, qui étudie la façon dont les cellules communiquent entre elles. La théorie sous-jacente aux recherches ? L'hypothèse qu'un grand nombre de maladies se développeraient lorsque les cellules se transmettent de « mauvais conseils » — tel le fait de rejeter *a priori* une substance étrangère quand bien même celle-ci serait curative. La participation du mécène s'élève à 6,35 millions de dollars.

À ses heures, Bill se révèle un investisseur avisé. Sa bible en la matière est un livre de Benjamin Graham, *L'Investisseur intelligent*, publié en 1949 et devenu un classique du monde des affaires. Décédé en 1976, Graham était professeur d'économie financière à Columbia et a eu pour élève Warren Buffet — le deuxième milliardaire américain en 1992.

Buffet était âgé de soixante ans lorsqu'il rencontra Bill en 1990, par l'intermédiaire d'un journaliste du *Washington Post*. Les deux hommes ont immédiatement développé une amitié profonde doublée d'une admiration réciproque. Leurs itinéraires sont pourtant fort différents. En tant que président de la société Berkshire Hathaway, Buffet a bâti sa fortune à partir de la gestion judicieuse d'un portefeuille d'actions particulièrement diversifié, qui va des pierres précieuses aux boissons gazeuses en passant par les lames de rasoir. « *Je l'envie tellement...*, dit Bill. *Warren passe cinq à six heures par jour à lire dans son bureau. Il absorbe les informations, les analyse longuement et s'en tient à ses principes de base.* » Gates avoue adorer les conversations avec le vieux routier de la finance. « *Warren Buffet est d'une grande humilité, alors qu'il est capable de décrire simplement des choses extrêmement complexes. J'apprends énormément à son contact.* » Parmi les conseils du vétéran que Bill suivra à la lettre, se trouve la lecture assidue de Benjamin Graham. En novembre 1993, les deux hommes passeront une semaine de vacances studieuses aux Bermudes afin de s'entretenir de la philosophie de Graham. En revanche, Bill mettra longtemps à persuader Buffet d'acquérir un micro-ordinateur. L'investisseur émérite ne se laissera convaincre que lorsqu'il découvrira qu'il peut jouer au bridge à distance grâce aux réseaux électroniques.

Peu après sa rupture avec Winblad, Bill a entamé une relation sentimentale avec une employée de Microsoft, de neuf ans sa cadette, Melinda French. C'est au cours d'un pique-nique organisé par la compagnie que Bill a fait la connaissance de cette jolie brune à l'esprit vif, titulaire d'un MBA et grande adepte du jogging. Melinda disposait d'un atout maître : Mary Gates était sous le charme en sa présence. La mère de Bill désespérait de jamais voir son rejeton devenir père, ses réflexions à propos des enfants dénotant une angoisse manifeste.

La liaison avec Melinda est demeurée secrète pendant plusieurs années, sur l'insistance de la jeune programmeuse, soucieuse d'échapper à l'attention des médias. Cela n'empêchera pas le couple de se montrer en public en plusieurs occasions, comme lors de la fête annuelle de Noël de Microsoft au Centre des Congrès de Seattle. Mais l'aventure connaîtra des hauts et des bas, et Bill sera parfois tenté par une vision plus libérale du Tendre avec d'occasionnelles soirées réservées aux célibataires. Les parents de Bill noteront cependant une évolution patente de l'attitude du vieux garçon lorsqu'ils le verront se mettre à jouer avec le rejeton de sa sœur Kristiane dans l'hiver de 1991.

Vers la mi-1992, la liaison amoureuse avec Melinda

devient plus intense et Bill redouble d'efforts afin de protéger leur intimité, Melinda redoutant plus que jamais l'intrusion de la presse dans leur *« love story »*. Au mois de juillet, la compagne de Gates s'enhardit à évoquer fiançailles et mariage. La réponse est on ne peut plus nette : « *Non. Il n'en est absolument pas question.* » Mais le cœur de Bill va fondre après une énième période de séparation.

Les fiançailles sont dévoilées par le *National Enquirer* en avril 1993. Pour célébrer l'événement, un voyage-surprise est organisé à Omaha afin d'aller choisir une bague sertie d'un diamant chez Borsheim's, une célèbre joaillerie appartenant à Warren Buffet — exceptionnellement, l'ami richissime de Bill a fait ouvrir la boutique un dimanche. Dans l'avion qui mène vers Omaha, le sexagénaire explique à Gates qu'en pareille circonstance, il avait investi 6 % de sa fortune dans la bague de fiançailles, en signe de loyauté. « *Il m'a alors suggéré de faire de même pour Melinda* », se rappelle Gates en éclatant de rire.

Le mariage aura lieu en comité restreint le 1er janvier 1994, sur l'île hawaiienne de Lanai, dont la compagnie Dole Food possède 95 % des terres. Pour se prémunir contre les paparazzi, Gates dépensera sans compter. Toutes les chambres d'hôtel, tous les terrains de camping et toutes les voitures de location ont été réservés. Pendant quarante-huit heures, les abords de l'île sont soumis à la surveillance d'hélicoptères patrouillant au-dessus du littoral. Un seul journaliste, Scott Rensberger, tentera de passer outre aux mesures de protection, mais il sera arrêté par des agents de sécurité dans un parc public et expédié hors de l'île *manu militari*.

La cérémonie s'est tenue dans une grande discrétion, avec de rares invités, parmi lesquels l'éditrice Katharine Graham, le milliardaire Warren Buffet et Steve Ballmer, leur témoin. Pour enrober la soirée de suaves harmonies, la chanteuse Nathalie Cole avait été conviée à rendre l'événement « *unforgettable* » (inoubliable).

Conformément au vœu de Melinda, Gates continuera de protéger sa vie privée. En juillet 1994, le magazine *Playboy* publie une interview-fleuve au cours de laquelle le journaliste aborde le thème de la vie conjugale. Espiègle, Gates élude les questions avec un malin plaisir. « *Le mariage simplifie la vie. Désormais, je ne me pose plus de questions sur la personne avec qui je vais passer mon temps libre.* » Lorsque David Rensin, l'interviewer, suggère que de nombreuses femmes auraient voulu être à la place de Melinda, il prend l'air étonné. « *Vraiment ? Elles voudraient disputer contre moi des tournois de puzzle ? Faire du golf avec moi ? Comment peuvent-elles savoir si c'est drôle de vivre avec moi ? Voudraient-elles lire les mêmes livres que moi ?* » Mais le jeune époux devient touchant lorsqu'il évoque ce qu'il ressent pour Melinda : « *C'est quelque chose de magique, difficile à décrire. Bizarrement, avec elle, je me sens marié. C'est vraiment étrange et cela va à l'encontre de tout ce que j'imaginais autrefois.* »

Mais contrairement aux prévisions de ses collègues, le champion de la productivité n'a pas ralenti son rythme de travail. Il est vrai que sa bien-aimée connaît des horaires similaires à ceux de son bel ange blond.

Le nid d'amour du couple Gates sera une gigantesque demeure dans les bois, située sur les bords du lac Washington à Medina, à dix minutes de canoë du centre-ville. À l'instar des résidences mythiques de milliardaires éminents tels que William Randolph Hearst ou Arthur Jones, elle sera le signe le plus ostensible de la fortune de Bill. La maison, dont la construction a démarré en 1991, devait initialement coûter dix millions de dollars, mais tout semble indiquer que la facture finale sera quatre ou cinq fois plus élevée que le devis initial. Soucieux d'être « écologiquement correct », le leader du logiciel a fait bâtir sa propriété à partir de bois recyclé d'une ancienne scierie ou des matériaux de vieux immeubles en démolition, et demandé à l'architecte de ne pas couper un seul des arbres présents sur place, quoi qu'il doive en coûter.

La légende veut qu'un beau matin de 1988, un résident de la banlieue huppée de Medina ait vu débarquer, alors qu'il se rendait à sa boîte aux lettres, un jeune échevelé qui lui aurait déclaré : « *Bonjour. Je m'appelle Bill Gates et je suis prêt à payer 2 millions de dollars pour votre maison.* » Pour bâtir l'habitation de ses rêves, William Henry III avait en effet commencé par choisir méticuleusement l'emplacement idéal. Il avait ainsi repéré une surface de dix huit mille mètres carrés au bord du lac Washington. Il ne restait plus qu'à convaincre les trois propriétaires des sept terrains concernés de lui vendre leurs parcelles. Pour ce faire, il déboursera quatre millions de dollars. Il fallait encore régler un détail — Gates n'appréciait pas la maison de campagne à la française qui occupait une surface importante de son nouvel espace. Il s'est alors mis en quête de la revendre et a trouvé acquéreur auprès d'un couple voisin, William et Jero Boettcher. Le nouveau propriétaire leur a cédé la bâtisse pour cent mille dollars — un quinzième de sa valeur. Qu'est-ce qui a pu pousser un négociateur si redoutable à opérer une transaction à un tarif aussi modique ? L'immense économie que Bill réalisait en s'épargnant le coût d'une démolition.

Le 26 avril 1991, les habitants de Medina ont assisté

à une scène surprenante : l'immense maison de briques à deux étages des Boettcher — 360 tonnes au total — a été transportée par voie fluviale sur une péniche de quinze mètres sur cinquante avant d'être réimplantée trois kilomètres plus loin à Hunts Points, toujours au bord de l'eau, pour le plus grand bonheur de ses nouveaux acquéreurs. Petit détail : le transport de la demeure a coûté le double de son prix d'achat.

La maison de Bill et de Melinda a été bâtie à flanc de coteau et comporte sept pavillons reliés les uns aux autres par des passages souterrains. Au bas de la pente, un ruisseau permettra aux truites et aux saumons d'évoluer en eau douce et de se reproduire. Sur le côté, un garage creusé dans le roc peut accueillir une vingtaine de voitures.

L'intérieur de la demeure évoque le manoir d'un moderne Münchhausen. Bill a fait installer un trampoline dans une pièce au plafond surélevé afin de s'adonner à l'un de ses sports favoris. Dans la salle de culture physique dont les murs sont couverts d'une roche extraite d'un des plus hauts sommets de la région, une cascade vient alimenter une piscine de dix-huit mètres. La tentation de s'extraire de ce cocon princier doit être faible si l'on considère que les pavillons recèlent une salle de jeu, une salle de cinéma et une bibliothèque de 14 000 livres. Afin d'accueillir ses hôtes comme il se doit, le maître de céans a prévu trois cuisines et un pavillon pour les dîners, qui peut recevoir cent cinquante invités. Un architecte français, Thierry Despond, a été retenu pour la décoration intérieure après consultation de vingt-cinq cabinets internationaux.

Pourtant, le nouveau foyer de Gates constitue avant tout un domicile expérimental. Chaque pièce sera contrôlée par ordinateur — la température, le degré d'humidité et la sécurité étant pareillement gérés de manière électronique. Mais la demeure, équipée du *nec plus ultra* en matière de multimédia, sera surtout un réceptacle d'images et d'informations du monde entier. Bon nombre de pièces abriteront d'immenses écrans haute définition reliés à des ordinateurs surpuissants capables d'aller puiser dans d'immenses bases de données d'images. L'un des pavillons — de cinq mille mètres carrés — abritera des écrans sur 360 degrés sur les murs comme au plafond. Le seigneur du lieu pourra afficher à tout moment l'œuvre d'art de son choix. Qu'il se sente d'humeur à admirer un Rembrandt, un Picasso ou un Monet, notre amateur cybernétique affichera une peinture *ad hoc* : n'a-t-il pas acquis les droits de reproduction des chefs-d'œuvre du patrimoine mondial par le biais de sa société Corbis ? Les visiteurs de Bill et de Melinda seront conviés à expérimenter les délices de ce véritable Disneyland électronique — sur simple pression de quelques boutons de télécommande, ils pourront obtenir les films ou documents sonorisés de leur choix. La résidence privée de Bill est ainsi appelée à devenir l'endroit idéal pour effectuer des démonstrations de technologies avancées à ses visiteurs et méditer sur la société numérique du futur dans laquelle l'information sera librement distribuée à tous.

Le seul problème que rencontrent les futurs habitants de Medina concerne la technologie, qui ne progresse pas assez rapidement pour matérialiser les rêves du nouveau Getty. Les écrans géants qui permettront d'afficher les œuvres d'art avec une netteté parfaite et une absence totale de scintillement n'existent pas encore. En attendant leur naissance, un espace d'un mètre cinquante a été aménagé entre chaque mur afin qu'il soit possible d'installer à tout moment les dernières innovations en matière de vidéo. De même, les petits gadgets que les visiteurs porteront sur eux et qui contrôleront automatiquement l'éclairage et la température lorsqu'ils entrent dans une pièce, ne sont pas encore au point, la technologie ayant du mal à se mettre au diapason des anticipations du prophète de l'ère numérique.

William Randolph Hearst, le magnat de la presse, avait parcouru le globe en quête d'œuvres d'art pour sa maison de Sam Simeon. À Medina, l'art et la culture seront présents sous forme électronique. Autres temps, autres mœurs.

Les hôtes de Medina auront tout loisir d'étudier l'œuvre dont Bill s'est porté acquéreur en novembre 1994, lors d'une vente aux enchères chez Christie's, à New York. Gates a établi un record en déboursant 30,8 millions de dollars (163 millions de francs) pour l'original d'un manuscrit de Léonard de Vinci, un inventeur touche-à-tout auquel le magnat du logiciel voue une admiration sans borne. « *C'est la personnalité la plus stupéfiante que la Terre ait jamais portée* », estime Bill.

Le « Codex Hammer », document de 72 pages et de 360 dessins à l'encre, est un carnet des notes prises par l'artiste italien entre 1506 et 1510, à Florence et à Milan. Bill est devenu son troisième propriétaire recensé, après la famille du comte de Leicester (1717 à 1980) et Armand Hammer. Loin d'avoir acheté sur un coup de tête, le collectionneur de Seattle s'était patiemment documenté sur ce manuscrit et en avait même lu intégralement une traduction. Bon prince, le nouvel acquéreur a annoncé que le manuscrit ferait le tour du monde des musées.

Que compte faire Bill de son immense fortune dans ses vieux jours ? En distribuer l'essentiel — 95 % — à des œuvres de charité et à la recherche scientifique. Toutefois, afin de s'épargner quêteurs et importuns, il a clairement spécifié qu'il ne ferait rien avant ses cinquante ans. Si le nouveau marié a exprimé le désir d'avoir six enfants, il entend ne leur transmettre qu'une infime partie de sa richesse. « *Je ne veux pas leur imposer un tel fardeau. Ils en auront suffisamment pour être à l'aise.* » Lorsque David Rensin, le journaliste de *Playboy*, lui a demandé s'il leur donnerait un milliard de dollars, Gates a littéralement sursauté sur son siège. « *Vous êtes fou ! Rien de tel. 1 % de cela, peut-être... Des sommes aussi colossales sont troublantes, très troublantes !* »

CHAPITRE 23

Splendeur et misères de Microsoft

« Rome - État du Vatican. Au cours d'une conférence de presse commune organisée ce matin sur la place Saint-Pierre, Microsoft Corporation et le Vatican ont annoncé que le géant du logiciel allait procéder à l'acquisition de l'Église catholique romaine, par le biais d'un échange d'actions. Si la transaction se concrétise, ce sera la première fois qu'une entreprise de logiciels acquiert une religion majeure au rayonnement mondial.

« Le pape Jean-Paul II deviendra le vice-président de la nouvelle division Logiciel religieux de la compagnie.

« 17 000 personnes ont assisté à l'annonce ce matin sur la place Saint-Pierre, un écran de vingt mètres ayant été aménagé pour permettre à la foule de suivre l'événement, qui a été retransmis par satellite en sept cents points du monde.

« ''Nous attendons une forte croissance du marché religieux au cours des cinq à dix années à venir, a déclaré Gates. Les ressources combinées de Microsoft et de l'Église catholique vont permettre de rendre la religion plus conviviale et plus facile d'accès à un plus grand nombre de gens.''

« Par l'intermédiaire du nouveau service télématique, Microsoft Network, ''nous offrirons pour la première fois les sacrements en ligne. On pourra faire

sa communion, confesser ses péchés, recevoir l'absolution et même réduire son temps de purgatoire... sans sortir de chez soi''.

« *Une nouvelle application, Microsoft Church, comprendra un langage permettant de programmer le téléchargement de grâces célestes lorsqu'on est éloigné de son ordinateur.*

« *L'accord attribue à Microsoft les droits exclusifs pour la diffusion électronique de la Bible et de la magnifique collection d'art du Vatican.*

« *Historiquement, l'Église a eu la réputation d'un compétiteur agressif, n'hésitant pas à mener des croisades pour imposer aux peuples une évolution de leurs croyances vers le catholicisme ou à édicter des contrats de licence exclusive par lesquels tous les intéressés se voyaient inculquer le catholicisme, qu'ils aient envisagé ou non de l'adopter. Aujourd'hui, le christianisme est disponible sous diverses appellations, mais la version catholique demeure la plus utilisée.*

« *La mission de l'Église est d'atteindre* ''les quatre coins de la Terre'', *ce qui rejoint l'idéal de Microsoft :* ''un ordinateur sur chaque bureau et dans chaque maison''.

« *À long terme, a expliqué Gates, la stratégie de Microsoft sera de développer une architecture religieuse modulable, capable d'être adaptée à toutes les religions existantes. À partir d'un noyau central commun, la compagnie offrira une série d'interfaces adaptées aux diverses croyances.* »

Diffusé à grande échelle sur le réseau Internet en décembre 1994, ce communiqué de presse a fait grand bruit. Bien qu'il s'agisse d'un canular réalisé par un joyeux drille du nom de Hank Vorjes, il s'est trouvé quelques naïfs pour croire en sa véracité. Sur un forum de l'Internet dédié aux religions et au New Age (intitulé : alt. religion. newage), on pouvait lire des commentaires tels que : « *Cette annonce m'a rendue malade. Comment peut-on penser que la religion soit un produit commercialisable alors qu'elle concerne l'esprit vivant de l'amour ? » — « La véritable préoccupation de Bill n'est pas le bien-être des gens mais l'argent qu'il pourra gagner en vendant son logiciel religieux. » — « Bill, permets-moi de t'informer. Ton règne tyrannique touche à sa fin ! »*, etc.

Au-delà de son côté ubuesque, cette péripétie donne la mesure d'un nouvel état de fait. Sur les forums télématiques comme dans les fanzines branchés, Bill Gates est devenu un thème de controverse aiguë, voire de risée. Les histoires, suppositions et interprétations les plus folles circulent. Et par la nature même d'Internet, les moindres rumeurs se répandent comme une traînée de poudre. Certaines seront suffisamment alarmantes pour justifier la publication de démentis officiels par la compagnie.

Communiqués de presse factices et blagues sur Bill Gates sont devenus à la mode. En dépit de leur caractère ouvertement facétieux, ils traduisent une nouvelle tendance, qui affirme l'image caricaturale d'un magnat du logiciel doté d'un pouvoir tel qu'il se croit définitivement tout permis. Les retards successifs de la nouvelle version de Windows — baptisée Windows 95 — amplifient l'ardeur caustique des commentateurs sur les réseaux.

Parmi les blagues les plus célèbres qui circulent sur Internet figure la suivante : Bill Clinton, Boris Eltsine et Bill Gates sont conviés par Dieu qui leur fait part de Sa décision imminente d'anéantir le monde. De retour sur terre, chacun apporte la nouvelle aux masses. Le président américain explique à son peuple qu'il est porteur d'une bonne et d'une mauvaise nouvelle : « La bonne, c'est que les valeurs familiales sur lesquelles nous avons fondé notre culture étaient bien choisies, puisque Dieu existe. La mauvaise, c'est que la planète n'en a plus que pour trente jours. » Eltsine se montre plus grave : « J'ai une mauvaise nouvelle et une autre encore pire. La première, c'est que contrairement aux fondements de notre culture, Dieu existe. La deuxième, c'est que le monde va disparaître. » Bill Gates réunit son personnel et lui annonce deux très bonnes nouvelles : « Dieu existe, et il nous accorde assez d'importance pour m'avoir invité au côté des présidents russe et américain. Qui plus est, nous n'aurons pas à livrer Windows 95 ! »

Par le biais d'Internet, les devinettes ironiques font également le tour du monde. Celle qui suit est la plus connue. Question : Combien faut-il de programmeurs de Microsoft pour changer une ampoule ? — Réponse : Aucun. La société décrète que l'obscurité est le nouveau standard.

Un communiqué de presse facétieux annonce que le président de Microsoft a racheté l'intégralité de l'année 1995. « Il n'était pas possible de livrer Windows 95 à temps, commente Bill. Mais nous ne pouvions pas changer son nom sans perturber le public. Nous avons décidé que la manœuvre la plus efficace était d'acheter 1955 et de la rebaptiser Année-M. De cette façon, nous allons bénéficier d'une année supplémentaire pour la mise au point de Windows, que nous pourrons livrer au cours de la nouvelle année 1995. » Un autre pseudo-communiqué informe que Microsoft propose un programme spécial grâce auquel, pour la modique somme de 10 dollars, un utilisateur peut choisir d'être placé en suspension cryogénique ; il sera conservé en état d'hibernation jusqu'à la semaine précédant le lancement de Windows 95 !

Mais derrière l'humour se cache une situation plus inquiétante. En l'espace de quelques années, l'image de l'enfant prodige, du leader « cool » et charismatique, a cédé la place à une allégorie plus sombre. À en croire les gros titres de la presse hebdomadaire, le magnat serait animé d'une soif de pouvoir démesurée. On l'assimile à un nouveau maître du monde, à un prédateur, à Big Brother... Gary Reback, un avocat californien qui a pris la tête de la croisade anti-Microsoft, exprime ainsi ses craintes lors d'une interview télévisée. « *Si tout se passe comme prévu, une même compagnie acquerra le contrôle de vos transactions bancaires, de vos achats par voie électronique, de vos relations avec votre employeur... Demain, vous pourrez aussi bien envoyer votre déclaration d'impôts directement à Bill Gates. Voilà ce qui nous attend.* » Le très sérieux *The Economist* ira jusqu'à mettre en couverture une araignée, avec la tête de Gates, en train de dévorer les utilisateurs de PC empêtrés dans ses fils. Titre du pamphlet : « Quelle est l'ampleur du danger Microsoft ? »

Que s'est-il passé pour que Bill Gates devienne la bête noire des médias ? Plusieurs faits expliquent un tel retournement de popularité. Son accession à la position de premier milliardaire américain a mis en perspective la puissance de sa société. Aux États-Unis, en France, au Japon, comme dans le reste du monde, Microsoft truste désormais toutes les premières places en matière de logiciel — la lecture d'un hit-parade des ventes met en évidence une domination écrasante. Les enquêtes menées par la FTC, puis par le ministère de la Justice, afin de déterminer si la compagnie avait tenté d'établir un monopole, ont été accompagnées d'un vaste battage médiatique et plusieurs compagnies s'estimant victimes ont formulé publiquement leurs accusations. Face à de telles attaques, certains dirigeants de Microsoft — notamment William Neukom, responsable juridique — ont parfois contribué à ternir l'image publique de la compagnie par des déclarations maladroites, voire arrogantes. Enfin, le chemin vers la maîtrise des Autoroutes de l'Information a été jalonné de quelques faux pas. Se pourrait-il que Microsoft ait atteint un tel degré de réussite qu'elle se soit crue à jamais à l'abri des critiques ? Si tel est le cas, le géant aura manqué d'humilité et réussi à ternir une image longtemps mythique. Un regrettable gâchis, cependant compensé par l'insolence d'une progression exponentielle.

Microsoft est-elle devenue un prédateur ? Devant une telle question, Gates perd son flegme : « *En voilà assez ! Nous avons vu juste, c'est tout : que les microprocesseurs deviendraient tellement puissants qu'ils feraient du logiciel la clé absolue. Personne ne peut dire que nous ayons jalousement gardé ce secret pour nous-mêmes. Nous n'avons cessé de clamer haut et fort ce que nous étions en train de faire. Il n'y a pas eu la moindre dissimulation dans notre stratégie. Lorsque nous avons misé sur Windows, nous l'avons crié sur tous les toits. Qui pourrait nous reprocher d'avoir fait ce que nous avions dit et d'avoir réussi ?* »

Au début de l'été 1994, le ministère de la Justice travaille sur le dossier Microsoft depuis bientôt un an. Ann Bingaman, la responsable de la Division antitrust, qui a repris le dossier des mains de la FTC, a sérieusement progressé sur l'affaire. En février, l'enquête a même pris une dimension internationale lorsque la Commission européenne a annoncé sa collaboration. C'est la première fois qu'une affaire d'abus de position dominante prend une telle ampleur.

La ligne de défense du n° 1 du logiciel est organisée par William Neukom, vice-président du département juridique. En quatre années de « tracasseries gouvernementales », la compagnie a été appelée à fournir plus d'un million de documents aux commissions d'enquête. Toutefois, elle ne néglige aucune ressource pour organiser sa défense. Le cabinet qui représente Microsoft à Washington se charge d'actions de « lobbying » — visant à influencer le gouvernement. Par le biais de déjeuners, de participation aux soirées et événements officiels, elle s'applique à faire passer l'idée que les lois antitrusts promulguées au début du siècle contre les monopoles du pétrole et du chemin de fer seraient obsolètes dans le contexte d'une économie mondiale. L'application de mesures restrictives à un éditeur de logiciels nuirait non seulement à Microsoft, mais à l'ensemble du marché américain. Par ailleurs, la compagnie est en mesure d'espérer une attitude conciliante de la part du président Clinton. À l'automne de 1992, Steve Ballmer, numéro deux de Microsoft, s'est distingué en apportant officiellement son soutien au candidat démocrate, et il entretient une amitié de longue date avec le vice-président Al Gore.

Bill est-il personnellement intervenu auprès du président Clinton ? Ce qui est sûr, c'est que les deux hommes se sont rencontrés à plusieurs reprises. Ils sont même devenus suffisamment intimes pour se livrer à quelques parties de golf, immortalisées par les photographes d'agences. Clinton et Gates ont eu l'occasion de discuter de manière plus formelle lors du sommet APEC de Seattle, au printemps de 1994. De quoi ont-ils parlé au juste ? « *Des Autoroutes de l'Information et de leurs implications dans la démocratie* », répond un porte-parole de Microsoft, qui ajoute que la conversation a été fort brève. Mais Gates s'est également rendu à la Maison Blanche afin de rencontrer George Stephanopoulos et Robert Rubin, deux des conseillers économiques du président. Pendant l'une de ces discussions dont le contenu est demeuré secret, Bill Clinton aurait fait une courte apparition. Gates a également eu des entrevues avec le vice-président Al Gore, le chef du personnel de la Maison Blanche Mack McLarty et l'ambassadeur Mickey Kantor. Bien qu'il nie avoir engagé la moindre action de lobby envers la Maison Blanche, il est vraisemblable que Gates a fait tout ce qui était en son pouvoir pour faire comprendre son point de vue au chef de l'exécutif. Les arguments invoqués ? Plus de 500 compagnies se sont formées dans le sillage de Windows, créant au passage quelque 18 000 emplois. Le harcèlement de Microsoft conforterait l'image d'un Clinton « socialisant » alors même que le président démocrate tente de se débarrasser d'une telle image, à la veille d'élections législatives que tout le monde prévoit favorables aux républicains.

Au cours du mois de juin 1994, l'enquête prend une nouvelle tournure. Il se murmure de plus en plus que l'Administration commence à voir d'un mauvais œil les tracasseries infligées à l'une des entreprises les plus florissantes du continent, alors même que son credo est que la haute technologie représente le moteur de la croissance économique. Le ministre de la Justice, Janet Reno, se montre réticente à la perspective d'attaquer Microsoft devant les tribunaux. Un tel procès se prolongerait durant plusieurs années, grèverait le budget de l'État sans bénéfice d'image face à une opinion publique majoritairement favorable à la liberté d'entreprise. En outre, son efficacité serait discutable, étant donné la rapidité avec laquelle évolue l'industrie de la micro-informatique. À l'heure du verdict, le paysage du logiciel aurait connu tant de bouleversements que les motifs initiaux seraient depuis longtemps caducs. Au sein du Ministère, un consensus existe pour la recherche d'une solution à l'amiable. La suggestion est-elle venue d'en haut ? Est-elle née d'une analyse cohérente de la situation ? Toujours est-il que la fougueuse Ann Bingaman met de l'eau dans son vin et que la Division antitrust envisage soudain une porte de sortie honorable pour toutes les parties.

Du 3 au 8 juillet 1994, Ann Bingaman et ses limiers rencontrent les représentants de la Commission européenne. La responsable de la Division antitrust explique à ses interlocuteurs que le gouvernement américain veut désormais conclure cette affaire. Un accord avec Microsoft paraît la solution la plus honorable. Le ministère de la Justice obtiendra l'engagement que la compagnie renonce à ses pratiques monopolistiques et abandonne la règle consistant à vendre MS-DOS et Windows aux constructeurs sur la base d'une redevance selon le nombre de PC vendus. Microsoft devra également renoncer à imposer des quantités minima et la durée des contrats sera limitée à un an. Tous les autres chefs d'accusation sont abandonnés. Les membres de la Commission européenne émettent un avis favorable sur la politique adoptée par la Division antitrust.

Ann Bingaman est consciente que le plus dur est à venir — faire avaler la décision de conciliation à une presse économique et informatique qui, depuis de nombreux mois, se fait l'écho des préoccupations d'éditeurs tels que Novell, Lotus ou WordPerfect qui, tous, dénoncent sans ambiguïté les exactions supposées de leur ennemi commun. Afin d'étayer sa position, elle rédige un long document qui servira de base au « décret d'accord à l'amiable » que la Division antitrust entend établir.

Le document rédigé par Ann Bingaman indique en préambule que « *le ministère de la Justice des États-Unis cherche à prévenir et restreindre l'usage de contrats exclusifs et anti-compétitifs dans la commercialisation des systèmes d'exploitation par Microsoft* ». Le rapport dresse ensuite un tableau du marché du logiciel qui donne la mesure de la puissance de Microsoft. En matière de systèmes d'exploitation, elle a maintenu une part de marché toujours supérieure à 70 % depuis près d'une décennie. Au niveau mondial, 120 millions de PC utilisent le MS-DOS. Cinquante mille applications tournent sous ce système et un peu plus de cinq mille sous Windows. Bingaman met en cause les moyens employés pour parvenir à une telle suprématie. « *Bien que la compagnie soit parvenue au sommet de façon honnête et légale, elle a ensuite usé de pratiques inéquitables et illicites pour maintenir sa position dominante. Le monopole de Microsoft incite les constructeurs de PC à accepter des licences à long terme selon lesquelles ils doivent lui verser des royalties même lorsqu'ils vendent des PC contenant des systèmes d'exploitation ne provenant pas de Microsoft.* » L'affirmation s'appuie sur un chiffre : au cours de l'année fiscale 1993, les contrats de licence « par nombre de PC vendus » représentaient 60 % des ventes de MS-DOS. « *En empêchant les concurrents de proposer leurs systèmes d'exploitation aux constructeurs de PC, les contrats de Microsoft ralentissent l'innovation et privent les consommateurs d'un véritable choix* », juge Ann Bingaman, qui explique alors que l'objectif du ministère de la Justice est d'amener la Cour à déclarer illégaux de tels contrats.

En conclusion, le Ministère demande à la Cour de déclarer que Microsoft a monopolisé le commerce des systèmes d'exploitation pour PC en violation de la section 2 du Sherman Act et qu'elle a émis en la matière des contrats illégaux. La compagnie doit s'engager à cesser de manière définitive une telle pratique.

À la surprise d'Ann Bingaman, la réunion avec Gates et ses associés, pour discuter d'un accord à l'amiable, est orageuse. Plusieurs passages du rapport de la Division antitrust font bondir Bill. Il ne peut admettre de signer un pacte qui reconnaîtrait que Microsoft se serait livrée à des pratiques illégales, une accusation qu'il conteste formellement.

Devant l'impasse, Ann Bingaman finit par lancer un ultimatum : Microsoft dispose de vingt-quatre heures pour accepter l'accord à l'amiable. Faute de quoi, une plainte sera déposée et l'affaire « Gouvernement des États-Unis contre Microsoft » suivra son cours devant les tribunaux. Ulcéré, Gates se déclare prêt à affronter la justice et à se battre jusqu'au bout. En privé, il se laisse même aller à traiter les limiers de l'Administration de « communistes ». Les vice-présidents et conseillers de la compagnie vont cependant plaider inlassablement en faveur d'une signature de l'accord proposé par le ministère de la Justice. Plus de quatorze mille heures d'avocats ont déjà été consacrées au traitement de cette affaire. Un procès antitrust prendrait des proportions sans précédent et aurait des conséquences négatives sur les plans médiatique et boursier. Au pied du mur, Gates se résout à accepter la conciliation.

Pour Ann Bingaman, l'épreuve du feu se déroule le 15 juillet, lorsqu'elle annonce à la presse la décision officielle d'enterrer la hache de guerre. Le message essentiel qu'elle s'acharne à transmettre est que le Ministère a obtenu tout ce qu'il espérait. D'un ton ferme et déterminé, elle parle comme si une page de l'Histoire venait d'être tournée. « *Microsoft est une* success story *américaine. Mais aucune compagnie n'a le droit de cimenter son succès par des méthodes illégales comme l'a fait Microsoft. C'est totalement inexcusable. Leurs pratiques ont complètement verrouillé le marché. Elles n'auront plus cours.* »

Une pluie de questions s'abattent sur la représentante de la justice. Pourtant, Bingaman veut faire croire que l'heure est au soulagement général. « *Le temps de la concurrence déloyale est terminé. La compétition se fera essentiellement désormais sur des critères de prix et de qualité.* » Pour accréditer ses propos, elle ajoute que le ministère de la Justice surveillera de près les pratiques de Microsoft : la compagnie de Seattle fera l'objet d'un contrôle pendant les six prochaines années. Bingaman déclare enfin que le cas fera date dans l'histoire des affaires antitrusts. « *Il montre que les autorités américaines et européennes sont prêtes à agir de concert lorsqu'il s'agit de sanctionner le comportement de firmes multinationales qui violent les lois antitrusts des deux juridictions.* »

Janet Reno, ministre de la Justice, vient prêter main forte à Bingaman le lendemain en prédisant que l'arrangement avec Microsoft aura deux résultats. « *Il fera économiser de l'argent aux utilisateurs et leur donnera une véritable possibilité de choix en matière de systèmes d'exploitation.* » Pourtant, cette déclaration, loin d'apaiser les inquiétudes, les redouble car elle trahit une méconnaissance troublante du dossier par le ministre de la Justice.

Dans l'industrie informatique, l'ambiance est à la consternation. Plusieurs dizaines d'éditeurs attendaient une réaction d'une extrême sévérité envers une société qu'ils désignent à tort ou à raison comme responsable de leurs difficultés. Ils étaient nombreux à rêver d'un démantèlement de la compagnie ; ils doivent se contenter d'un accord à l'amiable jugé bien tendre pour le prédateur du logiciel dont plus rien ne semble pouvoir désormais freiner l'expansion. La Bourse répercute d'ailleurs la nouvelle par un bond de l'action Microsoft qui passe de 48 à 62 dollars. Par un hasard du calendrier, le 20 juillet, la compagnie annonce les résultats de son année fiscale et ils s'avèrent une fois de plus extraordinaires : 1,5 milliard de dollars de bénéfices sur un revenu de 4,65 milliards. Rick Sherlund, un analyste du cabinet Goldman & Sachs considère que désormais les jeux sont faits : « *Microsoft devrait dominer le marché du logiciel pendant les dix prochaines années.* » Pour couronner le tout, Gates se permet de réagir avec effronterie dans une interview au *Washington Post* concernant l'accord à l'amiable : « *Aucun des dirigeants des sept divisions de Microsoft ne changera ce qu'il fait, pense ou prévoit. Rien. Il y a un responsable des licences auprès des constructeurs de PC. Il lira l'accord.* »

Au sein de Novell, l'accord est interprété comme une reculade du gouvernement et le désenchantement est extrême. « *La bataille est terminée*, commente un porte-parole de la compagnie de l'Utah. *MS-DOS et Windows ont gagné.* » Quelques jours plus tard, Novell déclare qu'elle abandonne purement et simplement le développement et la vente du DR-DOS ! À quoi bon lutter ? La base installée du MS-DOS était aux alentours de 20 millions d'unités lorsque le DR-DOS a été lancé en 1989. En 1994, elle est six fois plus importante.

Ann Bingaman refuse pourtant d'accréditer le sentiment général d'une « fausse victoire » pour le gouvernement. « *Microsoft s'est battue pied à pied pendant trois enquêtes gouvernementales d'envergure — la FTC, la Commission européenne et nous-mêmes — sur une durée de quatre ans et demi* », explique la dirigeante de la Division antitrust à ComputerWorld. « *Nous étions à deux doigts de les poursuivre en justice lorsqu'ils ont capitulé. Si cet arrangement était si insignifiant, pourquoi l'auraient-ils combattu avec tant d'acharnement ?* » Elle ajoute que le ministère de la Justice aurait été « *très heureux* » de poursuivre Microsoft, mais qu'au bout du compte, elle a obtenu « *100 % de ce que nous aurions eu au bout de trois ans de procès et d'appels* ». Des arguments qui ne parviennent pas à convaincre le microcosme d'une industrie du logiciel sous le choc.

Du côté des opposants à Microsoft, l'espoir renaît lorsqu'on apprend le nom du juge appelé à statuer sur la proposition d'accord à l'amiable. Avant d'entrer en application, le décret d'Ann Bingaman doit être approuvé par un juge fédéral de la Cour du District of Columbia. L'homme qui est nommé est un juge de soixante-trois ans, Stanley Sporkin, réputé dans les milieux juridiques de Washington pour son indépendance et son obstination. Lorsqu'il opérait à la SEC (la Commission des opérations boursières américaine), Sporkin avait été surnommé Attila par ses pairs. D'autres disent de lui qu'il est l'homme le plus redouté de la ville de Washington.

Sporkin prend sa mission très au sérieux. Pour mieux se familiariser avec le sujet, il commence par lire dans le détail *Hard Drive*, un livre extrêmement critique sur Microsoft, écrit par deux journalistes indépendants sur la base de témoignages indirects. Une telle entrée en matière est de nature à le rendre soupçonneux vis-à-vis de la compagnie concernée.

La nomination de Sporkin met du baume au cœur des adversaires de la firme de Seattle. Pour ce combat d'arrière-garde, une coalition offensive est organisée à l'initiative de trois éditeurs. À Palo Alto, un cabinet de 350 avocats spécialisés dans les affaires de haute technologie, Wilson Sonsini Goodrich & Rosati, est mandaté pour préparer un rapport détaillé sur les pratiques monopolistiques de Microsoft. Ce document sera soumis au juge Sporkin afin de faire ressortir les lacunes de la décision de Bingaman et d'obtenir un rejet du décret d'accord à l'amiable. Gary Reback, avocat de 45 ans et directeur du département « high tech », prend le dossier en charge.

Plus de mille deux cents entreprises acceptent de financer cette opération de contre-attaque et, ensemble, elles déboursent 150 000 dollars. Toutes caressent un même rêve : aboutir à un procès retentissant qui s'intitulerait : « Le gouvernement des États-Unis contre Microsoft ». Fait remarquable, toutes les sociétés de la coalition choisissent d'agir dans l'anonymat, craignant d'éventuelles représailles.

À l'automne, deux événements intervenant presque coup sur coup font apparaître que Microsoft s'estime définitivement libérée des enquêtes subies pendant plus de quatre ans.

La compagnie annonce en premier lieu qu'elle va lancer un nouveau service « en ligne » (télématique et multimédia) : le Microsoft Network. Au menu :

des services de loisirs, des bibliothèques d'informations scientifiques ou éducatives, une messagerie, un accès à Internet...

L'arrivée de Microsoft sur un tel marché n'est pas étonnante en soi. Les fournisseurs de services en ligne, Compuserve, America Online ou Prodigy, connaissent une expansion sans précédent, avec plusieurs milliers de nouveaux abonnés par jour. C'est la méthode utilisée pour lancer le Microsoft Network qui paraît tendancieuse : la compagnie entend l'intégrer directement dans Windows 95. Il suffira de cliquer sur un bouton du « bureau » du nouveau système pour pouvoir consulter les services de ce réseau pendant une période d'essai gratuite. Gates annonce également son intention de casser les prix afin d'imposer au plus vite le Microsoft Network.

Du côté des fournisseurs classiques de services en ligne, la stupeur est immense. Après quinze années d'existence, Compuserve compte 2,2 millions d'abonnés. America Online, le petit qui monte, en possède près de 1,5 million. Microsoft, du fait de l'immense base installée de Windows et des nombreuses mises à jour attendues, pourrait se retrouver du jour au lendemain à la tête d'un service télématique accueillant des dizaines de millions d'abonnés — peut-être même plus que le mythique réseau Internet qui, pour sa vingt-cinquième année, compte environ 30 millions d'utilisateurs. De là à parler d'un abus de position dominante, il n'y a qu'un pas.

Mais l'annonce la plus spectaculaire survient en octobre 1994, lorsque Bill Gates annonce son intention de racheter Intuit. Depuis 1986, cet éditeur est le n° 1 des logiciels de gestion des finances personnelles. Tous les ans, au moment où les Américains doivent remplir leur déclaration d'impôts, Quicken d'Intuit grimpe en tête des ventes. Un tel logiciel permet d'effectuer une déclaration tout en calculant les formules d'abattement les plus adéquates. Quicken facilite également le suivi d'un portefeuille d'actions ou la planification d'un emprunt. Afin de s'imposer dans ce secteur, Microsoft avait développé un logiciel concurrent de Quicken, baptisé Money. Pourtant, malgré des investissements gigantesques en marketing, Money n'a pris que 10 % de parts de marché. De guerre lasse, Gates a donc opté pour le rachat d'Intuit.

Le montant que Microsoft propose de débourser pour acquérir le petit éditeur qui a farouchement résisté à ses tentatives de déstabilisation, donne la mesure de l'enjeu : 1,5 milliard de dollars — une somme supérieure de 40 % à la valeur réelle d'Intuit. Une telle générosité trahit l'importance accordée par Gates à Quicken. Son ambition à long terme est de coupler le logiciel d'Intuit avec le service en ligne Microsoft Network. Par ce rachat, la compagnie prend position sur le marché de la banque à domicile et du commerce électronique. Comme l'explique Gates : « *Bientôt, les factures de gaz ou d'électricité arriveront directement sur l'écran. Il suffira pour les accepter de cliquer sur "oui". Le changement est immense : il n'y aura plus à rédiger de chèque, ni à les poster.* » À terme, Microsoft pourrait offrir des services aussi variés que les fonds communs de placement ou des services de courtage sur son réseau. Les revenus attendus dans un tel secteur sont colossaux, puisqu'il sera possible de prélever une commission, si infime soit-elle, sur chaque transaction financière. Un rapide calcul en montre l'ampleur. Imaginons qu'à l'avenir cinquante millions d'utilisateurs de Microsoft Network règlent leurs achats de manière télématique, pour l'équivalent moyen de six mille francs par mois. Mettons que Microsoft prélève 0,2 % de commission sur chaque transaction. On aboutit à un revenu annuel de 1,5 milliard de dollars, soit le montant de l'achat d'Intuit ! Voilà qui s'appelle une opération rentable. De fait, une étude réalisée par Killen & Associates prévoit que Microsoft devrait rapidement accéder au clan des premiers fournisseurs de services de paiement électronique, avec un chiffre d'affaires annuel de deux milliards de dollars pour cette seule activité.

L'annonce ne manque pas de susciter un émoi profond dans la communauté des banquiers qui la ressentent comme une nouvelle intrusion dans leur pré carré, d'autant que Gates n'a pas caché son sentiment à l'égard des banques qu'il a traitées de « dinosaures ». Si Microsoft concrétise son pari, les banques traditionnelles pourraient voir leur rôle réduit à celui de dépositaires de l'argent et des objets précieux de leurs clients, et perdre les marchés du conseil en investissements et en placements. Les établissements bancaires ont déjà cédé du terrain sur le secteur des cartes de crédit. Au milieu des années 80, elles traitaient 90 % des transactions. Dix ans plus tard, elles n'en gèrent plus que 30 % environ. Gates insiste cependant sur son intention de travailler avec les banques, et non pas de les anéantir. Des accords sont passés avec la US Bank, la First National Bank of Chicago, la Chase Manhattan Bank ou la Michigan National Bank afin que les consommateurs puissent à terme gérer leurs comptes bancaires à distance par voie électronique.

De manière parallèle, Microsoft entre en contact avec Visa afin de développer une technologie qui rende sûres les transactions financières sur un réseau tel qu'Internet ou Microsoft Network. Le partenariat est annoncé le 18 novembre 1994 et, là encore, il apparaît que les deux compagnies percevront une redevance chaque fois que le propriétaire d'une carte de crédit effectuera un achat électronique.

En cette fin d'année 1994, l'Histoire semble s'accélérer. L'expansion de Microsoft prend une ampleur sans précédent lorsqu'il apparaît que la firme dirigée par Gates vient de remporter une nouvelle bataille : la conquête de la Chine !

L'ouverture de la république populaire asiatique au capitalisme à l'occidentale ne pouvait laisser Bill indifférent. Comment ignorer un marché potentiel de plus d'un milliard de consommateurs ? Pourtant, les relations avaient mal commencé. La version de Windows publiée en 1993 était fabriquée dans la ville de Taipei, à Taiwan, ce que les technocrates de Pékin avaient ressenti comme un affront. En outre, elle s'appuyait sur un alphabet simplifié et une suite précise de polices de caractères. Le ministère des Industries électroniques avait perçu négativement qu'une société occidentale se permette de dicter le standard dans un domaine relevant de sa compétence.

Du 21 au 24 mars, Bill avait entrepris une visite officielle à Pékin, placée sous le signe de la réconciliation. Il y avait été reçu avec les honneurs dus à un chef d'État, allant jusqu'à rencontrer Jiang Zeming, président et secrétaire du Parti. Il est vrai que le visiteur occidental était porteur d'un cadeau inestimable : ni soieries, ni cotonnades, ni or, mais de la technologie informatique — dans ses bagages, se trouvait la version chinoise du traitement de texte Word pour Windows.

Le voyage ne s'était pourtant pas déroulé sans anicroche, les officiels pékinois n'étant pas habitués à la brusquerie dont Bill peut faire preuve lorsqu'il ne maîtrise pas une situation. Au cours de l'entrevue avec le ministre des Industries électroniques, ce dernier avait insisté pour que la version chinoise de Windows soit définie par un comité officiel. Gates avait refusé catégoriquement cette proposition, tout comme celle qui l'aurait amené à vendre son logiciel à des prix élevés afin de protéger l'industrie locale. Il s'était rattrapé par des déclarations officielles d'un goût douteux, telle celle relative à la politique de la Maison

Blanche : « *Il me paraît étrange de vouloir lier le libre-échange et les droits de l'homme. Cela revient à s'ingérer dans les affaires intérieures d'un pays.* » Une logique capitaliste poussée à l'extrême, sous-tendue par la promesse de contrats juteux. « *Nous avons plus de partenariats en cours dans ce pays que dans aucun autre par le monde* », avait déclaré Gates, au cours d'une conférence de presse chinoise.

Le bilan global de ce voyage avait été infructueux, le visiteur américain ayant souvent offensé ses hôtes par son franc-parler. Le ministère chinois de l'Industrie électronique s'était finalement prononcé pour le développement d'un système d'exploitation national, plus conforme à la culture dominante.

Loin d'abandonner la partie, Gates a insisté pour reprendre les négociations avec le gouvernement chinois. Lentement mais sûrement, Charles Stevens, vice-président des opérations en Extrême-Orient, est parvenu à persuader ses interlocuteurs qu'ils ne pouvaient absolument pas échapper à Windows. L'argument massue ? Le fait que les plus grands revenus en matière de logiciel viennent des applications. « *Nous leur avons expliqué que le marché des systèmes d'exploitation représentait 3 milliards de dollars, alors qu'il était de 20 milliards pour les applications. Ils ont finalement convenu qu'ils ne pourraient entrer sur ce marché qu'en se conformant au standard de l'industrie* », rapporte Charles Stevens.

Fin octobre, un accord sans précédent est signé : il donne à Microsoft une mainmise quasi totale sur l'ensemble des PC chinois. Windows 95 — la future mouture de l'environnement logiciel — est appelé à devenir le système standard des PC en Chine. Plus rien ne paraît désormais en mesure d'arrêter l'essor du label Microsoft...

Le 14 novembre 1994, cinq ans après son discours fondateur intitulé « L'information au bout des doigts », Bill Gates est à nouveau invité à prononcer l'allocution majeure du Comdex de Las Vegas. Une fois de plus, le guilleret président explique en long et en large comment les nouvelles technologies vont « *améliorer la qualité de la vie au cours de la prochaine décennie* ». À l'entendre, tout va devenir plus facile : apprendre, travailler, faire ses emplettes, recevoir des conseils médicaux... « *La super-autoroute électronique est la perspective la plus excitante depuis l'invention du micro-ordinateur* », affirme Bill. Pour mieux faire passer le message, il accompagne son exposé d'une vidéo dépeignant le monde tel qu'il l'imagine en l'an 2005. Tous les gadgets auxquels rêve le micro-maniaque interviennent dans le scénario du feuilleton. Pour payer sa tasse de café, une inspectrice du FBI extrait de sa poche un « Wallet PC » — une tablette constituée d'un écran de verre et de quelques boutons. Dans sa voiture, la femme policier dispose d'un écran vertical ultra-plat qui lui permet de repérer sa position sur une carte de Seattle. À l'intérieur d'un appartement futuriste, une mère saisit une télécommande pour sélectionner les programmes télévisuels de son choix, à partir d'une interface à icônes : ShowBiz, Sport, Météo, Talk-show... Son fils consulte un service d'information de type Internet afin de rassembler les éléments nécessaires à un exposé sur l'art précolombien : images, films, cartes anciennes, etc.

Le fringant orateur qui n'a rien perdu de sa capacité à électriser les foules conclut sa présentation par un message qu'il veut plein d'espoir : « *J'ai souvent déclaré combien j'étais enthousiaste vis-à-vis de cette ère de l'information. Mais les perspectives sont vraiment incroyables. La réussite couronnera les compagnies suffisamment entreprenantes pour défricher de nouvelles terres. L'industrie du PC a énormément progressé, mais ce n'est rien par rapport à ce qui nous attend. Je suis plus ébloui par ces perspective que je l'ai jamais été depuis les débuts du micro-ordinateur !* »

Si le message de Gates paraît incroyablement optimiste, il ne fait qu'amplifier la crainte de voir Microsoft étendre son influence sur les moindres aspects de la société future. Qui fabriquera le Wallet PC, ce portefeuille électronique que chacun devrait avoir dans sa poche en l'an 2000 ? Des compagnies d'électronique grand public ou d'informatique telles que Sony, Casio, Apple, Hewlett-Packard... Les géants du téléphone — AT&T, les fournisseurs de réseaux cellulaires, etc. — mettront en place l'infrastructure de communication. Que fera Microsoft ? Elle se contentera de réaliser le système d'exploitation de l'appareil le plus usuel de la civilisation numérique. Le tout entrant dans le cadre d'une stratégie que le président de Microsoft affectionne depuis toujours : se rendre incontournable.

S'il manquait un signe de l'insatiable appétit de pouvoir de Gates, la volonté affichée d'absorber Intuit l'a apporté définitivement. Il est pourtant suivi d'une autre grande manœuvre. Le 21 décembre, TCI, n° 1 américain du câble, débourse 125 millions de dollars afin de prendre une participation de 20 % dans Microsoft Network. L'opération concrétise l'union sacrée de deux des plus grands acteurs des Autoroutes de l'Information. L'infrastructure nécessaire à un contrôle des transactions commerciales est en train de se mettre en place, de manière inexorable.

Mais tandis que la multinationale du logiciel tisse sa toile sur la planète, Gary Reback achève le « livre blanc » préparé à l'intention du juge Sporkin. Véritable réquisitoire, le document, rédigé par l'avocat de Wilson Sonsini Goodrich & Rosati, ne néglige aucun détail, aucun témoignage, aucune piste susceptible de présenter Microsoft sous un jour inquiétant.

L'introduction donne le ton de la charge, conduite

dans « l'intérêt public » : « *Ce rapport montrera que l'accord à l'amiable proposé par le ministère de la Justice néglige de traiter les conséquences de la très forte base installée que Microsoft s'est appropriée grâce à des pratiques illégales. Le Ministère propose de fermer la porte de l'écurie alors que le cheval s'est déjà échappé.* »

Sans ambages, Reback accuse Ann Bingaman d'avoir bâclé son travail, en négligeant de nombreuses pistes, telles la présence dans le code de Windows d'éléments secrets seuls connus des programmeurs Microsoft ou encore la pratique du « *vaporware* » (l'annonce prématurée de produits afin de bloquer la concurrence). Cette dernière accusation est d'importance — c'est sur un tel motif qu'IBM avait fait l'objet, en 1986, d'un procès qui avait mené à un compromis assorti d'une amende de 100 millions de dollars.

Reback soutient qu'en dépit de ce qu'a prédit le ministre de la Justice Janet Reno, Microsoft n'a en rien modifié ses pratiques. La situation de quasi-monopole — 85 % des micro-ordinateurs vendus — a permis à Microsoft d'augmenter librement le prix de son système d'exploitation. Au début des années 80, le MS-DOS était vendu entre 2 et 5 dollars la copie. En 1988, le tarif se situait entre 25 et 28 dollars. Or, le prix demandé pour Windows 95 atteindrait jusqu'à 70 dollars. « *Six mois après la proposition d'accord à l'amiable, Microsoft a presque doublé le prix de vente de son système d'exploitation. De plus, au lieu de rendre le secteur plus concurrentiel, l'accord à l'amiable a amené Novell à retirer le DR-DOS du marché, parce que la bataille semblait définitivement perdue.* »

Le désir d'établir un monopole serait patent chez l'éditeur de Seattle, et Reback en veut pour preuve cette déclaration effectuée en 1991 par Mike Maples, un ancien cadre d'IBM devenu vice-président de

Microsoft et qui n'a jamais brillé par sa finesse : « *Si quelqu'un pense que nous n'en voulons pas à Lotus, WordPerfect ou Borland, qu'il se détrompe. Mon poste consiste à obtenir une part honnête du marché des applications. Dans mon idée, cela signifie 100 % du marché.* »

L'avocat s'applique ensuite battre en brèche le mythe d'une prétendue « muraille de Chine » entre les divisions Applications et Système : « *Du fait qu'elle contrôle l'architecture du système d'exploitation, Microsoft peut aisément rendre obsolète ou inopérant Lotus 1-2-3, en pratiquant simplement un changement mineur dans l'architecture.* » Il évoque alors le fait qu'en février 1991, la version 3.0 d'Excel gérait une fonction d'échange d'informations (baptisée OLE), alors que les éditeurs concurrents venaient tout juste de recevoir les spécifications leur permettant d'intégrer OLE dans leurs propres logiciels.

En conclusion de son réquisitoire d'une centaine de pages, Reback appelle la Cour à rejeter le décret d'accord à l'amiable et préconise le démantèlement de Microsoft en plusieurs compagnies, tout comme cela est arrivé à AT&T au début des années 80.

À la fin de 1994, à un mois du jugement qui doit entériner l'accord défini avec le ministère de la Justice, Bill Gates commente l'événement avec sérénité pour un reporter du *Financial Times* : « *Lorsqu'une compagnie remporte un succès tel que le nôtre, elle peut raisonnablement s'attendre à ce que les organismes régulateurs la passent au crible afin de vérifier si elle agit de manière compétitive. Il n'y a pas beaucoup de sociétés qui aient été obligées de soumettre tous leurs messages électroniques et tout ce qu'ils ont fait à un examen aussi minutieux.* » Un discours qui revient à dire que si Microsoft est sortie indemne des enquêtes menées par deux agences gouvernementales, c'est qu'elle n'avait presque rien à se reprocher.

Mais lorsque le juge fédéral Stanley Sporkin reçoit le rapport de Gary Reback le 11 janvier, ce qu'il y découvre conforte ses propres présomptions. En outre, deux autres groupes de pression lui ont soumis des dossiers accablant Microsoft : IDE Corporation et la Computer & Communications Industry Association.

Le 20 janvier, Ann Bingaman, qui est appelée à venir soutenir la validité de l'accord à l'amiable, se retrouve face à un juge hors de lui, qui accuse les avocats de Microsoft de lui mentir et affirme que les équipes d'Ann Bingaman ont péché par incompétence. « *Il ne faudrait pas me prendre pour un imbécile* », tempête l'homme de loi. D'une voix tremblante, la représentante du gouvernement défend son dossier, arguant que le ministère de la Justice a sué sang et eau avant de parvenir à un accord qui agrée à toutes les parties. Sporkin exhibe les documents obtenus par l'intermédiaire de Gary Reback, qui font apparaître la pratique du « *vaporware* » (annonces prématurées pour bloquer un produit concurrent), et demande si la Division antitrust en avait connaissance. Bingaman répond par l'affirmative mais refuse catégoriquement d'entrer dans le détail. Au sortir de l'audience, il ressort clairement qu'Attila n'entend pas expédier l'affaire en douceur ainsi que l'aurait souhaité l'administration Clinton. En dernière minute, Michael Spindler, président d'Apple, apporte de l'eau au moulin sous la forme d'une lettre de trente-six pages adressée à Stanley Sporkin, où il prétend que son entreprise a dû attendre un an avant d'obtenir les spécifications de Windows 95, celles-ci étant nécessaires pour la compatibilité de son propre système d'exploitation.

Le 14 février 1995, Stanley Sporkin déclare que la Cour rejette l'accord à l'amiable, et détaille les raisons de cette décision dans un mémorandum au vitriol qui s'étend sur quarante-cinq pages. « *Si la Cour signe le décret qui lui est présenté, cela signifiera que Microsoft est devenue si puissante que ni le marché, ni le gouvernement ne sont en mesure d'intervenir dans ses pratiques monopolistiques.* »

Sporkin renvoie le ministère de la Justice à ses devoirs, afin qu'une enquête plus approfondie concernant des pratiques anti-concurrentielles telles que le « *vaporware* » soit menée. Il juge regrettable que la Division antitrust n'ait pas dévoilé ce qu'elle avait découvert en la matière, et cite deux exemples empruntés au rapport de Gary Reback, montrant que la compagnie se livre volontairement à des annonces prématurées de produits. Il s'ensuit un réquisitoire d'une rare agressivité :

« *La Cour ne peut ignorer ce qui saute aux yeux. Nous avons là une firme dominante de l'industrie du logiciel qui reconnaît effectuer des pré-annonces pour geler le marché et faire échouer les plans marketing de concurrents disposant de produits prêts pour la vente. Microsoft admet qu'une telle pratique a pour seul but de causer un impact négatif pour le produit d'un concurrent. Le gouvernement a décrété qu'une telle pratique ne violait pas les lois anti-trust à moins que les pré-annonces ne soient intentionnellement fallacieuses. De toute évidence, le gouvernement a adopté un critère d'évaluation condamnable, et choisi d'ignorer qu'il avait les pleins pouvoirs pour interdire des pratiques répréhensibles [...].* »

« *Lorsque la Cour a donné à Microsoft l'occasion de désavouer cette pratique par un engagement, elle s'y est refusée. La Cour ne peut signer un décret d'accord à l'amiable en sachant que l'accusé a la ferme intention de poursuivre ses pratiques anti-concurrentielles [...], sans que le gouvernement pro-*

duise une explication complète de son absence de réaction. »

Le coup d'éclat du juge Sporkin est accueilli avec soulagement dans la communauté informatique et Gary Reback se fait l'écho du sentiment général : « *Les gens prétendaient qu'il était impossible d'agir contre Microsoft. La preuve est faite du contraire. La question que doit désormais se poser le gouvernement est la suivante : comment voulons-nous que l'Autoroute de l'Information fonctionne ?* »

Toutefois, par un extraordinaire retournement de la situation, Janet Reno vient à la rescousse de Microsoft en indiquant qu'elle fait appel de la sentence du juge Sporkin. Le ministre de la Justice récuse le juge fédéral, pour le motif que « *le rejet par Sporkin de l'accord pourrait nuire à la capacité du gouvernement de négocier de futurs arrangements avec d'autres compagnies* ». Le juge se fait peu d'illusions sur l'issue d'un tel appel. « *Le gouvernement américain renvoie une triste image. Il n'est ni capable ni réellement désireux de combattre avec efficacité ce qui apparaît comme une menace pour l'équilibre économique de la nation* », déclare-t-il à l'*Information Week* du 27 février 1995.

Plus rien ne semble en mesure d'arrêter le missile Gates. Le 22 mars, le monde apprend qu'il s'est associé avec Dreamworks, la société de production cinématographique née en octobre de l'union de trois enfants terribles du show-business. Steven Spielberg, dont la fortune s'élève à 600 millions de dollars, a créé les plus grands succès du cinéma, *Jurassic Park, E.T., Les Aventuriers de l'arche perdue*. David Geffen, fondateur de Geffen Records, a découvert les Eagles, Nirvana, Guns & Roses et l'acteur Tom Cruise. Il pèse un milliard de dollars. La performance de Katzenberg a consisté à redynamiser Disney avec des réussites commerciales tels *Le Flic de Beverley Hills, Pretty Woman* ou les dessins animés long métrage *Aladdin* et *Le Roi Lion*. Ses avoirs — sous forme d'actions Disney — dépassent les cent millions de dollars. Ensemble, les trois francs-tireurs ont créé la première « *major* » à voir le jour depuis une cinquantaine d'années.

En dépit de leur fortune personnelle, Spielberg, Geffen et Katzenberg ont dû aller à la pêche aux dollars, la création d'un studio impliquant de réunir des fonds énormes. Le contact avec des acteurs de l'industrie informatique entre dans la logique de Dreamworks qui se veut le prototype de l'entreprise multimédia du XXIe siècle. Si le studio doit produire en premier lieu des films — vingt-quatre d'ici l'an 2000 — émissions de télévision, disques, jeux et logiciels interactifs sont dans ses cartons.

Dès l'annonce de la formation de Dreamworks, Gates est entré en contact avec ses trois fondateurs. La première entrevue a lieu en janvier. « *Nous hésitions à le rencontrer et à travailler avec lui à cause de sa réputation*, rapporte Spielberg au magazine *Time. Les gens m'avaient dit de me méfier de ses mâchoires de requin. Mais dès qu'il est entré, ma perception a changé. J'ai vu un gentil garçon qui aurait plu volontiers à ma mère.* » Au départ, Gates désarçonne ses interlocuteurs par sa vision informatique des choses. Lorsque Katzenberg explique qu'il faut rassembler 400 animateurs pour réaliser un dessin animé tel que *Le Roi Lion*, Bill jette abruptement : « *Pourquoi ne pas réduire l'équipe à 40 personnes et faire le reste sur ordinateur ?* » À ces mots, Katzenberg tique : peut-on décemment faire entrer dans l'usine à spectacle un technicien qui méprise le facteur essentiel de Hollywood — la créativité ? Mais il réalise peu à peu que l'invité de Seattle se plaît à tester la réaction de ses associés potentiels par ses questions et remarques à l'emporte-pièce. Katzenberg se montre finalement séduit par sa ténacité. « *Pour lui, "non" n'est pas une réponse. S'il ne peut entrer par la porte, il passera par la fenêtre, par la cave ou par le grenier. Je n'ai rien contre une telle méthode. C'est également la nôtre et, donc, je la respecte.* » Steven Spielberg est lui aussi convaincu par l'ardeur de Gates. « *Même s'il lui est arrivé de dire des choses qui me passaient au-dessus de la tête, son enthousiasme était communicatif.* » Le débonnaire réalisateur se déclare enchanté de l'entrée d'un tel coéquipier dans l'aventure multimédia : « *Il serait insensé d'aborder le secteur de l'interactivité sans Microsoft. C'est la meilleure compagnie du monde.* » Il ne reproche qu'une chose à Gates : « *Son monde est fermé à la magie alors que, dans le nôtre, c'est un ingrédient essentiel.* »

Microsoft s'engage à une prise de participation minoritaire dans Dreamworks, aux alentours de 5 % — soit cent millions de dollars. Paul Allen a ouvert la voie en apportant cinq cents millions de dollars dans le capital du nouveau studio.

Une nouvelle société naît de la fusion, Dreamworks Interactive. Dotée d'un capital de cent millions de dollars, elle se spécialisera dans la conception de logiciels multimédia et de jeux interactifs dont les personnages seront issus de films maison. Les premiers titres sont prévus pour la fin de 1996. « *Notre rôle à Steven et à moi consistera pour l'essentiel à aller discuter avec les équipes responsables des produits afin qu'elles nous présentent leurs projets* », explique Gates. Hollywood était le seul secteur dans lequel il ne s'était pas encore immiscé. À présent, il est partout...

Est-ce pour raffermir son image jugée trop indulgente et rattraper la publicité négative qui a rejailli sur son cabinet ? Toujours est-il que, le 27 avril 1995, Ann Bingaman attaque Microsoft en justice à propos du rachat d'Intuit. La plainte est motivée par la crainte que le groupe appelé à naître d'une telle fusion contrôle la quasi-totalité du marché des logiciels de gestion des finances personnelles. Il serait alors en mesure de dicter sa politique de prix, de freiner l'innovation et d'étrangler la concurrence. La plainte est justifiée par un mémo de treize pages agrémenté de plusieurs notes internes, récupérées par le Ministère, qui révéleraient clairement les ambitions hégémoniques de Microsoft. Une fois n'est pas coutume, la Justice se montre empressée à agir et le procès est prévu pour le 26 juin. Microsoft jette finalement l'éponge vers la fin mai en annonçant qu'elle abandonne son projet d'acquisition d'Intuit. Le mastodonte serait donc capable de reculer face à une réelle opposition ?

La déconvenue est compensée par une amère victoire. Le 16 juin 1995, le juge Laurence Silberman déclare que l'accord à l'amiable a été émis dans « l'intérêt public » et que le juge fédéral Sporkin a outrepassé son autorité en exigeant d'en savoir plus sur l'enquête, sur les discussions ayant abouti à un accord, sur les projets d'investigation, et en exprimant son opposition. Le juge Sporkin se voit retirer le dossier pour le motif qu'il lui serait désormais difficile de faire abstraction de ses préjugés. Dans une déclaration écrite, Laurence Silberman estime que Stanley Sporkin a « *ridiculisé le pouvoir judiciaire* » et lui reproche d'avoir permis à des compagnies informatiques de jetter le doute sur l'accord à l'amiable en agissant de manière anonyme. Les trois juges qui étaient appelés à se prononcer sont unanimes sur la nécessité de renvoyer l'affaire à une juridiction inférieure, avec ordre d'approuver l'accord à l'amiable.

William Neukom commente ce jugement d'une phrase hypocrite : « *Il est regrettable que certains de nos concurrents aient cherché à utiliser la voie gou-*

vernementale plutôt que le marché pour se battre. » Gates se contente d'une réflexion cynique : « *Nous ne reverrons peut-être plus jamais Sporkin.* »

La décision de la cour d'appel laisse un arrière-goût de partialité aux commentateurs et éditorialistes. Stanley Sporkin était peut-être allé trop loin, sous l'impulsion d'un dossier préparé de manière outrancière par Gary Reback. Mais il avait agi en toute intégrité, et méritait pour le moins le respect de ses pairs. Le vieux juge aura beau jeu de citer l'écrivain Philip K. Howard, auteur du livre *La Mort du sens commun* : « *La justice conçue pour rendre la vie des Américains plus sûre et plus juste est maintenant devenue une ennemie du peuple.* » Indépendamment des griefs imputables ou non à Microsoft, le gouvernement américain semble avoir choisi en la matière une porte de sortie pitoyable. Et peut-être marqué la fin d'une époque où le logiciel était régi par la folle magie de la créativité pour inaugurer celle, plus mature et prosaïque, des manœuvres politiciennes.

CHAPITRE 24

1995, l'année de tous les anniversaires

1995 est une année particulière, marquée par trois anniversaires qui sont autant d'entrées dans une nouvelle décennie : Windows a dix ans, Microsoft vingt et Bill aborde la quarantaine. Elle est aussi ponctuée par plusieurs échéances cruciales.

Au mois d'août, Microsoft souffle sa vingtième bougie. En 1995, elle se porte comme un charme. Les revenus de l'année fiscale frôlent les 6 milliards de dollars. Le bénéfice d'1,45 milliard de dollars (7,1 milliards de francs) est très largement supérieur au chiffre d'affaires de Lotus. Certes, les sources de recettes ont bien changé. Elles proviennent pour plus des trois quarts des « mises à jour » de logiciel : l'achat d'une nouvelle version de Windows, Word, Excel... Ce nouveau *modus operandi* se traduit par une plus faible croissance, aux alentours de 28%. Les expansions records qu'a connues la compagnie — plus de 50% chaque année — appartiennent au passé.

La société de Bill Gates se classe au 250e rang des entreprises américaines en termes de chiffre d'affaires. Elle paraît encore relativement petite, comparée à un géant tel qu'IBM, que ses revenus de 64 milliards de dollars placent en septième position du classement de *Fortune*. Mais la confiance des investisseurs est clairement du côté de Microsoft ; sa capitalisation boursière — proche de 50 milliards de dollars — est presque équivalente à celle de Big Blue, et l'horizon paraît toujours plus ensoleillé.

Le campus de Redmond s'étend sur cent cinquante hectares et abrite vingt-six bâtiments. Il est toujours étonnant de prendre le pouls de cette fourmilière de petits bureaux juxtaposés dans lesquels s'activent des programmeurs dévoués corps et âme à « optimiser » des millions de lignes de programmes. Le visiteur se voit désormais remettre un curieux dossier où l'on apprend que l'ensemble de cette population absorbe le chiffre impressionnant de onze millions de boissons et fait cinquante-deux millions de photocopies par an ! Le nombre d'employés présents à Redmond dépasse les neuf mille quatre cents, Microsoft employant dix-sept mille personnes au niveau mondial — le nombre a plus que triplé en l'espace de cinq ans. La compagnie paraît un peu plus « sérieuse » que par le passé, un état de fait dû au vieillissement global du personnel — l'âge moyen est désormais de 33 ans. Ceux qui avaient rejoint le bateau dans les années 80 se sont mariés et ont des enfants. Gates est d'ailleurs préoccupé par ce phénomène qui engendre une tendance à l'embourgeoisement et il se montre sensible au recrutement de troupes fraîches. « *Le grand atout de la jeunesse est la connaissance partielle. Lorsque vous manquez de perspective, vous êtes amené à imaginer des analogies afin de remplir le vide. Les jeunes sont donc davantage aptes à faire émerger de nouvelles idées.* » Fort heureusement, ce n'est pas la demande qui manque : la maison mère reçoit plus de cent mille candidatures par an, et certains postulants se déclarent prêts à réduire leur salaire de 25% dans l'espoir de se faire embaucher.

Le 28 octobre 1995, Bill a quarante ans. Que de chemin parcouru pour le gamin de Seattle qui, avec son compère Paul Allen, adorait programmer en BASIC et s'est lancé à corps perdu dans la création de logiciels pour l'Altair et les micro-ordinateurs qui ont suivi... Il y a eu ensuite l'IBM PC et la chance représentée par le MS-DOS qu'il a su saisir au bond, puis la longue croisade pour imposer Windows au milieu de l'indifférence générale, avant le triomphe absolu. D'innombrables voyages en avion, pour s'en aller interminablement plaider la cause de Windows, d'Excel ou des CD-ROM. Quelques blondes fiancées avant de trouver l'âme sœur en la personne de la brune Melinda... La radieuse entrée en Bourse a fait de Bill l'un des hommes les plus riches des États-Unis, mais le décollage effréné de Microsoft a engendré des enquêtes de la FTC et du ministère de la Justice.

La quarantaine est une étape importante dans la vie d'un leader dont une partie de l'aura est longtemps venue de l'insolente jeunesse. Le nouvel allié Steven Spielberg raconte qu'il a lui-même fort mal vécu de devenir « quadra » : « *Du jour au lendemain, je n'étais plus le jeune prodige du cinéma...* » Même si Gates conserve une apparence juvénile, il avoue être sensible au poids des ans, qui l'oblige à dormir raisonnablement pour demeurer en forme, alors qu'à dix-huit ans, il lui arrivait de ne sommeiller que quelques heures sur plusieurs jours.

Bill a souvent déclaré qu'il envisageait de se retirer des affaires, une fois la cinquantaine venue. Il est pourtant difficile de l'imaginer entamant un compte à rebours, dérivant doucement vers une vie tranquille de père de famille comblé. Les enjeux de la civilisation multimédia donnent un rayonnement planétaire à ses visions et paraissent, plus que jamais, de nature à stimuler son intellect.

Le magazine *Forbes* a offert un joli cadeau d'anniversaire à Gates — avec quelques mois d'avance — en annonçant dans son édition de juillet qu'il était désormais l'homme le plus riche du monde avec des avoirs s'élevant à 12,9 milliards de dollars. Son ami

Warren Buffet lui emboîte le pas avec un ensemble d'actifs évalués à 10,7 milliards. Le magazine a écarté du classement les rois, princes et autres chefs d'État dont la richesse provient d'un héritage plutôt que d'une activité économique. Faute d'une telle mesure, le sultan de Brunei serait à la première place avec ses 30 milliards de dollars tirés des revenus pétroliers. Les médias du monde entier retiennent que Bill est désormais la première fortune de la planète.

Même si le milliardaire de Seattle a conservé sa tranquille indifférence pour son opulence financière, sa richesse est un indice incontournable. Elle manifeste à tous, du *vulgum pecus* jusqu'aux élites, la réalité d'une trajectoire à nulle autre pareille, d'une telle fulgurance qu'elle semble balayer critiques et sermons. Peu après la parution du classement de *Forbes*, Gates se livre d'ailleurs à un étonnant numéro d'autodérision en acceptant de tourner une publicité pour Coca-Cola. La réclame montre un individu dans la pénombre travaillant tard le soir sur son ordinateur. Alors qu'il tend la main vers la bouteille posée sur le bureau, il découvre que celle-ci est vide. Il arpente un couloir désert, jusqu'au distributeur de Coke, et s'aperçoit alors que ses poches et son portefeuille sont vides. La caméra révèle alors le visage de Bill, qui lance un appel dans le couloir : « *Hello ! Est-ce que quelqu'un aurait de la monnaie pour un Coke ? Je vous rembourserais.* » En participant à une telle publicité, Bill prend le parti de traiter par l'humour sa terrible condition d'homme le plus riche du monde. Une évolution étonnante de son état d'esprit.

L'omniprésent Windows fête ses dix années d'existence en novembre. En attendant l'entrée dans l'ère du tout-numérique, l'environnement graphique demeure la principale source de revenus de Microsoft. En cette année 1995, sa suprématie est totale — il s'achemine vers les cent millions d'exemplaires vendus.

Pourtant, quelque chose n'a pas changé... La nouvelle version — baptisée maladroitement Windows 95 — est une fois de plus en retard. Annoncé en fanfare en novembre 1993 par un Bill qui semble ne pas retenir la leçon du passé, le logiciel censé libérer la puissance des PC était prévu pour l'automne de 1994. « *Il sera très amusant d'atteindre cette cible* », avait même déclaré son optimiste concepteur. Une fois de plus, la tâche s'est avérée bien plus complexe que prévu. Il est vrai que le nouveau système 32-bits se targue d'être « *Plug and Play* » (on branche et ça marche) : il doit être capable de reconnaître n'importe quelle carte et de la faire fonctionner sans intervention de l'utilisateur.

La sortie de Windows 95 est finalement arrêtée pour le 24 août et les oracles se montrent extraordinairement optimistes. *Infocorp* va jusqu'à prédire la vente de 62 millions de copies dans les douze premiers mois. À titre de comparaison, rappelons que Microsoft avait livré 7,5 millions d'unités de Windows 3.1 pour une même période. Plus modérée qu'*Infocorp*, *Dataquest* prévoit tout de même 50 millions d'exemplaires écoulés en un an, dont 14 millions au cours des premières semaines. Plus raisonnables encore, les estimations de Microsoft se contenteraient d'une quinzaine de millions de copies sur l'année. En mettant les choses au pire, le nouveau venu ferait entrer à lui seul un milliard de dollars dans les caisses de la compagnie, dès la première année.

Le 6 juin, un groupe de consommateurs forme le « Comité de lutte contre Microsoft » avec pour objectif de déposer des plaintes pour escroqueries dans les cinquante États des États-Unis, et d'obtenir l'interdiction de la vente de Windows 95. Andy Martin, qui préside le Comité, jure ses grands dieux que ce logiciel sera « *la plus grande tromperie commerciale de l'histoire* » si ses ventes ne sont pas bloquées par les autorités régulatrices. Pourquoi tant de hargne ? Parce que, selon le Comité de lutte contre Microsoft, Windows 95 ne fonctionnerait pas sur les PC les plus répandus — équipés d'un microprocesseur i486 d'Intel et de 4 méga-octets de mémoire. Martin appuie ses dires sur un article paru dans le *Wall Street Journal* et appelle au boycottage international de Windows 95. Gates se refuse à tout commentaire, se contentant de faire savoir que ledit Anthony Martin est affilié au parti nazi américain.

Une ombre bien plus menaçante pèse sur le futur de Windows 95. Ann Bingaman, responsable de la Division antitrust au ministère de la Justice, semble désespérément chercher sa revanche pour l'humiliation subie lors de son désaveu par le juge Sporkin. Elle affirme que son ministère est devenu « *un centre de plaintes contre Microsoft* ». Par bonheur pour Gates, elle ne disposerait pas des ressources suffisantes pour suivre toutes les pistes. Il demeure qu'entre Ann et Bill, l'atmosphère est à l'orage.

En juin 1995, le cheval de bataille du ministère de la Justice est le service en ligne (télématique et multimédia) Microsoft Network que Gates a choisi d'intégrer dans Windows 95. America Online est à l'origine de la nouvelle plainte. Deuxième acteur du marché des services en ligne, cette société connaît une croissance phénoménale — plus d'un million de nouveaux abonnés durant le premier semestre — et se rapproche du n° 1, Compuserve, qui, au bout de quinze ans d'existence compte 3,2 millions d'utilisateurs. De manière générale, le secteur en ligne connaît un formidable boom avec 8,5 millions d'abonnés à la mi-95, plus de dix mille nouvelles inscriptions par jour et une croissance annuelle de 30%. Seulement voilà... À en croire une étude menée par Luntz Research, en plaçant Microsoft Network au cœur de Windows 95, la compagnie de Redmond pourrait enregistrer entre 11 et 19 millions d'abonnements dès la première année. Elle deviendrait donc immédiatement le n° 1 du secteur télématique. « *Tout ce que nous demandons est un terrain de jeu équitable* », explique Steve Case, président d'America Online. « *Microsoft doit enlever son Network de Windows 95, ou bien intégrer le lien vers d'autres services interactifs tels que le nôtre afin que l'utilisateur puisse opérer son propre choix.* » À cette accusation, Bill Gates choisit de répondre avec violence : « *Dans combien de magazines America Online n'a-t-elle pas proposé la disquette de connexion à son service ? Regardez dans votre poubelle et je suis sûr que vous en trouverez trois ou quatre.* » Il ajoute, plus sérieusement, qu'il n'a jamais protesté lorsque America Online et Compuserve ont conclu des accords avec des constructeurs tels que IBM, Compaq ou Packard Bell.

Dans sa nouvelle enquête, à laquelle s'est jointe la Commission européenne, l'administration américaine cherche à déterminer si le géant de Redmond abuserait de sa position dominante pour créer un monopole. La réaction de Microsoft ? « *De telles allégations sont franchement ridicules. Comment peut-on dire qu'un produit aurait des effets monopolistiques alors qu'il n'est même pas encore sorti ?* » Étant donné l'urgence de la situation — le nouveau Windows sort en août — la Division antitrust exerce une énorme pression sur la compagnie qui se voit submergée par une avalanche de requêtes en tout genre. À combien estime-t-elle le nombre d'abonnés potentiels de Microsoft Network ? Quelles sont les compagnies contactées pour offrir de l'information ? Qui fera la publicité ? Quels seront les tarifs ? Quelle est la nature des accords établis avec le géant du câble TCI, le réseau télévisé NBC, AT&T, MCI et avec Sprint — troisième compagnie de téléphone régional ?

Microsoft dénonce l'ampleur de ces exigences et le zèle des agents du gouvernement. « *Nous protestons contre cette dernière attaque, dans ce qui apparaît de plus en plus comme une campagne de harcèlement contre Microsoft* », dit un communiqué qui signale le dépôt d'une pétition auprès du tribunal de New York mettant en cause le gouvernement fédéral de Washington et demandant le rejet de la requête du ministère de la Justice. La nouvelle enquête de Washington va jusqu'à faire peser une menace sur la sortie officielle de Windows 95 prévue pour le 24 août. Une fois n'est pas coutume, plusieurs éditeurs de logiciels — parmi lesquels Corel et Symantec — et constructeurs de PC assaillent le ministère de la Justice, le suppliant de ne pas contrecarrer les projets de Microsoft. « *La moitié de notre chiffre d'affaires pour le trimestre en cours est suspendue au lancement de Windows 95* », explique Gordon Eubanks, président de Symantec. L'événement prend même une tournure politique lorsque le très conservateur Bob Dole, chef de la majorité républicaine au Sénat, dénonce publiquement « *l'excès de zèle* » du ministère de la Justice et propose une interprétation populiste des faits. « *Une compagnie développe un produit qui plaît aux consommateurs. Là-dessus, le gouvernement intervient et entreprend de dicter les termes selon lesquels ce produit devra être promotionné et vendu. Pincez-moi ! Je pensais que nous étions encore en Amérique.* »

Fin juillet, Gate est reçu à la Maison Blanche par Bill Clinton. Nul ne sait quelle a été la teneur exacte de leurs propos. Il semblerait pourtant, à en croire une source interne, que le président de Microsoft ait brandi une ultime carte pour faire valoir sa cause. Seattle ne se trouve qu'à quelques centaines de kilomètres de la frontière canadienne. Si les tracasseries gouvernementales devaient se prolonger au-delà du tolérable, Microsoft pourrait être tenté de trouver asile sur une terre plus accueillante. Les États-Unis perdraient ainsi une entreprise modèle, championne à l'exportation. Le message a été reçu. Le 9 août, le ministère de la Justice annonce que l'enquête relative à Microsoft Network ne peut aucunement déboucher sur une action concrète avant le 24, donnant implicitement le feu vert pour le lancement de Windows 95. Le soulagement est général dans l'industrie.

Quatre jours avant le lancement officiel, le juge Penfield Thomas Jackson entérine l'accord proposé par le ministère de la Justice en août 1994. Lors de l'audience, Jackson demande aux représentants de Microsoft s'ils désirent apporter une modification de dernière minute. William Neukom, responsable juridique, demande que le décret soit rétroactif et prenne effet au 15 décembre 1994 — le ministère de la Justice est censé surveiller les activités de Microsoft pendant une période de six ans et demi. Le juge déclare qu'il refuse cette requête, puis entérine l'accord. L'audience qui annule le coup d'éclat de Sporkin n'a duré en tout et pour tout que dix-sept minutes !

Pour sa part, Ann Bingaman ne semble pas prête à lâcher prise — n'a-t-elle pas obtenu gain de cause lors du différend concernant l'acquisition d'Intuit ? La tension entre Microsoft et le ministère de la Justice est montée à un point tel qu'il paraît raisonnable d'envisager une intensification des enquêtes. Les experts juridiques américains s'attendent à une guerre à très grande échelle, qui pourrait déboucher sur le procès tant attendu par de nombreux éditeurs.

Mais qu'importent, les vicissitudes et l'agitation juridique... Lorsqu'il apparaît enfin le 24 août, Windows 95 fait la une des quotidiens du monde entier, du *Financial Times* à *Libération* en passant par le *Herald Tribune*. Windows est devenu un phénomène majeur pour l'avenir planétaire et les rédactions internationales en prennent acte, lui accordant sans réserve leurs manchettes. *PC Magazine* publie les résultats d'une enquête auprès de ses lecteurs : à la question « *Allez-vous effectuer la mise à jour vers*

Windows 95 ? », 75% ont répondu de manière positive. Il ressort de ce sondage que Microsoft sera loin d'être le seul à bénéficier d'un tel engouement : 41% des lecteurs de *PC Magazine* entendent profiter de l'occasion pour acquérir de nouveaux accessoires — mémoire, disque dur, etc. — pour leur micro-ordinateur. En prévision de la demande, Microsoft a fait livrer près de 10 millions d'exemplaires de Windows 95 aux détaillants.

L'émotion est à son paroxysme lors de la nuit du mercredi 23 au jeudi 24 août, pour la « *Midnight Madness* » (« folie de minuit »). À New York, l'Empire State Building est illuminé aux couleurs rouge, jaune et vert de Windows 95. Phénomène nouveau, les fans de Windows, incapables d'attendre jusqu'au matin, font la queue devant les boutiques d'informatique pour acquérir leur copie dès la sortie officielle, le 24 août à minuit ! Les 86 magasins de la chaîne CompUsa, les 164 boutiques Egghead et les 79 « *Computer Stores* » de Tandy demeurent ouverts pour l'occasion. Dans les magasins de CompUsa, en plus d'une pizza gratuite, une réduction de 95 dollars sur un billet d'avion American Airlines est proposée à tout acheteur de Windows 95. Pour ne pas être en reste, Tandy offre des places de cinéma et des entrées pour des manifestations sportives, ainsi que 95 dollars à des clients tirés au sort.

Le lancement officiel a lieu au siège de la compagnie, à Seattle, devant le gratin de l'industrie micro-informatique, avec une retransmission par satellite pour un public évalué à 40 000 personnes. À Redmond, l'atmosphère évoque un carnaval, avec jongleurs, forains et grande roue. Trois mille visiteurs triés sur le volet — parmi lesquels cinq cents reporters — sont de la fête. Au-dessus des tentes géantes aménagées pour la réception des invités, un avion promène dans le ciel une bannière flamboyante portant la mention : « *Windows 95, voulez-vous m'épouser ?* » Plus de deux cents entreprises sont venues présenter des produits spécialement adaptés au nouveau système. Sony Music fait la démonstration des premiers CD Plus, des disques compacts de Maria Carey et de Bob Dylan pouvant être normalement utilisés avec une chaîne hi-fi, mais qui dévoilent des images vidéo lorsqu'ils sont lus sur un PC.

Bill est plus que jamais sur un nuage. À l'entendre, Windows 95 va parachever la pénétration du micro-ordinateur dans les foyers, et rendre cet objet aussi répandu que le téléviseur. « *Nous entrons dans la nouvelle ère de l'informatique, une ère placée sous le signe de la communication, avec la messagerie et les services télématiques, de l'éblouissant multimédia, avec des jeux et des logiciels éducatifs plus riches. Windows 95 est la porte d'entrée vers ce nouveau monde.* » Bill va jusqu'à s'étonner du retentissement du logiciel. « *Windows 95 est un phénomène unique. Je ne connais pas un seul produit qui ait reçu autant d'attention. Connaissez-vous un produit pour lequel un magazine ait fait sa couverture en titrant : Est-ce que l'on ne parle pas trop de Windows 95 ? C'est effarant de penser qu'un journal ait considéré qu'il y avait une trop grande couverture médiatique pour Windows 95 et que, pour finir, il ait effectué un reportage là-dessus ! C'est tout de même trop drôle !* »

Le nouveau Windows comporte bel et bien le Microsoft Network tant controversé et un logiciel d'accès à Internet. Gates déclare dorénavant que le méga-réseau mondial est le phénomène le plus important depuis l'IBM PC. « *Internet est une lame de fond qui va déferler sur l'informatique et bien d'autres secteurs. Ceux qui n'auront pas appris à naviguer dans ses eaux seront balayés.* »

Pour lancer le produit clé de la gamme Microso
Gates n'a reculé devant aucune dépense. Un millia
de francs a été alloué à la promotion du systèm
d'exploitation — il s'agit de la plus importante campagne effectuée depuis 1985 et le lancement par Coca-Cola du nouveau Coke. Le *Wall Street Journal*, pour sa part, parle du plus gros lancement de tous les temps pour un produit grand public.

En fond sonore des images du spot publicitaire Windows 95, les Rolling Stones chantent *Start me up* ! C'est la première fois que le groupe de rock autorise une telle utilisation commerciale d'une de ses chansons. Selon un tabloïd anglais, Bill Gates n'aurait pas hésité à débourser 12 millions de dollars pour obtenir l'aval de Mick Jagger. Le chiffre est contesté par un porte-parole qui précise qu'il serait plus proche de 2 millions de dollars. Il s'agirait de toute manière d'un montant sans précédent, qui expliquerait que le groupe ait surmonté sa traditionnelle réticence en la matière. « *Lorsque Microsoft a approché Mick*, déclare un porte-parole des Rolling Stones, *celui-ci a rejeté l'offre à sa façon, en demandant une somme ridiculement élevée. Il pensait qu'on en resterait là. À sa grande surprise, ils ont immédiatement accepté !* » La raison pour laquelle Gates voulait à tout prix la chanson des Stones est la présence sur le bureau de Windows 95 d'un bouton crucial portant la mention *Start* (« Démarrage »).

Microsoft s'est également offert une demi-heure d'émission animée par Anthony Edwards, star d'une des séries télévisées les plus populaires aux États-Unis, *Emergency Room*. Au cours de ce show promotionnel intitulé « *The start of something new* » (« Le début d'une ère nouvelle »), diffusé sur les principaux réseaux câblés, Gates et Edwards visitent une école des Appalaches qui est connectée au reste du monde par ses ordinateurs puis assistent aux répé-

…régraphiques du Cirque du Soleil et au tra-…oupe de rock proposant un spectacle mul-… Afin d'alléger la note de cinq millions de …s, Microsoft a convaincu plusieurs marques …stigieuses, dont Coca-Cola, USAir, Compaq et Kodak, de participer à l'émission en diffusant leurs propres spots publicitaires. Suite à la diffusion de l'émission sur la chaîne de télé-achat QVC, vingt mille commandes sont enregistrées.

Partout dans le monde, la naissance du logiciel est célébrée avec démesure. Au Royaume-Uni, 1,5 million d'exemplaires du quotidien *The Times* — plus du triple de sa diffusion habituelle — sont distribués gratuitement. Microsoft a payé trois millions de francs pour s'approprier l'édition du 24 août, qui intègre un encart de vingt-quatre pages sur le nouveau système. Les exemplaires gratuits sont disponibles dans les kiosques — que le *Times* rétribue comme à l'accoutumée. Un autre supplément de taille — huit pages — paraît dans le *Wall Street Journal*. Aux Philippines, le président Fidel Ramos reçoit sa copie personnelle au cours d'une cérémonie. En Australie, une barge naviguant dans le port de Sydney exhibe une boîte géante au logo de Windows 95, et le lancement est présidé par le comédien Barry Humphries qui, pour l'occasion, arbore une tenue composée de cinq cents CD-ROM. Une seule fausse note vient troubler la fête, une déclaration laconique de Janet Reno, ministre américain de la Justice, qui déclare : « *Je n'ai aucun commentaire à apporter sur Windows 95, si ce n'est que… l'enquête continue.* »

Dès son premier jour de mise en rayon, Windows 95 se vend à trois cent mille exemplaires. En France, la FNAC annonce avoir enregistré une vente toutes les minutes. Au bout de quatre jours, Microsoft peut annoncer la vente d'un million de copies sur le seul territoire américain ! Une performance qui remet en question tous les critères d'évaluation habituels en la matière. Lors de la sortie de Windows 3.1 en 1992, il avait fallu près de cinquante jours pour franchir le cap du million. Bill Gates a beau jeu d'assurer dans le *Wall Street Journal* qu'il s'agit du « *plus grand événement jamais intervenu dans le monde de l'informatique* ».

Le 4 septembre, il est à Paris pour le lancement en France de Windows 95. Sa journée de travail commence dès 7 heures, au dixième étage du *Hilton Suffren,* au bar du *Toit de Paris.* Bill arrive souriant, dans une forme éblouissante. Pendant vingt minutes, le visiteur d'outre-Atlantique répond avec ardeur aux questions de René Monory, président du Sénat, dans le cadre d'un film prévu pour le Futuroscope. Ils évoquent aussi bien l'ère de l'information que la biogénétique. À 7 h 30, Gates entame une réunion privée avec les principaux responsables de Microsoft France. Vingt minutes plus tard, il se prête à une interview en direct de cinq minutes pour le programme télévisuel Télé-Matin. Il n'est même pas 8 heures et sa journée est déjà bien entamée. Mais l'emploi du temps du président de Microsoft est minuté à la seconde près et voilà qu'il se rend dans une salle voisine où est servi un petit déjeuner. Une réunion d'une heure a été organisée avec dix journalistes de la presse spécialisée dans la micro-informatique et le multimédia. Bill est tout sourire lorsqu'il nous accueille, comme s'il savourait pleinement le fulgurant succès de Windows 95 après avoir essuyé une année de critiques : « *Nous ne nous attendions pas à une telle couverture de la part des médias ! Quant aux ventes, elles sont d'ores et déjà phénoménales.* » Allègre et disert, il défend vaillamment les mérites du dernier-né, puis évoque les perspectives des communications « large bande » (à très haut débit), les applications de commerce télématique et le développement du multimédia. L'essentiel de son propos concerne toutefois Internet qu'il place désormais au cœur de toute sa stratégie : « *Interrogez n'importe lequel des groupes de développement de Microsoft sur leur priorité majeure et ils vous répondront qu'il s'agit d'Internet. C'est un phénomène extraordinaire !* »

À 9 heures, Bill rencontre une délégation du CNPF afin d'exposer l'impact des Autoroutes de l'Information sur les entreprises et la société. Il se prête ensuite à une séance photo relative à un événement peu banal. Le constructeur Citroën a fait réaliser un prototype de véhicule Évasion avec les couleurs et le logo de Windows 95. Cette voiture, qui intègre un bureau mobile avec ordinateur et télécommunication fera l'objet d'une série limitée. Flashes, caméras et appareils photo surgissent de toutes parts tandis que Bill pose près du véhicule décoré de blancs nuages sur fond de ciel bleu — la nouvelle image de Windows. Il est à peine 10 heures et Gates enchaîne comme si de rien n'était avec une conférence accompagnée de démonstrations de Windows 95, à laquelle assistent près de quatre-vingts journalistes de la presse grand public. Son discours s'adapte à un auditoire plus novice en matière de micro-informatique. Il parle des potentiels du nouveau système dans le contexte des jeux, du loisir et de l'éducation. À nouveau, il évoque les possibilités d'Internet, affirmant que toute l'information du monde va être mise à la disposition de tous. « *Chaque secteur devrait être affecté par Internet : l'industrie, la banque, la médecine... Tous les individus vont être en mesure de créer et de distribuer de l'information.* » Son allocution terminée, Bill se prête à nouveau à une courte séance photo, puis se rend sans plus tarder dans une salle voisine. Invité à participer à la conférence de presse de l'organisateur de salons Softbank, il annonce plusieurs partenariats, dont un salon dédié aux jeux. « *Le PC est en train de devenir un outil de loisir et nous en prenons acte.* » Au passage, il place l'inévitable couplet sur le réseau télématique planétaire : « *Tous les jeux que nous publierons dans le futur permettront de jouer à plusieurs et exploiteront pour cela Internet.* »

Pas une seconde à perdre... Aussitôt sa prestation terminée, Gates est guidé vers l'un des deux véhicules Évasion qui stationnent à la sortie de l'hôtel. Durant le trajet qui mène vers Montparnasse, il est interviewé par un journaliste de France 2. À l'hôtel *Méridien Montparnasse* se tient un séminaire de deux jours sur les technologies de l'information, organisé par la société d'études IDC. Devant un parterre composé de plusieurs centaines de responsables informatiques, Bill entame une longue allocution. Son discours est sensiblement le même que celui du matin, avec toutefois une plus forte orientation technique. « *Quoi qu'il arrive d'important dans l'informatique, nous le soutiendrons avec Windows* », explique-t-il à ses clients potentiels. Il paraît sur un nuage lorsqu'il récite une fois de plus son couplet à la gloire d'Internet : « *Un phénomène enthousiasmant et renversant !* » Espiègle, il met toutefois en garde son auditoire sur les actuelles faiblesses de ce méga-réseau, expliquant qu'il s'y passe des choses échappant encore à tout contrôle : « *Si jamais vous recevez un message peu aimable de ma part, sachez qu'il ne provient probablement pas de moi !* » Bill s'accorde ensuite une pause pour déjeuner avec dix présidents de grandes entreprises françaises telles que Bouygues, les Galeries Lafayette, Casino et l'Aérospaciale.

À quinze heures, nous le retrouvons sur le podium d'une salle comble, au palais des Congrès de la porte Maillot. Devant un auditoire trié sur le volet, il préside le show officiel de Windows 95 sur le sol français.

« En 1983, lorsque nous avons lancé Windows, les gens étaient très sceptiques. Aujourd'hui, ce logiciel est présent sur cent millions d'ordinateurs ! » Après cinq minutes consacrées à l'éloge de son nouveau logiciel, Bill s'éclipse afin d'attraper à Orly son avion de 16 heures pour Madrid. Le voilà déjà parti, pour aller entonner sous d'autres cieux le refrain d'un meilleur des mondes, version numérique. Comme si, en dépit des apparences, rien ne pouvait vraiment l'arrêter.

CHAPITRE 25

Facettes d'un passionné du logiciel

Depuis le 4 juillet 1995, la fortune de Gates, évaluée à quelque 32 % des actions de Microsoft, en fait l'homme le plus riche du monde. Son entreprise connaît une croissance constante depuis vingt ans et semble insensible aux tribulations extérieures. Avant le troisième millénaire, Microsoft devrait dépasser les dix milliards de dollars annuels. Gates est le seul pionnier de la micro-informatique qui soit demeuré aux commandes de son entreprise en dépit des crises et des turbulences, et dont le rayonnement n'ait cessé de s'étendre, bien au-delà de son activité initiale. Sa réussite est d'autant plus étonnante qu'elle s'écarte de la majorité des modèles connus jusqu'alors.

Plusieurs explications ont été avancées. La plupart se concentrent sur un aspect du personnage, au risque de faire l'impasse sur d'autres facettes essentielles. Un parcours tel que celui de Gates ne peut se résumer en une simple formule du type « il a eu de la chance », « il applique la loi de la jungle », « il a su profiter adroitement du soutien d'IBM », « c'est un despote sans âme », etc. Il est certain que le destin a parfois donné un coup de pouce et Gates le reconnaît lui-même : « *Je suis suffisamment fier pour penser que j'aurais atteint un certain niveau de succès même si la chance n'avait pas été au rendez-vous. Mais il serait stupide de penser que les seules aptitudes innées vous qualifient à un tel degré de réussite.* »

Tout au long de l'histoire qui l'a mené vers le zénith, il apparaît que Gates a suivi, consciemment ou non, quelques principes fondamentaux. Certains étaient présents dès la fondation de Microsoft, d'autres ont été élaborés en cours de route, suite à une analyse constructive des réussites comme des échecs. L'ensemble forme un mode opératoire original, d'une étonnante cohérence.

Le premier principe a consisté à s'appuyer sur un phénomène extérieur : l'accroissement prévisible de la puissance des microprocesseurs. L'essentiel du développement de Microsoft s'est articulé autour de la foi en une loi énoncée plus de vingt ans auparavant par l'un des ingénieurs fondateurs d'Intel, Gordon Moore. Célèbre dans les sphères de la micro-informatique, la règle de Moore voulait que la performance des microprocesseurs double en moyenne tous les dix-huit mois. Elle a été corroborée par les faits.

Microsoft a été fondée comme une société vouée à l'écriture de logiciels pour les machines animées par ces fameux microprocesseurs. Gates a énoncé dès le départ une vision simple : « *Un micro-ordinateur sur chaque bureau et dans chaque foyer, avec des logiciels Microsoft* ». Par suite, il semble avoir toujours pris en compte dans l'équation la progression de puissance attendue en vertu de la loi de Moore. Il a donc fait évoluer ses logiciels en conséquence, présumant qu'une capacité accrue serait au rendez-vous. S'il a souvent péché par excès d'optimisme, il a toujours eu raison sur le long terme. D'ailleurs, par un phénomène surprenant, la progression de l'action de Microsoft depuis l'entrée en Bourse de 1986 a plus ou moins suivi une courbe similaire à la loi de Moore.

Une fois que Bill eut choisi sa voie — le micro-ordinateur — il n'en dévia plus. D'autres éditeurs, tels que WordPerfect ou Lotus, ont cherché leur salut dans la diversification des plate-formes et dépensé des millions de dollars pour adapter leurs logiciels sur toutes sortes d'ordinateurs : grands systèmes, minis, stations de travail... Gates a concentré ses efforts sur les seuls PC et Macintosh. Son analyse était que, tôt ou tard, ces machines dotées de microprocesseurs seraient en mesure de remplacer leurs aînées. L'Histoire lui a donné raison.

Aujourd'hui encore, Gates fonde la réussite future de Microsoft, dans le contexte des Autoroutes de l'Information, sur la loi de Moore. Cette obstination peut l'amener à opérer des choix étonnants, notamment dans le cadre de la télévision numérique et interactive[1]. Mais lorsqu'un homme s'est aussi peu trompé par le passé, on peut raisonnablement supposer qu'il suit la bonne voie.

La puissance de Microsoft s'est assise sur l'établissement de standards. Aussi longtemps que l'univers de la micro-informatique était peuplé de machines incompatibles entre elles, aucun logiciel ne pouvait espérer atteindre des niveaux de vente raisonnables. Cette réalité a amené Bill à se battre bec et ongles en faveur de l'établissement d'un standard : le MS-DOS.

Les experts de l'informatique n'ont pas ménagé leurs critiques vis-à-vis de ce maudit système d'exploitation accusé de tous les maux. Il est indubitable qu'un terreau si pauvre n'était pas idéal pour faire pousser de luxuriants logiciels. Et pourtant... Le MS-DOS a permis la naissance d'un marché dans lequel les « millionnaires de la disquette » sont

1. L'éditeur Oracle affirme que seuls des ordinateurs surpuissants (multi-processeurs et « à traitement parallèle ») seront capables de supporter les très hauts débits nécessaires à la fourniture de vidéo numérique à des dizaines de milliers de foyers. Microsoft a développé une solution évolutive qui repose sur des réseaux de PC sous Windows !

devenus légion : 1-2-3, Word, dBASE, WordPerfect, Alone in the Dark... Le système d'exploitation élémentaire de Microsoft avait pour mérite d'être présent sur des dizaines de millions de machines. Le génie des programmeurs a fait le reste.

Ce même principe — imposer un standard — a permis de créer une situation plus florissante encore avec Windows, dont les spécialistes dénonceront également les insuffisances. Mais qu'importent les faiblesses de Windows puisqu'il a fait entrer le multimédia dans les foyers et engendré une gamme de titres remarquables que le grand public a plébiscités : NetScape (logiciel de navigation sur Internet), Myst (jeu), Grolier (encyclopédie), sans oublier Excel.

Une troisième clé de la réussite de Gates semble être ce que les Américains appellent « l'évangélisation », qui consiste à justifier ses choix et orientations, à expliquer comment on est arrivé à telle conclusion, à répondre aux interrogations des acteurs du marché, en bref, à communiquer à très grande échelle sur son activité... Gates accorde un beaucoup plus grand nombre d'interviews que la moyenne des businessmen, ne se prive jamais de l'occasion de parler devant une assemblée. Il met un point d'honneur à convaincre ses interlocuteurs du bien-fondé de sa vision, qu'il s'agisse d'un voisin de table que le hasard de l'étiquette a placé à son côté, ou du président d'une multinationale de l'électronique grand public avec lequel il est en relation d'affaires. Il semble n'être jamais las de faire passer son message. Mais sa force réside avant tout dans l'authenticité de ses convictions. Ainsi, lorsqu'un journaliste suggère qu'il est avant tout un redoutable vendeur, Bill rejette le compliment : « *Si j'ai un don, c'est celui de partager mon enthousiasme sur les orientations prises par cette industrie ou sur la perspective de travailler avec une autre compagnie... Je ne suis pas un négociateur et je déteste les négociations. Si je peux donner une image exaltante des choses, c'est parce que c'est ainsi que je les ressens.* »

La prolixité de cet hyper-communiquant soulève d'ailleurs une question. Bill est un grand bavard dont l'enthousiasme contagieux doit bien souvent susciter des frayeurs chez ses directeurs du marketing. Car il répand très généreusement ses idées et annonce la couleur jusqu'à plusieurs années à l'avance.

La relecture d'interviews effectuées entre 1986 et 1989 m'a souvent laissé pantois. Il avait raison, souvent beaucoup trop tôt. Loin de se laisser démonter par les événements, il s'est contenté de suivre la voie qui lui semblait rationnelle et a presque toujours gagné. La situation est telle que l'on en arrive à se demander parfois si les présidents de Lotus, WordPerfect et autres compagnies jadis concurrentes — certaines, telles Ashton-Tate ou Wordstar, ayant disparu — n'ont pas péché par manque d'humilité. Il aurait souvent suffi de lire ce que Gates déclarait pour savoir dans quel sens soufflerait le vent du logiciel quelques années plus tard. Les CD-ROM, tels que nous les découvrons aujourd'hui, étaient décrits avec ferveur par Bill dès 1986. Il en est de même pour les Assistants évoqués en 1989 sous la forme suivante : « *Dans les traitements de texte que nous ferons dans le futur, l'utilisateur verra défiler des exemples de documents. Dès qu'il en apercevra un qui l'intéresse, il cliquera et recevra une formation sur ce sujet précis.* » De tels Assistants sont apparus dans les programmes Microsoft à partir de 1992. Lotus, Borland et consorts attendront que le public ait apporté sa sanction par des centaines de milliers d'achats d'Excel ou de Word, avant de placer des Assistants dans leurs logiciels. Moralité : si l'on souhaite qu'une compétition continue d'exister en matière de logiciels, il faut inciter les autres éditeurs à se tenir à l'écoute, en jetant par-dessus bord préjugés et idées fixes.

Ceux qui accusent Gates de vouloir établir un

monopole sur les Autoroutes de l'Information seraient — pour citer l'intéressé — « *à côté de la plaque* ». L'homme est pleinement conscient de la nécessité d'une synergie avec d'autres compagnies pour imposer ses productions. Microsoft ne serait rien aujourd'hui s'il n'y avait eu des constructeurs tels qu'IBM, Apple, Compaq, Dell ou Packard Bell, prêts à se mettre en quatre pour vendre leurs machines.

Il semble d'ailleurs exister entre Microsoft et les fabricants de PC une sorte d'entente tacite : jamais au grand jamais, le n° 1 du logiciel ne s'aventurera à vendre des machines. La raison est d'abord affective : Gates aime avant tout le logiciel. Mais la deuxième est tactique. Le stratège avisé du siècle est suffisamment lucide pour savoir qu'il ne peut bâtir son expansion qu'en s'appuyant sur celles d'autres sociétés.

Aujourd'hui même, dans le contexte des Autoroutes de l'Information, Gates délimite très clairement le domaine où il entend intervenir. Qu'AT&T, TCI, Sony, Philips, Sega, Nintendo et autres mettent en place les infrastructures et créent les appareils de la civilisation numérique. Microsoft se « contentera » du plantureux gâteau représenté par le logiciel. Ainsi que l'explique Gates : « *Nous n'avons pas l'intention de posséder notre propre réseau de télécommunications. Nous laissons cela aux compagnies du téléphone et du câble. Nous fournirons du logiciel pour les gens de cinéma, mais vous ne nous verrez pas réaliser des films ou acheter un studio. Notre participation à Dreamworks, l'équipe de Spielberg-Geffen-Katzenberg, se bornera à produire des titres multimédia ou des jeux ayant un rapport avec les films produits par le studio. Nous serons présents dans le domaine du commerce électronique et de la gestion des finances personnelles. Mais prétendre que nous allons remplacer les banques est ridicule. Enfin, nous n'avons pas pour objectif de posséder un réseau télévisé.* »

En corollaire de ce *statu quo*, il est clair que Gates cherche à dominer chaque secteur du logiciel. Pourtant, rien n'indique qu'il soit en mesure de parvenir à une réelle hégémonie, car la concurrence est loin d'être négligeable. Microsoft demeure à la traîne dans trois secteurs cruciaux pour le contrôle de la civilisation multimédia. Novell contrôle toujours 75% du marché des logiciels de réseaux d'ordinateurs. Oracle domine largement le secteur des bases de données, ce qui lui permet d'être souvent mieux placée dans les expériences de télévision interactive. Enfin, Lotus a décroché un best-seller avec Notes, un logiciel facilitant le travail en groupe. La société présidée par Jim Manzi a d'ailleurs été absorbée par IBM en juin 1995 — pour la somme de 3,3 milliards de dollars — afin de former un bloc capable de résister efficacement aux percées de Microsoft dans les grandes entreprises. Le jeu demeure ouvert.

Il est d'ailleurs excessif d'attribuer les difficultés rencontrées par d'autres éditeurs de logiciels aux seules pratiques de Microsoft. Comme le fait remarquer Gordon Eubanks, l'un des rares pionniers de la micro-informatique des années 70, aujourd'hui président de l'édition de logiciels Symantec : « *Un examen minutieux des concurrents de Microsoft révélerait probablement que leurs problèmes sont dus à des décisions de gestion médiocres, davantage qu'à une conspiration organisée par Gates et consorts.* »

S'il est une critique qui irrite Gates au plus haut point, c'est que Microsoft n'aurait jamais rien inventé de majeur en matière de logiciel. Dans les faits, à partir de 1985, une part importante du succès de la compagnie est venue de sa capacité à innover, quand les leaders d'alors — Lotus et WordPerfect — préféraient jouer la carte du conservatisme. Le déclic a sans doute été la percée d'Excel sur Macintosh, qui semble avoir indiqué la voie à suivre : innover dans le sens de la convivialité. Il est tout de même surprenant de constater qu'un grand nombre d'inventions de taille en matière de logiciel ont été mises en œuvre par Microsoft.

Entendons-nous bien sur ce dernier point. Microsoft est très loin d'avoir le monopole de la créativité — les ateliers de création de logiciels en ont à revendre aux quatre coins de la planète. Qui plus est, les concepteurs de Redmond n'hésitent pas à reprendre à leur compte la moindre idée brillante qui passe à leur portée. Toutefois, s'il est un don que semble posséder Gates, c'est la capacité à sentir l'air du temps, à comprendre véritablement où se situe le besoin du public, et à répondre aux attentes de ses contemporains. D'autres éditeurs talentueux ont parfois échoué sur ce chapitre : l'idée « géniale » d'un programmeur semblait obnubiler son bon sens, amenant un produit semblable à un costume de belle étoffe mais curieusement mal coupé au niveau des épaules ou aux manches. Ce sens de l'équilibre est inhérent à la personnalité de Gates et se retrouve au sein de plusieurs bijoux ciselés par les assistants magiciens.

Un facteur est souvent cité lorsque l'on évoque le succès fulgurant de Gates. À son don de visionnaire s'ajoute une ténacité hors du commun qui le pousse à mener chaque projet à bien et à concrétiser l'ambition initiale. À de rares exceptions près, le succès n'a pas été immédiat pour Microsoft. Windows a connu une traversée du désert de sept années, avant de devenir l'interface la plus populaire du monde. D'autres auraient peut-être abandonné la partie en cours de route. Ainsi, après l'échec de Jazz, logiciel pour Macintosh, la première réaction de Jim Manzi, le président de Lotus, fut d'abandonner tout développement sur cette machine. Gates, quant à lui, ne renonce jamais. Chaque fois qu'un produit de la compagnie a fait l'objet de critiques — et celles-ci ont souvent été virulentes — Bill et ses acolytes ont patiemment étudié la situation, parfois redéfini les spécifications de A à Z, et travaillé durement jusqu'à parvenir à l'apothéose. La version suivante a été légèrement meilleure, et parfois même remarquable. Au fil du temps, la société de Seattle a développé un savoir-faire redoutable.

Cette ténacité se double d'une dose raisonnable d'humilité, permettant de reconnaître des voies erronées et de rectifier le tir. Le chef des programmeurs de Seattle est suffisamment sagace pour reconnaître ses bévues : « *Microsoft a l'avantage d'être là depuis longtemps : nous avons fait plus de fautes que quiconque et raté plus d'occasions. Seulement voilà, nous reconnaissons nos erreurs et en tirons les leçons.* »

De manière plus générale, l'autosatisfaction n'est pas de mise. Le fait qu'il soit devenu l'homme le plus riche des États-Unis n'a en rien changé le comportement de Bill, que ce soit au niveau personnel ou en tant que dirigeant d'entreprise. Il n'a aucunement développé un sentiment de suffisance. Chaque victoire est vécue froidement, avec lucidité et le sentiment qu'elle pourrait n'être que temporaire et n'autorise aucun relâchement. Gates cultive l'inquiétude et n'agit jamais comme s'il estimait la partie gagnée une fois pour toutes. Cette attitude lui permet de rester ouvert et d'accueillir des points de vues externes sans laisser opérer le filtre de la vanité. « *Bill aurait mille fois le droit de se montrer intellectuellement arrogant,* confie son ancienne petite amie Ann Winblad. *Je suis toujours stupéfaite de voir qu'il résiste à une telle tentation.* » Le champion du logiciel explique pourquoi il demeure en permanence sur le qui-vive : « *Lorsque les ventes se réduisent, c'est peut-être parce qu'on a commis une terrible erreur plusieurs années auparavant. Il est souvent trop tard pour réagir et on est balayé.* »

Enfin, Gates a toujours eu pour principe de partager les fruits de son succès avec ses employés. Il n'est pas rare de lire des pamphlets fustigeant la manière dont seraient traités ceux que des commentateurs ironiques surnomment les « microserfs ». Mais une telle accusation est fallacieuse. Gates fixe une règle du jeu stricte et sans ambiguïté pour ses employés : il attend d'eux un dévouement presque surhumain. En échange d'un tel don de soi, il récompense ses soldats avec une prodigalité inouïe — plus de trois mille employés de Microsoft sont aujourd'hui millionnaires en dollars. Le jeu est donc plus qu'équitable, d'autant que personne, jusqu'à ce jour, ne s'est vu forcer d'y participer contre son gré.

Chacun des angles évoqués éclaire avec plus ou moins de bonheur un aspect de la personnalité de Gates. Qu'il soit permis de proposer un complément d'analyse plus subjectif qui amènera une pièce supplémentaire au puzzle.

Et si le don de Bill résidait dans une compréhension supérieure du logiciel ?

Le logiciel est un art à part entière. Il le sera de plus en plus avec l'avènement du multimédia qui amène une fusion entre les domaines de l'informatique, du cinéma, de la musique, de la vidéo et de l'audio. En tant que tel, il doit répondre aux attentes d'un public, de l'âme collective et refléter les aspirations des contemporains. De même, à la manière des œuvres d'art, il doit contribuer à embellir la vie.

Gates est doté d'une perception intime, proche de la divination, l'amenant à pressentir, de façon un peu plus nette que la plupart de ses concurrents, ce dont rêvera le public quelques années plus tard. D'où lui vient-elle ? D'une passion pour la conception de programmes, doublée du plaisir par anticipation de voir les individus se servir de ces outils magiques.

Cet état d'esprit amène Bill à être respecté de la plupart des programmeurs qui ont eu le privilège de converser avec lui : ils découvrent généralement qu'ils parlent le même langage et peuvent s'enthousiasmer pour les mêmes causes, lesquelles paraîtraient futiles aux yeux de ceux qui n'appartiennent pas au club.

Si l'on prend en compte le fait que les meilleurs programmeurs sont des individus particuliers, souvent en marge de la société, il apparaît que seul un membre de la caste peut véritablement espérer exercer une influence sur un autre. Le programmeur typique travaille pour la beauté de l'ouvrage qu'il réalise. Nul ne saura jamais combien il a peiné, des centaines d'heures durant, pour rendre plus fluide le déplacement de l'ombre d'un ptéranodon sur les roches patinées, ou accélérer un calcul d'un centième de seconde. Seul lui le sait. Et ceux qui parlent le même langage le respectent pour cela.

La programmation n'est pas une activité banale pour ceux qui la pratiquent de façon intense. Au fond de lui-même, le programmeur moyen ne peut s'empêcher de penser qu'il est un génie et, si personne ne le lui fait remarquer, il a devant lui un témoin permanent de ses prouesses intellectuelles : sa machine, qui ne cesse, au fil des versions de son logiciel, de lui rappeler qu'il a fait reculer les limites. Bill Gates, étant un programmeur, sait ce que peut ressentir cette population particulière. Il parvient ainsi à résoudre une équation complexe : amener de purs artistes, indépendants et enclins à se perdre dans d'infimes détails dans leur recherche de la perfection pure, à coordonner leurs efforts et à mettre leur génie au service d'un produit destiné à un marché de masse.

Un éditeur qui ne réussit pas à canaliser la créativité débridée de cette population fantasque, hérite des autres programmeurs : ceux qui font ce travail essentiellement pour gagner leur vie. N'attendez pas de chefs-d'œuvre de cette autre population. Le problème se trouve pourtant bien là. Au cours des années 80, les présidents de plusieurs compagnies concurrentes de Microsoft ont souffert globalement d'une même lacune : ils étaient dépourvus de cette perception. Ed Esber, qui présidait Ashton-Tate, regardait les programmeurs comme des salariés de second ordre, tout juste bons à exécuter la « vision » des hommes du marketing. Comme il se doit, les grands programmeurs ont déserté le navire, essentiellement par mépris pour le capitaine. Face aux problèmes de développement que rencontrait Ashton-Tate, Ed Esber s'est contenté d'ajouter des programmeurs, comme si, par une alchimie singulière, l'accumulation de prestataires médiocres pouvait engendrer le talent. En moins de dix ans, l'empire Ashton-Tate s'est effondré.

Existe-t-il un principe plus essentiel, presque inconscient, qui animerait cet extraterrestre du logiciel ? Si tel était le cas, il me semble qu'il pourrait être résumé en une formule : « *Vous ne pourrez jamais jouer sans moi.* » Tout au long de son périple au pays du software, Bill a fait en sorte que Microsoft devienne incontournable. Rapidement, il est apparu qu'aucune société majeure de la micro-informatique ne pourrait opérer sans prendre en compte Microsoft. Lorsque IBM a refusé de cautionner le logiciel Windows en 1983, Bill Gates a concocté une alliance avec tous les constructeurs de compatibles PC et ainsi pu tenter d'imposer un standard avant même que Windows existe. Le titan IBM a rapidement dû intégrer dans sa stratégie qu'il était impossible de progresser sans tenir compte de Microsoft, une société pourtant lilliputienne en comparaison. Aujourd'hui, si Gates avance ses pions en des points stratégiques de la civilisation du multimédia et des Autoroutes de l'Information, ce n'est pas pour établir un monopole. C'est encore et toujours pour demeurer incontournable. Ce diable d'individu n'aime décidément pas que l'on joue sans lui.

La question fondamentale est ailleurs. Gates a érigé un superbe modèle qui repose pour une large part sur ses visions. Qu'adviendra-t-il de Microsoft si d'aventure son président n'exerce plus la responsabilité effective ? Quelles qu'en soient les raisons — lassitude, autre passion, enfants, etc. — Microsoft se retrouverait dépourvue de l'étincelle qui a initialement donné vie à cette mégalopole, et pourrait alors ressembler à ces entités sans âme, dont il est de bon ton d'évaluer les chances de survie.

À mon humble niveau, je peux témoigner avoir constaté une différence notable entre l'attitude de Gates et celle de certains seconds couteaux. Lorsque la première édition américaine de ma biographie consacrée à Bill a été sur le point de paraître, le directeur du marketing américain, Marty Taucher, a tenté d'influer sur mon éditeur, PRIMA Publication, afin que le livre ne paraisse pas. Le moyen de pression ? L'une des collections publiées par PRIMA est composée de livres techniques portant sur des logiciels tels que 1-2-3 ou WordPerfect et aussi sur les fleurons de la gamme Microsoft. Taucher a donc prétendu que PRIMA ne recevrait plus de pré-versions des logiciels Microsoft — permettant d'écrire de tels ouvrages à l'avance — s'il publiait ma biographie de Gates. Mon éditeur n'a pas cédé à ce chantage et je lui en rends hommage. Mais le plus déconcertant dans cette histoire est que Bill Gates lui-même n'a jamais rien fait pour s'opposer à la rédaction ou à la sortie de mon livre ! Il m'a même consacré plusieurs heures afin de trier le bon grain de l'ivraie sur des faits contradictoires. En mai 1993, lors d'une visite que j'effectuais à Seattle pour le magazine *VSD*, il m'a même affirmé — devant témoin — qu'il avait apprécié cette biographie.

D'où mon hypothèse : se pourrait-il que la qualité relationnelle et éthique se dégrade plus ou moins lorsque l'on descend l'échelle ? Quelle que soit son efficacité, la présence du rustre et bourru Mike Maples à la vice-présidence de la compagnie pendant plusieurs années — jusqu'en mars 1995 — n'a probablement rien fait pour en améliorer l'image. Lorsque Steve Ballmer galvanise ses troupes à la manière d'un entraîneur de basket-ball, on peut décemment être saisi d'inquiétude. William Neukom, qui dirige les affaires juridiques, remplit sa mission à merveille en cautionnant la moindre action perpétrée par son employeur. Un tel zèle serait admirable si l'on ne pouvait percevoir ici ou là un souverain mépris pour les avis extérieurs. On ne peut certes demander à un conseiller juridique de critiquer son client, mais le silence serait parfois préférable aux platitudes. Enfin, si un grand nombre des développeurs que j'ai pu rencontrer à Seattle brillaient par leur intelligence et leur convivialité, d'autres manifestaient une vanité et un manque de recul inquiétant par rapport à leur situation privilégiée.

Il n'y a pas de miracle. Microsoft est une société comme une autre, composée d'êtres humains. La sélection par les diplômes, le rythme de travail n'y changent rien. On y trouve comme ailleurs des gens d'une haute qualité doublée d'une formidable humilité, mais aussi le lot inévitable d'arrogants, de petits chefs, d'arrivistes, et d'individus aux ambitions étriquées.

Le grand problème de Microsoft se situe donc dans le futur, à l'époque où le meneur de jeu décidera de tirer sa révérence. Qui succédera à Bill ? Saura-t-il repérer un être d'exception alliant l'audace de la vision, la richesse du raisonnement, à un tranquille détachement vis-à-vis des pièges qui parsèment le chemin vers la puissance ? Le défi de Bill consiste désormais à mettre en place une stratégie intégrant l'éventualité d'un autre maître à penser. Quitte à lui transmettre ce don de la passion du logiciel... élément essentiel de l'art du nouvel âge de la communication.

Table des matières

EXTRAIT DU CATALOGUE

AGUEEV M.
Roman avec cocaïne

ALBERONI FRANCESCO
Choc amoureux (le)
Erotisme (l')

AL-NAFZAWI MOUHAMMAD
Prairie parfumée où s'ébattent les plaisirs (la)

AL-TIFACHI AHMAD
Délice des cœurs (le)

ARNAUD GEORGES
Salaire de la peur (le)

BARJAVEL RENÉ
Chemins de Katmandou (les)
Dames à la licorne (les)
Grand secret (le)
Nuit des temps (la)
Une rose au paradis

BARTOL VLADIMIR
Alamut

BERBEROVA NINA
Histoire de la Baronne Boudberg
Tchaïkovski

BERNANOS GEORGES
Journal d'un curé de campagne
Nouvelle histoire de Mouchette
Un crime

BESSON PATRICK
Je sais des histoires
Nostalgie de la princesse

BLANC HENRI-FRÉDÉRIC
Combats de fauves au crépuscule
Jeu de massacre

BODROV SERGUEI
Liberté = Paradis

BOULGAKOV MICHAEL
Maître et Marguerite (le)

BOULLE PIERRE
Baleine des Malouines (la)
Contes de l'absurde
Epreuve des hommes blancs (l')
Planète des singes (la)
Pont de la rivière Kwaï (le)
Sacrilège malais (le)
William Conrad

BOYLET C.
Water music

BRAGANCE ANNE
Anibal
Voyageur de noces (le)

BRASILLACH ROBERT
Comme le temps passe

BRONTË CHARLOTTE
Jane Eyre

BRONTË EMILIE
Hurlevent

BURGESS ANTHONY
Orange mécanique

BUZZATI DINO
Désert des Tartares (le)
K (le)
Nouvelles (Bilingue)

CARRÉ PATRICK
Palais des nuages (le)

CARRIÈRE JEAN
Epervier de Maheux (l')

CARRIÈRE JEAN-CLAUDE
Controverse de Valladolid (la)
Mahabharata (le)
Paix des braves (la)
Simon le mage

CESBRON GILBERT
Il est minuit, Docteur Schweitzer

CHANDERNAGOR FRANÇOISE
Allée du roi (l')

Chang Jung
Cygnes sauvages (les)

Chateaureynaud Georges-Olivier
Mathieu Chain
Congrès de fantomologie (le)

Cholodenko Marc
Etats du désert (les)
Roi des fées (le)

Courrière Yves
Joseph Kessel

David-Néel Alexandra
Au pays des brigands gentilshommes
Bouddhisme du Bouddha (le)
Immortalité et réincarnation
Inde où j'ai vécu (l')
Journal
  tome 1
  tome 2
Lama aux cinq sagesses (le)
Magie d'amour et magie noire
Mystiques et magiciens du Tibet
Puissance du néant (la)
Sortilège du mystère (le)
Sous une nuée d'orages
Voyage d'une Parisienne à Lhassa

Decoin Didier
Béatrice en enfer

Deniau jean-François
Désirade (la)
Empire nocturne (l')
Secret du roi des serpents (le)
Un héros très discret

Desprat Jean-Paul
Camp des enfants de Dieu (le)
Marquis des éperviers (le)
Secret des Bourbons (le)

Fagundes Telles Lygia
Structure de la bulle de savon (la)

Falkner J.M.
Moonfleet

Fernandez Dominique
Le promeneur amoureux

Filippini Serge
Comoedia
Homme incendié (l')

Fitzgerald Scott
Un diamant gros comme le Ritz

Forester Cecil Scott
Aspirant de marine
Lieutenant de marine
Seul maître à bord
Trésor de guerre
Retour à bon port
Vaisseau de ligne (le)
Pavillon haut
Seigneur de la mer (le)
Lord Hornblower
Mission aux Antilles

France Anatole
Crainquebille
Crime de Sylvestre Bonnard (le)
Dieux ont soif (les)
Histoire contemporaine :
1. L'Orme du Mail
2. Le Mannequin d'osier
3. L'Anneau d'améthyste
4. M. Bergeret à Paris

Ile des pingouins (l')
Livre de mon ami (le)
Lys rouge (le)
Révolte des anges (la)

Franck Dan / Vautrin Jean
Dame de Berlin (la)
Temps des cerises (le)

Gazier Michelle
Histoires d'une femme sans histoire

Genevoix Maurice
Beau François
Bestiaire enchanté
Bestiaire sans oubli
Forêt perdue (la)
Jardin dans l'île (le)
Loire, Agnès et les garçons (la)
Roman de Renard (le)
Tendre bestiaire

Giroud Françoise
Alma Mahler
Jenny Marx

CHANG JUNG
Cygnes sauvages (les)

CHATEAUREYNAUD GEORGES-OLIVIER
Mathieu Chain
Congrès de fantomologie (le)

[illegible]
Dieux du désert (les)
Roi des bêtes (le)

[illegible] YVES
[illegible]

DAVID-NÉEL ALEXANDRA
Au pays des brigands gentilshommes
Bouddhisme du Bouddha (le)
Immortalité et réincarnation
Inde où j'ai vécu (l')
Journal
tome 1
tome 2
Lama aux cinq sagesses (le)
Magie d'amour et magie noire
Mystiques et magiciens du Tibet
Puissance du néant (la)
Sortilège du mystère (le)
Sous une nuée d'orages
Voyage d'une Parisienne à Lhassa

DECOIN DIDIER
Béatrice en enfer

DENIAU JEAN-FRANÇOIS
Désirade (la)
Empire nocturne (l')
Secret du roi des serpents (le)
Un héros très discret

DESPRAT JEAN-PAUL
Camp des enfants de Dieu (le)
Marquis des éperviers (le)
Secret des Bourbons (le)

[illegible] PIERRE-YVES
Stratégie de la bulle de savon (la)

[illegible] J.M.
Mandingo

[illegible]
[illegible]

[illegible]
[illegible]
[illegible]

FITZGERALD SCOTT
Un diamant gros comme le Ritz

FORESTER CECIL SCOTT
Aspirant de marine
Lieutenant de marine
Seul maître à bord
Trésor de guerre
Retour à bon port
Vaisseau de ligne (le)
Pavillon haut
Seigneur de la mer (le)
Lord Hornblower
Mission aux Antilles

FRANCE ANATOLE
Crainquebille
Crime de Sylvestre Bonnard (le)
Dieux ont soif (les)
Histoire contemporaine
1. L'Orme du Mail
2. Le Mannequin d'osier
3. L'Anneau d'améthyste
4. M. Bergeret à Paris
Île des pingouins (l')
Livre de mon ami (le)
Lys rouge (le)
Révolte des anges (la)

FRANCK DAN / VAUTRIN JEAN
Dame de Berlin (la)
Temps des cerises (le)

GARCIA MARQUEZ
[illegible]

GENEVOIX MAURICE
[illegible]
Bestiaire enchanté
Bestiaire sans oubli
Forêt perdue (la)
Jardin dans l'île (le)
Loire, Agnès et les garçons (la)
Roman de Renard (le)
Tendre bestiaire

[illegible]
Ainsi soit-elle
[illegible]

GRÈCE MICHEL de
Dernier sultan (le)
Envers du soleil (l') - Louis XIV
Femme sacrée (la)
Palais des larmes (le)
Bouboulina (la)

HEDAYAT SADEQ
Trois gouttes de sang

HERMARY-VIEILLE CATHERINE
Un amour fou

HUGO VICTOR
Bug-Jargal

INOUE YASUSHI
Geste des Sanada (la)

JACQ CHRISTIAN
Affaire Toutankhamon (l')
Champollion l'Egyptien
Maître Hiram et le roi Salomon
Pour l'amour de Philae
Pyramide assassinée (la)
Reine soleil (la)

JÉROME K. JÉRÔME
Trois hommes dans un bateau

JOYCE JAMES
Gens de Dublin (les)

KAFKA FRANZ
Château (le)
Procès (le)

KAZANTZAKI NIKOS
Alexis Zorba
Christ recrucifié (le)
Dernière tentation du Christ (la)
Frères ennemis (les)
Lettre au Greco
Liberté ou la mort (la)
Pauvre d'Assise (le)

KESSEL JOSEPH
Amants du Tage (les)
Armée des ombres (l')
Coup de grâce (le)
Fortune carrée
Pour l'honneur

KONWICKI TADEUSZ
Petite apocalypse (la)

LAINÉ PASCAL
Dialogues du désir
Dîner d'adieu
Elena

LAPIERRE DOMINIQUE
Cité de la joie (la)

LAWRENCE D.H.
Amant de Lady Chatterley (l')

LÉAUTAUD PAUL
Petit ouvrage inachevé (le)

LEVI PRIMO
Si c'est un homme

LEWIS ROY
Dernier roi socialiste (le)
Pourquoi j'ai mangé mon père

LOTI PIERRE
Aziyadé
Pêcheur d'Islande
Ramuntcho
Roman d'un spahi (le)

MALAPARTE CURZIO
Sodome et Gomorrhe
Une femme comme moi

MAURIAC FRANÇOIS
Romancier et ses personnages (le)
Sagouin (le)

MESSINA ANNA
Maison dans l'impasse (la)

MICHENER JAMES A.
Alaska :
1. La citadelle de glace
2. La ceinture de feu
Caraïbes
tome 1
tome 2
Hawaii
tome 1
tome 2

MIMOUNI RACHID
De la barbarie en général et de l'intégrisme en particulier
Fleuve détourné (le)
Une peine à vivre

Monsarrat Nicholas
Mer cruelle (la)

Monteilhet Hubert
Néropolis

Morgièvre Richard
Fausto

Nakagami Kenji
Mer aux arbres morts (la)
Mille ans de plaisir

Nasr Eddin Hodja
Sublimes paroles et idioties

Nin Anaïs
Henry et June

Norris Franck
Rapaces (les)

Perec Georges
Choses (les)

Pouchkine Alexandre
Fille du capitaine (la)

Quéffélec Yann
Femme sous l'horizon (la)
Maître des chimères (le)
Prends garde au loup

Radiguet Raymond
Diable au corps (le)

Ramuz C.F
Pensée remonte les fleuves (la)

Rey Françoise
Femme de papier (la)
Rencontre (la)

Rouanet Marie
Nous les filles

Sagan Françoise
Aimez-vous Brahms...
Avec toute ma sympathie
Bonjour tristesse
Chamade (la)
Chien couchant (le)
Dans un mois, dans un an
Faux-fuyants (les)
Garde du cœur (le)
Laisse (la)
Merveilleux nuages (les)
Musiques de scènes
Républiques
Sarah Bernhardt
Un certain sourire
Un orage immobile
Un piano dans l'herbe
Violons parfois (les)

Salinger Jérôme-David
Attrape-cœur (l')

Schreiner Olive
Nuit africaine (la)

Stocker Bram
Dracula

Strindberg August
Mariés !

Tartt Donna
Maître des illusions (le)

Troyat Henri
Araigne (l')
Clé de voûte (la)
Faux jour
Fosse commune (la)
Grandeur nature
Jugement de Dieu (le)
Mort saisit le vif (le)
Semailles et les moissons (les) :
1. Les Semailles et les moissons
2. Amélie
3. La Grive
4. Tendre et violente Elisabeth
5. La Rencontre
Signe du taureau (le)
Tête sur les épaules (la)

Vialatte Alexandre
Antiquité du grand chosier
Badonce et les créatures
Bananes de Königsberg (les)
Champignons du détroit de Behring (les)
Chronique des grands micmacs

Achevé d'imprimer en octobre 1995
sur les presses de l'Imprimerie Bussière
à Saint-Amand (Cher)

375

POCKET - 12, avenue d'Italie - 75627 Paris Cedex 13
Tél. : 44-16-05-00

— N° d'imp. 2780. —
Dépôt légal : novembre 1995.

Imprimé en France

POCKET - 12, avenue d'Italie - 75627 Paris Cedex 13
Tél. : 44-16-05-00

— N° d'imp. 2780 —
Dépôt légal : novembre 199[illegible]

Imprimé en France